职业教育现代化研究丛书 | 丛书主编◎崔景贵

江苏省高校哲学社会科学重点项目“小学职业启蒙教育的逻辑与路径研究”（2017ZDIXM051）
江苏省高校优势学科建设工程三期项目“教育学”（苏政办发〔2018〕87号）
江苏省高校哲学社会科学优秀创新团队“江苏职业教育现代化研究”（2017ZSTD020）

职业启蒙教育学

陈鹏　等◎著

知识产权出版社
全国百佳图书出版单位
—北京—

图书在版编目（CIP）数据

职业启蒙教育学/陈鹏等著．—北京：知识产权出版社，2019.12
（职业教育现代化研究丛书/崔景贵等主编）
ISBN 978-7-5130-6538-2

Ⅰ．①职… Ⅱ．①陈… Ⅲ．①儿童教育—职业教育—研究 Ⅳ．①G61

中国版本图书馆 CIP 数据核字（2019）第 229467 号

内容提要

本书从宏观与微观两个维度探究职业启蒙教育的相关问题，宏观维度主要阐释职业启蒙教育的理论内涵、价值意义以及国内外实践经验等；微观维度主要从学科教学渗透的视角探究职业启蒙教育的可能性、现实性及实现路径。

责任编辑：冯　彤　　**责任校对：**潘凤越
封面设计：张　冀　　**责任印制：**孙婷婷

职业启蒙教育学
陈　鹏　等著

出版发行：知识产权出版社有限责任公司	**网　址：**http://www.ipph.cn
社　址：北京市海淀区气象路 50 号院	**邮　编：**100081
责编电话：010-82000860 转 8386	**责编邮箱：**fengtong23@163.com
发行电话：010-82000860 转 8101/8102	**发行传真：**010-82000893/82005070/82000270
印　刷：北京建宏印刷有限公司	**经　销：**各大网上书店、新华书店及相关专业书店
开　本：787mm×1092mm　1/16	**印　张：**20.25
版　次：2019 年 12 月第 1 版	**印　次：**2019 年 12 月第 1 次印刷
字　数：292 千字	**定　价：**98.00 元

ISBN 978-7-5130-6538-2

序

智能化时代来袭，加速的“变化性”、加剧的“不确定性”成为这个时代的主旋律。换言之，这个时代唯一不变的就是不断的变化，唯一可以确定的就是社会越发充满不确定性。美国未来学家阿尔文·托夫勒（Alvin Toffler）在其半个世纪前的著作《未来的冲击》中写到，“变化是未来侵入我们生活的一种过程，因此，我们有必要目不转睛地审视变化，不仅从历史的广阔视野，而且从活生生的个人所经历的变化的角度，来加以审视”[1]。无疑，这一判断在今天得到了充分的印证，尤其体现在日新月异的职业或工作世界中。具体而言，无论是从职业的变迁包括职业替换和职业补充来看，抑或是从劳动力市场的需求总量减少以及结构性变化来看，智能化时代工作世界的变化将是全局性的、颠覆性的。因此，依照托夫勒的观点，我们需要从职业或工作世界变化的历史视野以及每个人具体经历的视野来审视这场变化、应对这场变化。可以说，本书正是在此时代背景下开拓性地提出了“职业启蒙教育”这一概念，不仅回应了时代变革中的现实教育诉求，更开辟了职业教育研究的新领域。

从历史上看，在原始社会，劳动尚未与生活相脱离，职业也未从日常生活中分化出来，生活的过程即是工作，生活的内容即是职业。社会产生

[1] ［美］阿尔文·托夫勒．未来的冲击［M］．孟广均，等，译．北京：新华出版社，1996：2.

阶级分化之后，出现了初步的劳动分工，产生了许多职业的雏形，但这些职业的传递多是按照家庭血缘关系或者师徒传承的方式自然发生，在传递之前无需干预。随着工业革命的到来，劳动分工逐渐细化，职业种类也不断增多，但囿于当时大机器生产对人的束缚与异化，人们从学校到工作的过渡呈现出简单的线性化特点，多数工人无需早期的职业启蒙即可顺利过渡到工作世界。但迈入第三次工业革命之后，特别是进入智能化时代，工作世界的颠覆性变化造成学校所学与职业所需之间的鸿沟日渐加剧，亟需即将进入工作世界的个体对自我和职业以及二者之间可能的动态演变关系有一定的清晰和理性的认识，以避免个体职业生涯的失败以及职业或工作世界的混乱。因此，针对个体自我认知和职业认知以及二者之间动态适应关系的职业启蒙教育在智能化时代显得至关重要。

从个体所经历的变化来看，个体职业生涯的“变化性”和“不确定性”也呼唤职业启蒙教育的出场。根据本书的词源学考证，职业生涯的词源——“Career”蕴含着“冒险”“未知”与“不确定性”等含义，这在一定程度上说明了个体职业生涯不会是一成不变的过程，尤其是在智能化时代，个体不再会“择其一业，终其一生”。尤瓦尔·赫拉利（Yuval Noah Harari）在《未来简史》中提到，在未来，人的职业生涯将会在不断的转换职业中度过。澳大利亚职业生涯教育专家罗伯特·普莱尔（Robert Pryor）等人运用“蝴蝶效应”来解释这种复杂的过程，并提醒学生正确地处理生涯规划与偶发事件的关系。“蝴蝶效应”的本质特点就是，初始条件的微小变化可能引致系统结果的巨大的连锁反应。正如书中所言，“儿童对职业的好奇心，即要求理解、认知和探索职业的‘欲望’，就如同一粒橡树的种子渴望成长为一棵橡树一样，是生物本性中重要的成长驱策力，若没有得到及时的满足和激励，则容易引致个体职业生涯的‘畸形发展’，最终成为现代版的‘方仲永’。因此，充溢着‘风险’的职业生涯需要合理的规划与指导。”基于此，面向儿童的职业启蒙教育理应成为时代之必要。

那么，时代所需的职业启蒙教育到底是什么呢？这种职业启蒙教育是凭空产生的吗？实际上，职业启蒙教育并非一个完全新鲜的概念，其是在汲取美国的“生涯教育”（Career Education）、德国的“前职业教育”或称“职业教育的预备教育”（Vorberufliche Bildung/Pre – vocational Education）等理念的精髓，借鉴黄炎培“职业陶冶”思想的基础上，结合我国基础教育阶段的实际状况以及学生发展的规律特点生成的一种具有中国特色的本土化概念。本书认为职业启蒙教育的起点在“职业”，关键在“启蒙”，目的在“教育”，职业启蒙教育“就是对儿童实施的关于神圣职业的入门教育，这种入门教育使个体获得关于职业世界的基本认知，并形成初步的职业理想和向善的职业伦理，进而为未来的职业生涯发展提供最为基础的帮助”。值得注意的是，职业启蒙教育的起点虽然是“职业”，但职业启蒙教育并非仅仅停留在职业表面，而是借助“启蒙”所蕴含的“点亮自我”“澄清自我”“发现自我”的力量，达成促进学生自由而全面发展的教育之目的。换言之，职业启蒙教育始终关涉的都是人的自由全面发展，它指向的不仅是学生最终要选择哪种职业，更重要的是对“要过一种什么样的人生”的理性审视。

当然，即使职业启蒙教育具有不可忽视的时代必要性，其价值指向也符合教育的目的，但不能就此忽视对职业启蒙教育可能性与合理性的考察，所以，我们有必要讨论职业启蒙教育这一美好的教育理想能否在实践中落地开花。回答这一问题，首先需要明晰职业启蒙教育是如何开展的。如若是按照当下教育中依然盛行的知识灌输式、单向传授式的方法开展，那么，毫无疑问，职业启蒙教育是不成立的。前文曾指出，职业启蒙教育的关键在于“启蒙”二字，而“启蒙”强调的是为儿童创设一种多元、自由的空间，帮助儿童积极地与他人交往和互动，引导儿童自由地思考与表达，使其在生存环境的体验中感悟自我，认识到自我与他人、与世界之间的关系。卡西尔（Ernst Cassirer）认为启蒙时代的人“必须自己闯出通往真理的道路，只有当他能凭借自己的努力赢得真理，确定真理，他才会占有真理”[1]。换句话说，“启蒙”需要的是自我的主体性参与，而非被动的

[1] ［德］E. 卡西尔．启蒙哲学［M］．顾伟铭，等，译．济南：山东人民出版社，2007：125.

知识灌输，因为被动的知识灌输不仅不是启蒙，而且它本身就是一种人为的、无形的对人的蒙昧。

因此，职业启蒙教育若想具备合理性，若想将其美好的理想融入教育实践中，必然要摆脱传统的知识灌输式、单向传授式的教育方式，转变为一种以学生为主导的，以职业情境为资源依托的“职业体验式”教育。正如本书所言，“‘职业体验’的目的在于‘职业启蒙教育’，职业启蒙教育的核心路径是‘职业体验’”。而建立以“职业体验”为核心路径的职业启蒙教育在实践中获得可行性的关键在于“职业”是否具有丰富的教育意蕴。当然，这一切在智能化时代的“职业”中已经得以实现。当前的职业边界在有酬、无酬、家庭、生活之间的拓展以及个人情感和生活对职业内涵的重构，将工业革命期间被不断“祛魅”、解构的职业重新“赋魅”，让职业与人的发展紧密结合。如杜威所言，这种职业成为有目的、连续不断的活动，“职业给我们一个轴心，它把大量变化多样的细节贯穿起来；它使种种经验、事实和信息的细目彼此井井有条”，通过“职业”进行教育“所结合进去的有利学习的因素比任何其他方法都要多”[1]。

职业启蒙教育作为一个新鲜的研究领域，倘若想在此开辟职业教育研究的一片新天地，离不开对职业启蒙教育的诸多基础性、关键性问题的思考。陈鹏博士正是在对职业启蒙教育存在的必要性、合理性，以及职业启蒙教育的内涵、价值和实践路径等基础性、关键性问题分析的基础上，完成了国内第一部关于职业启蒙教育的专著，充分体现了他对该领域的执着探索，凸显了他深厚的理论功底。本书从职业启蒙教育的内涵分析出发，提出了“培养基本的职业认知”“养成初步的职业理想”“训育向善的职业伦理”的职业启蒙教育内涵的三重维度，并在此之上构建了“普适的职业认知教育”“分流的生涯指导教育”“分化的专业规划教育”的职业启蒙教育的进阶体系。本书还从政策文本解读、典型模式探索、主要问题剖析等方面详细分析了我国职业启蒙教育开展的现实样态。此外，作为脱胎

---

[1] ［美］约翰·杜威．民主主义与教育［M］．王承绪，译．北京：人民教育出版社，2001：328.

于生涯教育的职业启蒙教育，对国外实践经验的引介自然不可或缺，本书运用翔实的资料，全方位地展示了美国、德国和日本的职业启蒙教育经验，为我国的职业启蒙教育开展提供了“他山之石”。基于上述的理论与实践基础，本书从“政府支持”“课程建设”“资源支撑”等方面建构了较为完善的策略体系。当然，最难能可贵的是，本书将职业启蒙教育这一实践性理论真正带入了一线实践中进行检验，从微观学科教学的视角，重点论述了小学各学科以及高中部分学科教学渗透职业启蒙教育的相关问题，有利于推动各学科教师基于课程标准和教材的支持在教学中渗透职业启蒙教育。

众所周知，开辟一个新的研究领域着实困难。对于本书来说，由于职业教育和普通教育之间长期的割裂与排斥，职业启蒙教育作为二者相互交叉的一个研究领域，若想深入此地，更为艰巨。但陈鹏博士正是靠着自己深厚的理论功底和学术自信深耕于此数年，其学术创新的精神值得广大青年教育理论工作者学习。当然，正如作者自己所言，本书“还存在一些需要进一步深化研究的问题，如提出的策略建议大多尚需进一步细化和检验，微观教学渗透覆盖的学科领域和学段还有待进一步拓展且需体现学科和学段特色，这些都需要后续的研究跟进”。

是为序。

顾建军

2019 年 7 月 24 日

前　　言

职业对于一个人的生产、生存与生活都有至关重要的作用。正如美国社会学家安德鲁·阿伯特（Andrew Abbott）指出，“职业支配着我们的整个世界。它们治愈我们的身体，衡量我们的收益，拯救我们的灵魂”。[1] 在现代社会中，职业不仅代表一种具体的“职业”，更多的是一种“责任”与“使命”。因此，合理地规划职业生涯无论对个体理想生活的实现还是社会共同体的达成都有重要的意义。然而，在现实中很多学生到高中毕业时还对自己的职业生涯一无所知，面对高考志愿填报和专业选择时往往表现得一脸茫然，更有甚者到大学毕业时还不知道自己将要从事什么职业。因此，在我国职业生涯规划教育已经迫在眉睫，而职业启蒙教育作为基础教育阶段实施的职业生涯教育显得尤为迫切。

近年来，国家有关政策文件开始逐渐关注职业启蒙教育。国务院在2017年1月颁布的《国家教育事业发展“十三五”规划》中首次提出“在义务教育阶段开展职业启蒙教育”。在此基础上，2017年9月，教育部在印发的《中小学综合实践活动课程指导纲要》中将“职业体验”作为综合实践活动课程的重要模块之一，凸显出对职业启蒙教育具体实施路径的

---

[1] ［美］安德鲁·阿伯特．职业系统——论专业技能的劳动分工［M］．李荣山，译．北京：商务印书馆，2016：11.

顶层设计。为进一步推进中小学职业启蒙教育的实施，国务院在2019年1月发布的《国家职业教育改革实施方案》中，鼓励职业学校“联合中小学开展劳动和职业启蒙教育”，折射出国家对职业启蒙教育的鼎力支持。职业体验教育不仅是综合实践活动的重要内容，还是劳动教育的重要方面。中共中央、国务院于2019年6月印发的《关于深化教育教学改革全面提高义务教育质量的意见》将“职业体验教育”作为“五育”之劳动教育的重要形式。

基于对现实问题解决以及政策落实的需要，本书将系统探讨职业启蒙教育的有关问题，以期进一步丰富职业启蒙教育的理论成果，并为推进职业启蒙教育的实践提供策略建议。本书采用宏观研究和微观研究、理论研究和实践研究相结合的思路，通过文献研究法、个案分析法、文本分析法、调查研究法等多种方法收集资料。总体而言，研究分为宏观研究和微观研究上下两篇：其中，上篇主要从宏观的视角探究，分为职业启蒙教育的理论阐释、价值意蕴、现状审视、国际经验和策略建议五章，主要目的在于廓清启蒙教育的内涵与价值，分析国内外职业启蒙教育的实践经验，并为我国职业启蒙教育发展提出策略建议；下篇主要从微观的视角，探究学科教学渗透职业启蒙教育的相关问题，主要涉及小学语文、数学、英语、科学、品德五门学科，同时还包括高中历史和英语两门学科，共七章，在具体论述中，主要从基础考察、教材支持、问题审视和路径选择四个维度展开，目的在于为中小学学科教学渗透职业启蒙教育提供指导性建议。

作为国内第一部系统研究职业启蒙教育的著作，本书的创新点主要有以下三方面。其一，系统阐释了职业启蒙教育的理论内涵。从词源学的角度分析并归纳职业启蒙教育之基本职业认知的培养、初步职业理想的养成和向善职业伦理的训育三维度之内涵，并进而从纵向的视域将职业启蒙教育分为普适的职业认知教育、分流的生涯指导教育和分化的专业规划教育三个阶段。其二，系统梳理了国内职业启蒙教育的典型模式。根据实施主体的不同，基于现实案例的剖析将我国职业启蒙教育的模式归纳为校内衍生模式、校校合作模式和校外基地模式三类，为经验的有效推广提供较为清晰的框架。其三，从微观学科教学的视角，重点论述了小学各学科以及高中部分学科教学渗透职业启蒙教育的相关问题，有利于推动各学科教师基于课程标准和教材的支持在教学中渗透职业启蒙教育。当然，由于精力和水平所限，还存在一些需要进一步深化研究的问题，如提出的策略建议大多尚需进一步细化和检验，微观教学渗透覆盖的学科领域和学段还有待进一步拓展且需体现学科和学段特色，这些都需要后续的研究跟进。

本书是江苏省高校哲学社会科学研究重点项目“小学职业启蒙教育的逻辑与路径研究”（2017ZDIXM051）的研究成果，在整个研究团队的支持下完成。其中课题主持人陈鹏负责整个书稿的策划、组织和校对工作，其他成员参与部分章节的撰写。具体章节分工为：绪论（陈鹏）、第一章（陈鹏）、第二章（陈鹏）、第三章（李蕾）、第四章（李蕾）、第五章（陈鹏、李蕾、伊江月）、第六章（吴伊萍）、第七章（刘涛）、第八章（王天天）、第九章（徐芳）、第十章（曹佳俊）、第十一章（杨绪芹）、第十二章（朱明）。

目　　录

上篇　宏观研究

下篇　微观研究

绪论

第一节　问题的提出

一、个体职业生涯规划发展的诉求

“职业”是“个人在社会中所从事的作为主要生活来源的工作”。[1] 在黑格尔看来，个体在职业中依靠自己的劳动获得生活资料，这是市民社会中个人“正义、正直和自尊的情感”之根本，否则便成为“贱民”。[2] 多元智能理论的提出者加德纳（Gardner）认为，每个人与生俱来的智能优势不同，从而“驱使”个体走向不同的职业生涯。但是个体的职业生涯在成长的过程中又充溢着“不确定性”。Career 的词根为 car，有“古代战车”之意。“古代战车”在行驶的过程中，充满着“冒险”“未知”与“不确定性”。因此，人类的职业生涯发展也充满着“不确定性”，严格地讲是一种“确定性”与“不确定”相互博弈的过程。澳大利亚职业生涯教育专家

---

[1] 中国社会科学院语言研究所编辑室．现代汉语词典（第 5 版）［Z］．北京：商务印书馆，2005：1750.

[2] ［德］黑格尔．法哲学原理［M］．范扬，张企泰，译．北京：商务印书馆，1961：244.

罗伯特·普莱尔（Robert Pryor）等人用混沌理论（Chaos Theory）中的“蝴蝶效应”（Butterfly Effect）来解释这种复杂的过程，并提醒学生正确地处理生涯规划与偶发事件的关系。[1]“蝴蝶效应”的本质特点就是，初始条件的微小变化可能引致系统结果的巨大连锁反应。[2] 就如同一则西方民谣所讲：丢失一个钉子，坏了一只蹄铁；坏了一只蹄铁，折了一匹战马；折了一匹战马，伤了一位骑士；伤了一位骑士，输了一场战斗；输了一场战斗，亡了一个国家。[3] 马蹄上一个钉子的丢失并不必然导致一个国家的灭亡，但是由它所引起的一系列的连锁反应就可能关系到一个国家的存亡。这凸显出事务早期规划的重要性，职业生涯亦是如此。儿童对职业的好奇心，即要求理解、认知和探索职业的“欲望”，就如同一粒橡树的种子渴望成长为一棵橡树一样，是生物本性中重要的成长驱策力，若没有得到及时的满足和激励，则容易引致个体职业生涯的“畸形发展”，最终成为现代版的“方仲永”。因此，充溢着“风险”的职业生涯需要合理的规划与指导。

二、国家职业启蒙教育政策的引导

近年来，国家有关政策逐渐渗透对职业启蒙教育的强调。例如，国务院在2017年1月颁发的《国家教育事业发展“十三五”规划》中特别指出，“在义务教育阶段开展职业启蒙教育”。这是国家第一次以“五年规划”的形式突出对“职业启蒙教育”的强调。2017年9月，教育部印发了《中小学综合实践活动课程指导纲要》。《指导纲要》将“职业体验”作为综合实践活动课程的四大模块之一，并将职业体验界定为“学生在实际工作岗位上或模拟情境中见习、实习，体认职业角色的过程，如军训、学工、学农等，它注重让学生获得对职业生活的真切理解，发现自己的专

---

[1] Borg，T.，Bright，J. & Pryor，R. The Butterfly Model of Careers：Illustrating how planning and chance can be integrated in the careers of secondary school students ［J］. Australian Journal of Career Development，2006，15（3）：54－59.

[2] 景宏华，魏江南，魏凌云．澳大利亚职业生涯教育的蝴蝶模型及其启示［J］．外国教育研究，2013（3）：11－18.

[3] 史丹．德国人家训［M］．北京：中国工人出版社，2011：54.

长，培养职业兴趣，形成正确的劳动观念和人生志向，提升生涯规划能力”；并进一步指出职业体验的关键要素包括“选择或设计职业情境；实际岗位演练；总结、反思和交流经历过程；概括提炼经验，行动应用”，规范了职业体验活动的基本程序。[1] 可见，“职业体验”的目的在于“职业启蒙教育”，而职业启蒙教育的核心路径是“职业体验”，凸显了教育部对职业启蒙教育的行动规划和路径指向。另外，职业启蒙教育也是劳动教育的重要旨趣。2018 年，习近平总书记在全国教育大会上重新强调劳动教育的重要性，并要求将劳动教育贯穿于各级各类教育体系中。随后，在 2019 年 2 月由国务院下发的《国家职业教育改革实施方案》指出，应“鼓励中等职业学校联合中小学开展劳动和职业启蒙教育，将动手实践内容纳入中小学相关课程和学生综合素质评价”。[2] 可见，职业启蒙教育不仅仅是中小学的事情，也是职业教育的重要使命。从大职教观的视野，职业启蒙教育应是现代职业教育体系的初始阶段。为此，教育部等六部门早在 2014 年发布的《现代职业教育体系建设规划（2014—2020 年）》中就指出，普通教育学校应“为在校生和未升学毕业生提供多种形式职业发展辅导”。此处的“职业发展辅导”便是“职业启蒙教育”的重要形式。

三、我国职业启蒙教育实践的缺失

联合国教科文组织在 2001 年的《修订的关于技术与职业教育的建议》中指出，“帮助学生初步了解技术和职业”是“普通教育不可或缺的重要组成部分”，并建议“它应该从初等教育就开始，并一直贯穿到中等教育的前几年”。[3] 这里的起始于初等教育并贯穿整个普通教育阶段的“技术与

[1] 中华人民共和国教育部．中小学综合实践活动课程指导纲要［EB/OL］．（2017－09－25）［2018－06－12］．http：//www. moe. gov. cn/srcsite/A26/s8001/201710/t20171017_316616. html?from = timeline.

[2] 国务院．国家职业教育改革实施方案［EB/OL］．（2019－02－13）［2019－05－16］．http：//www. gov. cn/zhengce/content/2019－02/13/content_5365341. htm.

[3] UNESCO. Revised Recommendation Concerning Technical and Vocational Education（2001）［EB/OL］．（1974－11－19）［2014－04－25］．http：//www. unesco. org/education/information/nfsunesco/pdf/TECHNICA. PDF.

职业教育”可谓是职业启蒙教育的重要体现。然而，在我国现实的基础教育阶段，职业启蒙教育开展得并不理想。正如联合国教科文组织在《学会生存》中指出，学生对“职业”的“谋求”一般重于对“学习”的“渴望”，但人们往往忽视了这种重要性。[1] 根据笔者之前的调查显示，目前小学生虽有“朦胧的职业意识”，但是“职业认知水平较低”，尤其是“职业认知领域较为狭隘”；这部分源于我国小学阶段对职业启蒙教育的意识不够。[2] 教育部相关调查数据表明，初三学生只有 11.4% 的城市学生和 7.1% 的县级城镇学生比较了解自己的“职业兴趣和职业意向”；而高三学生有高达七成以上的学生对专业“并不太了解”，以致造成 80% 以上的大学生对自己的所读专业不满意。[3] 另据中国青少年研究中心的调查结果显示，我国高中生职业生涯教育全面落后于美、日、韩等国，我国高中生在职业学习和体验活动方面“严重不足”，7 项指标几乎都排名“最后或靠后”；中国高中生只有 49.5% 掌握了相关的职业知识，而美国这一指标达到 83.1% 。[4] 这在某种程度上折射出我国基础教育阶段职业启蒙教育的缺失，以致很多学生在面临高考志愿填报时都非常盲目，进而造成后来就业择业的鲁莽，最终导致在职业岗位中服务意识淡薄、敷衍了事的工作态度。可见，我国基础教育阶段的职业启蒙教育任重而道远。

第二节　国内外研究现状

查阅大量文献资料发现，职业启蒙是一个本土化的概念，目前对这个概念还没有形成统一的规范。在世界发达国家，职业启蒙教育开展得较

---

[1] 联合国教科文组织国际教育发展委员会．学会生存——教育世界的今天和明天［M］．北京：教育科学出版社，1996：10.

[2] 陈鹏，俞程．职业启蒙教育的“未启”与“开启”——基于一所小学个案的研究［J］．河北师范大学学报（教育科学版），2015，17（6）：70－75.

[3] 马治国，周常稳，孙长梅．中小学实施职业启蒙教育的迫切性与可行性探析［J］．教育探索，2016（1）：22－26.

[4] 孙宏艳，赵霞．中美日韩高中生毕业去向与职业生涯教育研究报告［R］．中国青少年研究中心，2013－03－31.

早，但称谓有别，例如在美国、日本称为“职业生涯教育”，在德国称为“前职业教育”或“职业教育预备教育”。国内外相关学者在职业启蒙教育的理论内涵、国际经验、实施路径等方面进行了相关研究，取得了一定成果。

一、职业启蒙教育的理论内涵研究

职业启蒙教育的意涵在国外融于职业生涯理论的探索，在国内最近有相关学者进行了专门的初步探索，总体可以归纳为职业生涯探索论和职业意识培养论两类观点。

（一）基于不同年龄阶段的职业生涯探索论

美国著名生涯专家舒伯（Donald. E. Super）从1954年开始研究职业发展阶段理论，他的《职业发展理论》（A Theory of Career Development）最为系统、全面地阐述了各个阶段的职业生涯发展，指出个人职业生涯发展分为成长、试探、建立、维持与衰退五个阶段。[1] 金斯伯格（Eli Ginsberg）认为职业在人的生命中要经历一个不断连续、发展的过程，并将人的职业生涯发展分为空想、尝试、现实三个阶段。其中，在“成长”期或“空想”和“尝试”期对学生进行的职业生涯教育即是职业启蒙教育，其教育任务是帮助学生发展自我形象，进而具备对工作世界的正确态度，并逐步意识到工作的意义。周丽虹（2013）著述的职业启蒙教育系列丛书《职业是什么》《学业规划之棋局》《资深职业经理人带你入行》等，以图文并茂的方式诠释职业中的哲学思考和生活哲理，认为职业启蒙教育应该贯穿个体的小学、中学、大学到职场整个职业成长全过程。陈鹏、庞学光（2015）指出职业启蒙教育是一种职业预备教育，从儿童6岁的时候即小学一年级就应开始接受职业启蒙教育，一直持续到高中毕业的18岁，并将职业启蒙教育分为初级、中级和高级三个阶段，分别对应于小学、初中和

[1] Donald. E. Super. A Theory of Vocational Development ［J］. The American Psychologist, 1953, 8 (5): 185－190.

高中。[1] 更有许多学者，如唐林伟（2015）、李津军（2015）、江虹（2016）、鲁彬之（2016）等认为职业启蒙教育应该尽可能提前，甚至从娃娃抓起。

（二）基于未来职业规划的职业意识培养论

日本学者上官子木（2009）提出生活中常识性知识的重要性，认为小学生应从小习得这些与生活息息相关的知识，从而促使他们思考职业与生活的关系，以及自己未来职业的方向。[2] 洪明（2011）认为职业启蒙只是在普通教育阶段初步培养“职业自我概念”，奠定学生在未来接受职业技能的意识基础。[3] 黄晟扬、王玉龙（2014）认为起源于美国的生涯教育是有意识地引导儿童关注职业对自身未来发展的重要性。[4] 刘涛、陈鹏（2015）定义职业启蒙教育是指导学生对社会职业的初步认知和了解，并且引发学生思考自身个性、兴趣、特点与未来职业发展的紧密联系。[5] 格雷戈里（Gregory A. Shipp，2016）强调不管学生在中学后是继续学习还是就业，职业生涯教育必须帮助所有学生提前做准备。[6] 薄晓丽（2012）认为启蒙教育旨在激发儿童对职业的好奇心和兴趣，为儿童提供初步的职业认识，培养正确的劳动观念和完整的人格品质。[7] 万玉凤（2013）指出，对儿童实施的职业启蒙教育并不是让儿童尽早确立职业选择，而是在普通教育阶段能够认知并明确职业选择所需要考虑的基础因素。[8] 刘晓、黄卓君（2016）认为，职业启蒙教育是以培养青少年的职业思维能力为目标，

---

[1] 陈鹏，庞学光．大职教观视野下现代职业教育体系的构建［J］．教育研究，2015（6）：70－78.

[2] 上官子木．从职业规划教育的缺失看我国基础教育的缺陷［J］．教育科学研究，2009（6）：5－9.

[3] 洪明．儿童职业意识启蒙探析［J］．中国职业技术教育，2011（18）：92－95.

[4] 黄晟扬，王玉龙．美国儿童的职业启蒙教育初探［J］．成人教育，2014（1）：110－112.

[5] 刘涛，陈鹏．中外职业启蒙教育的理论与实践述评［J］．职教论坛，2015（12）：39－42.

[6] Gregory A. Shipp. Key Thoughts for Career and Technical Education［J］. Techniques，2016（1）：10－11.

[7] 薄晓丽．从英国职业指导计划论及我国儿童职业启蒙教育［J］．职业教育研究，2012（11）：79－80.

[8] 万玉凤．职业启蒙助高中生感知真实世界［N］．中国教育报，2013－11－11（2）.

以识别职业特征、判断职业类型、习得职业技能、树立职业道德、规划职业道路为基本内容的智力改造。❶ 这些文献都是从个体职业长远发展的视角探索儿童未来成长成才的相关问题。

二、职业启蒙教育的国际经验引介

纵观全球，世界各国普遍重视本国的基础教育质量和规模，并把发展生涯教育看作推动经济社会发展及促进就业增长的重要保障，通过构建国家教育体系，建立和完善生涯教育运行机制，形成各具特色的运行模式。近年来随着我国对职业启蒙教育的重视，相关学者开始引介发达国家职业启蒙教育的基本经验，主要包括美国、日本、德国等国家，进而为我国职业教育发展提出策略建议。

（一）美国生涯发展教育的引介研究

美国是职业生涯教育的发源地，早在20世纪70年代就颁布了关于职业生涯教育的法律。联邦政府在1989年发布的《国家职业生涯发展指导方针》中界定了小学阶段1～6年级重在“职业了解”（Career Awareness），初中阶段7～9年级属于“职业探索”（Career Exploration），高中10～12年级侧重“职业准备”（Career Preparation）。有研究者在其硕士学位论文中对美国生涯教育实践进行了梳理。例如，杨靖（2007）阐述了日本生涯教育课程开设的必要性、设置原则、目标、内容；❷ 刘元（2008）介绍了美国K－12生涯教育的模式和标准，总结了其特点和发展实施过程中所遇到的主要阻碍；❸ 塔娜（2008）阐述了美国职业生涯辅导的历史背景和进程及其整体状况，并且都在论文最后提出我国基础教育阶段生涯教育发展的不足和改进建议。❹ 另有学者金传宝（2010）指出，美国普通教育与职业教育的紧密结合，无论从学术的角度，还是技术的角度，都能够培养学

❶ 刘晓，黄卓君．青少年儿童职业启蒙教育：内涵、内容与实施策略［J］．中国职业技术教育，2016（23）：32－37.

❷ 杨靖．从美国生涯教育的经验看我国普通高中生涯教育及其课程设置［D］．天津：天津师范大学，2007.

❸ 刘元．美国K－12生涯教育实践模式研究［D］．上海：华东师范大学，2008.

❹ 塔娜．美国中小学职业生涯辅导研究［D］．长春：东北师范大学，2008.

生的学习能力、学术和技术素养。❶ 孙丽丽、赵蒙成（2012）在分析美国职业教育历史发展的基础上，指出影响普职融通的客观因素，从课程改革层面提出我国职业启蒙教育的启示意义。王世伟（2013）通过对美国高中阶段生涯教育课程进行评析，分析了课程的核心理念、目标定位、组织方式，推崇职业教育与学术教育的有机结合。❷ 黄晟扬、王玉龙（2014）通过介绍美国《国家职业发展指导方针》，指出美国对学校各个年级学生应该达到的职业能力，进而探索出基础教育阶段成功的职业启蒙教育有效促进之后职业发展的启示。❸

（二）日本生涯规划教育的引介研究

日本注重学生作为社会人的职业观念和职业态度的培养，已经形成了从小学阶段开始，以学校教育为主的职业生涯教育体系，并以教学大纲的形式规定了中小学阶段的生涯教育形式，且根据学生在小学、初中、高中阶段的认知特点和成长规律，以不同的侧重点涵盖了职业生涯教育的内容指标。其中，小学阶段是“探索、选择人生出路的基础形成时期”。王智新、潘立（2004）阐述了日本基础教育中职业生涯教育的现状，以及对我国的启示。❹ 谷峪、姚树伟（2010）提出日本积极推动生涯教育，既是转型期职业教育发展变革的进一步深化，也是构建终身教育体系、推进学习型社会的必然要求。❺ 谷峪、崔玉洁（2010）从社会和学生本身的角度阐述了日本高中阶段职业生涯教育的背景，详细介绍了职业生涯教育的“特别活动”“综合学习时间”“产业社会和人”等内容，希望对职业生涯教育小学、初中、高中一体化课程改革做出贡献。❻ 唐植君（2015）详细介绍了日本小学职业生涯教育的概况、特点、内容，以日本效仿美国进行生

---

❶ 金传宝．美国中学普通教育和职业教育结合的模式及启示［J］．当代教育科学，2010（13）：47－49.

❷ 王世伟．美国高中阶段生涯教育课程评析［J］．比较教育研究，2013（9）：40－44.

❸ 黄晟扬，王玉龙．美国儿童的职业启蒙教育初探［J］．成人教育，2014（1）：110－112.

❹ 王智新，潘立．日本基础教育［M］．广州：广东教育出版社，2004.

❺ 谷峪，姚树伟．职业教育·生涯教育·终身教育——转型期日本职业教育发展及其启示［M］．北京：高等教育出版社，2010.

❻ 谷峪，崔玉洁．日本高中阶段的职业生涯教育［J］．外国教育研究，2010（12）：14－19.

涯教育的成功方式为借鉴，提出以此构建我国的职业生涯教育体系的参考意见。❶ 徐爱新、安月辉、于伟娜（2011）介绍了日本职业生涯教育由就业指导到进路指导到生涯教育的演变，并总结了日本中小学职业生涯教育的组织实施和特征。❷ 陆素菊（2007）阐述日本"战后"中小学阶段职业生涯的发展特点，指出少年的职业成熟与发展是中小学教育的重要任务之一，应借鉴日本开展的优势和特长以在我国的基础教育开展劳动技术教育。❸

（三）德国职业预备教育的引介研究

职业教育和普通教育的融合最早起源于德国凯兴斯泰纳的《劳作学校要义》，他提出建立"劳作学校"，并指明"学校重点应更多地放在思维、道德判断和手工操作能力的培养上，而不要仅仅注意知识的积累"。❹ 即通过劳动教育的方式，实现职业教育和普通教育的融合，这种融合可以理解为一种职业准备教育之前的预备教育。徐涵（2005）阐述了德国职业教育与普通教育相渗透的背景和渗透模式，提出"我国应构建职普渗透的开放式教育体系"。❺ 傅小芳（2009）从双轨学校的产生和发展、校际和校企合作、职业准备课程和关键能力培养等多个角度，对德国莱茵兰－法耳茨州的双轨学校在基础教育与职业教育的联系和融合方面所做的试验进行了较深入的解析，并在此基础上与我国当前基础教育与职业教育融合方面的现状进行比较和反思。❻ 李俊、何多明（2015）则围绕"二战"以来德国"前职业教育"在小学、中学阶段的发展历程，确立其在学校课程体系中的重要性，确立开展前职业教育课程与学校中已有课程的关系，对职业启

---

❶ 唐植君．日本小学职业生涯教育的本土化及启示［J］．教学与管理，2015（9）：58－59．

❷ 徐爱新，安月辉，于伟娜．解析日本的职业生涯教育［J］．教育与职业，2011（18）：81－83．

❸ 陆素菊．职业人的培育：日本中小学生涯教育的发展与特色［J］．外国中小学教育，2007（1）：26－28．

❹ ［德］凯兴斯泰纳．教育论著选［M］．郑惠卿，译．北京：人民教育出版社，2003：51．

❺ 徐涵．德国职业教育与普通教育的渗透模式及启示［J］．教育与职业，2005（32）：16－17．

❻ 傅小芳．搭建普通教育与职业教育沟通的桥梁——德国莱茵兰－法耳茨州的双轨学校给我们的启示［J］．中国成人教育，2009（23）：117－119．

蒙教育课程的地位做了介绍，提出对于我国职业启蒙教育开展和实施的几点启示。[1]

（四）国际生涯教育比较研究

华东师范大学石伟平著的《比较职业技术教育》（2001）介绍并比较了美国、英国、德国、日本、中国的中小学阶段职业生涯教育实施概况。[2]杨燕燕（2005）从课程的角度阐述了国际职业教育与普通教育融合的经验，详细介绍了加拿大安大略省中学课程《职业生涯教育与指导》，概述了该课程的地位、所组成科目的主要内容、总体课程期望和教学方法，并提出了该课程的特点及对我国中学课程开发的几点启示。[3]葛鑫、李森（2008）简单介绍了美国的职业生涯教育、英国普通中学的职业教育、澳大利亚的职业发展纲要、日本的相关配套政策，以此提出国外职业生涯教育理论与实践对我国的启示。[4]李津军（2015）比较了美国、日本、英国以及我国台湾地区的成功经验，提出必须重视职业启蒙教育，且教育开展越早越好。[5]刘晓、黄卓君（2016）在对比发达国家职业启蒙教育实践中寻找我国的不足，进而建议应依靠政府、学校、社会三大阵营联合出力，以政策引导、立法保障、课程改革、家长正视、民间出资等方式实现职业启蒙教育资源的合理利用。[6]

三、职业启蒙教育的实施路径探究

在汲取各国职业启蒙教育经验的基础上，还有一些学者基于我国的具体国情从不同的视域提出相应的实施路径。

---

[1] 李俊，何多明．德国的职业启蒙教育新解——对历史沿革及课程定位的分析［J］．河北师范大学学报（教育科学版），2015（6）：76－82.

[2] 石伟平．比较职业技术教育［M］．上海：华东师范大学出版社，2001.

[3] 杨燕燕．加拿大安大略省中学《职业生涯教育与指导》课程述评［J］．比较教育研究，2005（12）：73－77.

[4] 葛鑫，李森．国外中学职业生涯教育对我国的启示［J］．教育探索，2008，（9）：140－141.

[5] 李津军．职业启蒙越早越好［N］．中国教育报，2015－9－7（12）.

[6] 刘晓，黄卓君．青少年儿童职业启蒙教育：内涵、内容与实施策略［J］．中国职业技术教育，2016（23）：32－37.

（一）职业启蒙教育的总体路径研究

有学者从普职融通的视角提出职业启蒙教育的相关路径。例如，陈鹏、庞学光（2015）提出职业启蒙教育是现代职业教育体系的初始阶段，职业教育必须从基础教育阶段就开始实现与普通教育的融合，并建构了包容职业启蒙教育、职业准备教育和职业继续教育一体化的内部结构，建议通过学科课程渗透、高等预科教育、院校合作联盟和职业精神训育等模式，实现不同层级职业教育与普通教育的横向融合。[1] 林玥茹、石伟平（2017）通过探索职业教育与普通教育融合的内涵和不同阶段的典型模式，进一步推进其深度融合。[2] 杨黎明（2006）提出中等职业教育与基础教育、职业培训、高等职业教育相融合的课程体系的总体框架模型，并就其实现提出若干条件。[3] 上海市曹杨职业技术学校课题组（2013）总结了其探索的中小学生职业启蒙教育活动模式，包括以职业知识启蒙、职业文化参访、职业技能体验、职业生涯规划为基本模块的职业启蒙教育实践活动，从区域角度尝试探索"普职渗透"的模式。[4]

另有学者基于现实问题的分析提出策略建议。例如，杨曦（2007）通过对我国中学生涯教育缺失的原因进行分析，提出要确立生涯教育目标，确定生涯教育内容，构建生涯教育体系。[5] 叶亚玲（2006）探究了年轻就业者择业失败的原因，从根源上指出我国实施职业启蒙教育迫在眉睫，并建议在教学内容、课外活动、家长合作等方面加强职业启蒙教育的渗透。[6] 杜启明（2013）阐释我国小学职业启蒙教育的现实状况，并指出实施职业

---

[1] 陈鹏，庞学光．大职教观视野下现代职业教育体系的构建［J］．教育研究，2015（6）：70－78.

[2] 林玥茹，石伟平．职业教育与普通教育融合的内涵诠释与典型模式［J］．职教论坛，2017（34）5－9.

[3] 杨黎明．中职教育与基础教育、职业培训、高职教育相衔接的课程体系理论框架模型研究——关于构建我国学分银行系列研究之一［J］．职教论坛，2004（4）：4－7.

[4] 上海市曹杨职业技术学校课题组．区域中小学生职业启蒙教育活动模式的实践研究［J］．思想理论教育，2013（5）：29－33.

[5] 杨曦．对中学生涯教育的再认识［J］．中国教育学刊，2007（9）：26－29.

[6] 叶亚玲．职业教育应从儿童起步——由"新失业群体"现象引发的思考［J］．教育与职业，2006（15）：52－54.

启蒙教育的主体性的缺失是造成实施不连贯的主要原因，并进而从政府、学校、家庭、社会四个维度提出策略建议。❶ 陈鹏、俞程（2015）以一所小学为个案进行深入调查，阐述了小学职业启蒙教育的问题与缺失的原因，并提出必须开发多元的职业启蒙教育课程，提高教师职业启蒙教育意识，加强职业启蒙教育环境建设。❷

还有学者基于特定的学段探讨职业启蒙教育的实施路径。以小学阶段为例。戈瑟德（Wom. P. Gothard，2002）的《小学生涯教育》（Careers Education in a Primary School）从课程设计的角度探索职业教育在小学的开展方式。❸ 王平（2012）建议小学课程中的综合实践活动课程可以作为开展职业启蒙教育的平台，从学生的身心发展规律出发，不同年级设计不同的职业教育活动，以身边人的职业为入口，循序渐渐地开展职业启蒙教育。❹ 贾丝明·奈特（Jasmine L. Knight，2015）从小学生职业发展的角度指出，小学阶段的职业生涯教育是保证所有学生大学毕业和职业生涯准备的重要基础功能，并指出了相关路径。❺

（二）职业启蒙教育的学科教学渗透研究

舒伯（Super）认为："生涯发展教育不应是在传统课程外额外增加科目或单元，而应该把生涯发展的理念渗透到现有的课程中去。"❻ 为此国内有些学者近年开始探索学科教学渗透职业启蒙教育的相关路径。例如，陶建英（2011）构想出在高中生物学教学中渗透职业教育的思路，提出应基于生物学教材中的职业素材，通过"生物科学与健康"来感受生活、理解

---

❶ 杜启明．小学职业启蒙教育实施的若干思考［J］．合肥学院学报（社会科学版），2013（7）：119－122.

❷ 陈鹏，俞程．职业启蒙教育的"未启"与"开启"——基于一所小学个案的研究［J］．河北师范大学学报（教育科学版），2015（6）：70－75.

❸ Wom. P Gothard. Careers Education in a Primary School［J］. Pastoral Care in Education，1998（16）：37－41.

❹ 王平．小学职业启蒙教育活动课程的设计与开发［J］．中国德育，2012（1）：36－37.

❺ Jasmine L. Knight. Preparing Elementary School Counselors to Promote Career Development：Recommendations for School Counselor Education Programs［J］. Journal of Career Development，2015（42）：75－85.

❻ 周羽全，钟文芳．我国台湾地区中小学生涯教育及其启示［J］．内蒙古师范大学学报（教育科学版），2010（12）：11－13.

生命的奥秘，通过“科学·技术·社会”逐步走进生活、应用生物科学知识。[1] 张璐（2015）认为高中生物学教学可以使学生将教科书知识与职业信息相结合，进而使生物学知识的学习以及职业规划教育获得良好的效果。[2] 张健（2011）探索了高中地理教学中渗透职业生涯规划的内容，提出充分挖掘和提升高中地理教学魅力的建议，以培养学生学习地理的兴趣，让学生体验到地理教学的快乐与获取成功的乐趣。[3] 张家辉、康红芹（2017）基于SWOT的视角分析了高中地理教学渗透职业生涯教育的外部环境，进而从转变教师观念、开发挖掘教育资源、兼顾课堂教学与课外活动等维度提出地理职业生涯教育的实施路径。[4] 蔡霞（2014）在现状考察的基础上，提出高中化学教学渗透职业生涯教育的策略建议，认为应利用化学学科特点、依托化学知识加强学生职业生涯意识的教育，进而设计出几个典型的教学案例片段，具有实践指导意义。[5] 王琴（2011）以思想政治课程为载体探索高中职业生涯教育，认为职业生涯的焦点应该是引导青少年正确认识自我、探索职业、了解社会、规划人生，并采用案例分析的研究方法，探索了思想政治课程在高中生职业生涯教育中的具体运用。[6] 可见，这些学科教学的渗透主要局限于高中阶段，且偏向于理科课程教学的渗透。

四、对已有研究的评价与反思

根据以上研究可知，尽管国内对职业启蒙教育的研究相对西方国家起步较晚，但近期研究成果比较多。我国学者对职业启蒙教育的关注程度在不断升温，坚持把对职业生涯教育的研究融入基础教育的职业启蒙教育探讨中，并取得了阶段性成果。但也存在以下亟待解决的问题。

---

[1] 陶建英．在高中生物学教学中渗透职业教育［J］．生物学教学，2011，36（2）：20－21.

[2] 张路．在高中生物教学中渗透职业生涯规划教育的研究［D］．开封：河南大学，2015：23.

[3] 张健．浅谈高中生职业生涯规划在地理教学中的渗透［D］．大连：辽宁师范大学，2011.

[4] 康红芹，张家辉．地理教学中渗透职业生涯教育的SWOT分析及路径选择［J］．中学地理教学参考，2017（1）：4－7.

[5] 蔡霞．普通高中化学教学中渗透职业生涯教育现状的研究［D］．大连：辽宁师范大学，2014.

[6] 王琴．以思想政治课程为载体的高中生职业生涯教育研究［D］．苏州：苏州大学，2011.

（一）对职业启蒙教育的理论内涵缺乏深入的研究

对于什么是职业启蒙教育，很多学者分别提出了各自的观点，但大多都是基于国外职业生涯教育的理论或实践维度展开，对于职业启蒙教育的内涵缺少词源学的本源性追溯和解读。职业启蒙教育的深入研究，既要明晰其本质内涵、价值意蕴，又要从纵向的视角根据不同教育阶段明确阶段性特征和任务，建构系统性的理论框架。

（二）对职业启蒙教育的实践状况缺少系统性梳理

已有研究要么是笼统地引介某一或某几个国家的职业生涯教育经验，要么是基于理论思辨呈现我国职业启蒙教育的现实问题，即使部分实证研究也仅限于对某一区域的调查研究，而且更多的是针对高中阶段职业生涯教育的调查，关于低学段尤其小学教育阶段职业启蒙教育的研究不足。职业启蒙教育在全国而言不乏典型的实践案例，有待于总结归纳，其问题也有待去发现。国际职业启蒙教育经验也各具特色，需要提炼各自亮点。

（三）对职业启蒙教育的实施路径缺乏本土化探索

有关学者虽然从各个视角为我国职业启蒙教育提出了可以借鉴的策略建议，但大部分还是比较宏观，且照搬国外经验者居多，结合我国基础教育及其课程实践的本土化探索较少，关于学科教学渗透的探索也仅停留在高中课程阶段。我国职业启蒙教育的实施路径应结合我国不同学段的课程体系、课程标准、教材内容和教学机理等维度有针对性地探索，尤其是关于小学阶段学科教学渗透职业启蒙教育的相关问题需要进行系统化研究。

第三节　研究目的与意义

一、研究目的

研究旨在深入阐释职业启蒙教育的理论内涵和价值意蕴，系统梳理国内外职业启蒙教育的典型模式，发现我国职业启蒙教育的主要问题，进而为我国职业启蒙教育的实施提出策略建议，并特别从学科教学的视角探究职业启蒙教育的渗透问题。

二、理论意义

（一）丰富职业启蒙教育的理论内涵

职业启蒙教育理论内涵的澄清是后续研究的逻辑起点。当前已有很多研究从不同层面梳理了职业启蒙教育的要义，但却烙有国外职业生涯教育理论的印迹，未深入职业启蒙教育的内核进行系统性追问。研究将从纵横立体的维度探究职业启蒙教育的系统性理论框架，进一步丰富职业启蒙教育的理论内涵。

（二）拓展职业启蒙教育的路径维度

职业启蒙教育日益成为职业教育研究领域的热词，当前已经有部分理论研究者和实践者对职业启蒙教育的实施路径进行初步探索，但缺乏对实施路径的系统性建构。本书将从政府支持、课程建设、资源支撑等多维度阐释职业启蒙教育的实施路径，尤其探究学科教学渗透职业启蒙教育的逻辑体系，为职业启蒙教育的实践提供全方位的理论框架。

三、实践意义

（一）为职业启蒙教育实践提供策略建议

职业启蒙教育的实践需要结合我国基础教育的实际进行，而已有研究大多是对国外职业生涯教育的笼统引介。本书在梳理国际经验的同时，对我国职业启蒙教育的民间探索进一步梳理与提炼，进而为我国职业启蒙教育的实践提供可资借鉴的直接经验。与此同时，尤其从学科教学的视角为不同学科教师渗透职业启蒙教育提供建议。

（二）为学生多元化发展提供生涯指导

“适合的教育”才是最好的教育，这也是我国近期教育政策倡导的方向。根据加德纳（Gardner）的多元智能理论，每个学生都有各自的智能优势，因此教育需要做出有必要的引导。面对我国中小学生职业生涯规划的迷茫，通过职业启蒙教育的实践，有望更加合理地引导学生朝向更加合适的教育方向或专业方向发展，最终实现人人皆可成长、人人尽展其才的社会风貌。

第四节　研究思路与方法

一、研究思路

研究将遵循理论研究与实践研究、宏观研究与微观研究相结合的技术路线展开。

（一）宏观研究

基于宏观视角，从理论到实践逐渐展开，呈现理论研究—现实分析—策略建议的研究思路：①廓清职业启蒙教育的内涵与价值：研究将从横向、纵向的维度阐释职业启蒙教育的理论内涵，从政治、教育、个体三维度阐明职业启蒙教育的价值意涵；②梳理国内外职业启蒙教育的实践样态：一方面梳理国内职业启蒙教育的典型模式，提炼经验，发现问题，另一方面总结归纳发达国家职业启蒙教育的实践经验；③提出我国职业启蒙教育的实施建议：从政府支持、课程建设、资源支撑等维度为我国职业启蒙教育的实践提供策略建议。

（二）微观研究

基于微观视角，对学科教学渗透职业启蒙教育进行系统性研究，将主要围绕小学阶段各学科进行，包括语文、数学、英语、科学、品德五门课程；同时还涉及高中阶段的历史和英语两门学科。各学科研究呈现出基础考察—教材支持—问题审视—路径探索的研究路线：①学科教学渗透职业启蒙教育的基础考察：分别从价值意蕴和课程标准两个方面展开；②学科教学渗透职业启蒙教育的教材支持：分析各学科教材渗透职业启蒙教育的基本要素及特点；③学科教学渗透职业启蒙教育的问题审视：主要从课前、课中、课后三个环节考察存在的问题；④学科教学渗透职业启蒙教育的路径选择：针对存在的问题，提出各学科渗透职业启蒙教育的策略建议。

二、研究方法

（一）文献研究法

文献研究既是文献综述的重要途径，又是理论研究的必要方法。本书对中国知网、读秀、Springer、ERIC 等中外文数据库进行检索，一方面系统梳理国内外关于职业启蒙教育的研究成果，找出理论研究的问题所在，为本课题的研究提供方向；另一方面通过理论成果的梳理，系统建构职业启蒙教育的内涵体系，丰富理论成果。此外，还通过整理相关资料，进一步提炼国内外职业启蒙教育的实践经验。

（二）个案研究法

个案研究法，也称为案例研究法，即通过选择某一个或某几个典型的案例进行系统性研究的方法。在本书主要体现在三个方面：其一，在国内职业启蒙教育实践的宏观审视中，选择三个典型的案例进行剖析，一方面旨在为模式的推广提供更为细致的经验描述，另一方面也在于发现实践探索中存在的问题；其二，在国外职业启蒙教育经验的梳理中，选择美国、德国、日本三个国家作为典型代表，以便为我国职业启蒙教育提供较为代表性的经验借鉴；其三，在学科教学渗透职业启蒙教育的现实审视中，分别选择某一学校作为个案，剖析实践中存在的问题。

（三）文本分析法

文本分析法是基于一手原始材料的分析。在学科教学渗透职业启蒙教育的研究中，将各学科课程标准和教材作为文本分析的对象进行研究，为职业启蒙教育的学科渗透提供合理性和可行性基础。其中，小学阶段语文、数学、英语和品德课标均使用 2011 年版全日制义务教育课程标准（实验稿），教材除英语使用教科版外其他三门均使用苏教版教材；小学科学课标使用 2017 年版《义务教育小学科学课程标准》，教材使用人教版教材；高中历史和英语课标均使用 2003 年版普通高中课程标准（实验），教材分别使用人民版普通高中历史教材和译林版牛津高中英语教材。

（四）调查研究法

调查研究法主要包括问卷调查法、访谈法和观察法，在本书均得以使用。其中，在小学各学科教学渗透职业启蒙教育研究中，主要采用访谈法和观察法，调查学科教学中渗透职业启蒙教育的相关问题；在高中历史教学渗透职业生涯教育的研究中，采用调查研究法，了解学生的职业发展需要，为学科教学渗透职业生涯教育提供现实基础。

（五）行动研究法

行动研究法是一种边研究、边实践的研究方法，对于教学模式的实践探索与总结完善具有重要的意义。在高中英语教学渗透职业生涯教育的研究中，项目负责人使用行动研究法，设计两个教学课例并投入自己的教学实践，通过进行总结与反思，达到理论指导实践、实践检验理论的目的。这有利于推动职业生涯教育学科教学渗透的有效实践。

根据以上研究思路和研究方法，本研究的总体技术路线图如图 0－1 所示。

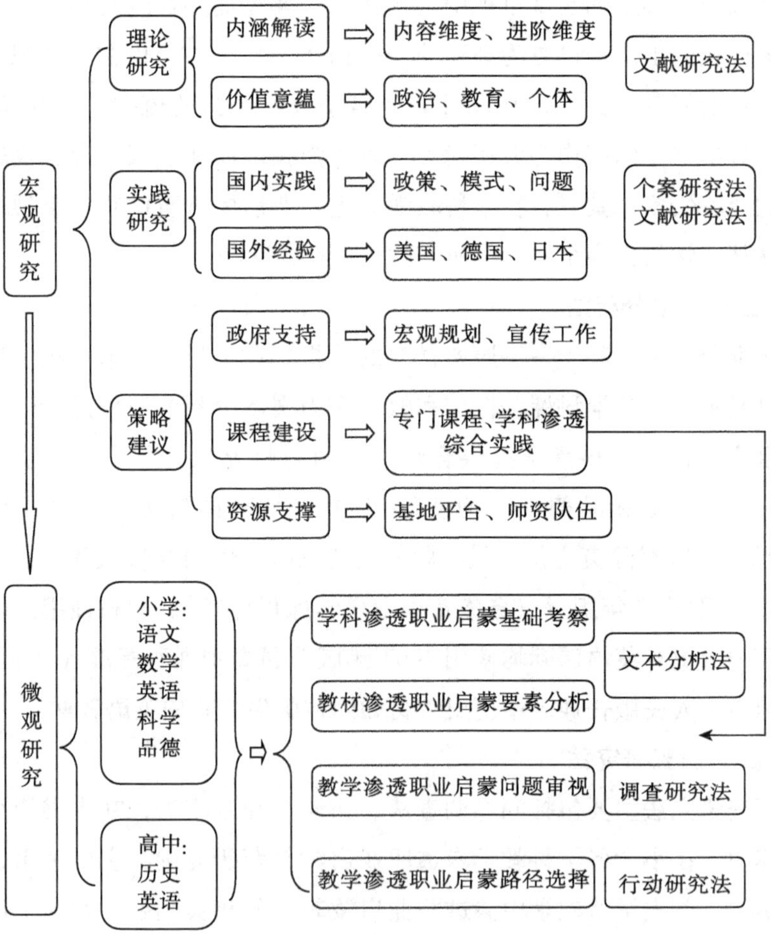

图 0－1　研究技术路线

上篇　宏观研究

第一章

职业启蒙教育的理论阐释

职业启蒙教育作为一个本土词汇，在国外并没有严格对应的概念，相似的概念在美国称为生涯教育（Career Education），在德国称为“前职业教育”或“职业教育的预备教育”（Vorberufliche Bildung/Pre – vocational Education），但它们并不能表达职业启蒙教育的全部含义。为此，国内部分研究者[1][2][3]也分别对职业启蒙教育做出解释，这些概念对职业启蒙教育的对象、目的和内容都有相应的界定，但并没有凸显出职业启蒙教育的本质意涵。本章从词语解构与词源的视角演绎职业启蒙教育的内涵，并进而框定其内涵维度和进阶维度。

第一节　职业启蒙教育的内涵探源

“词源”即词的起源，它以解释的方式有助于对词的确切含义的理解，

---

[1] 李俊，何多明．德国的职业启蒙教育新解——对历史沿革及课程定位的分析［J］．河北师范大学学报（教育科学版），2015，17（6）：76－82.

[2] 陈鹏，庞学光．大职教观视野下现代职业教育体系的构建［J］．教育研究，2015，36（6）：70－78.

[3] 刘晓，黄卓君．青少年儿童职业启蒙教育：内涵、内容与实施策略［J］．中国职业技术教育，2016（23）：32－37.

进而实现对事物更加明晰的洞察。[1]“职业启蒙教育”作为一个合成词，虽不能追溯它本身的起源，但对其组成部分的探源也有助于这个词组的理解。“职业启蒙教育”起点在“职业”，关键在“启蒙”，目的在“教育”。因此，对“职业”“启蒙”“教育”的分别理解有助于对“职业启蒙教育”的整体把握。

一、职业：承载神圣的社会使命

职业不仅仅是个体作为“主要生活来源”[2]的媒介，还有着更加丰富的含义，承载着神圣的使命，将个体与社会紧密地联系在一起。马丁·路德在德语版的《圣经》中首次诠释了“职业”的意蕴，即上帝赋予的“天职”（The Calling of the God）。在马丁·路德的观念里，“履行世俗事务的责任”（职业）是“个人道德活动所采取的最高形式”，也是“上帝唯一能够认可的生活方式”，因此也是一种“天职”。[3]为此，个人“应该一直安分地保持上帝安排给他的身份”，并且应据此“限制自己的世俗活动”，由于其对神意的强烈信仰，使得他认为“绝对服从神的意志与绝对接受现状是一致的”。[4]这种具有神圣使命感的“职业”超脱了那些自私自利的生活方式，是一种指向“胞爱”的外在表达，因为劳动分工使得每一个人都为他人而劳动；而且，在路德的“天职观”里，职业没有贫富贵贱之分，所有正当的天职都具有完全等同的价值。[5]总体来看，马丁·路德的职业观尽管具有强烈的宗教色彩，但是在其思想中所蕴含的“胞爱”“平等”“虔诚”等理念却一直陪伴着“职业”这一世俗活动沿袭至今。

---

[1] 娄雨. 从 παιδεια 到 education：西方“教育”概念的词源学分析［J］. 教育学报，2017，13（3）：9－17.

[2] 中国社会科学院语言研究所词典编辑室. 现代汉语词典［Z］. 7版. 北京：商务印书馆，2016：1683.

[3] ［德］马克斯·韦伯. 新教伦理与资本主义精神［M］. 北京：北京大学出版社，2012：76.

[4] ［德］马克斯·韦伯. 新教伦理与资本主义精神［M］. 北京：北京大学出版社，2012：81.

[5] ［德］马克斯·韦伯. 新教伦理与资本主义精神［M］. 北京：北京大学出版社，2012：77.

在黑格尔看来，个体在职业中依靠自己的劳动获得生活资料，是市民社会中个人正义、正直和独立自尊的情感之根本，是市民社会的基本准则。❶因此，当今的“职业”已经超出了其所具有的宗教含义，与“社会责任”更加紧密地联系在一起。正如杜威所言，“职业是唯一能使个人的特异才能与他的社会服务取得平衡的事情”，对于社会其他成员来讲，适宜的职业意味着他们能够得到从业者所能提供的“最好的服务”。❷ 这正是职业之“使命”外在表达的最好诠释。

二、启蒙：开启个体的蒙昧状态

在中国，最早使用“启蒙”一词的是东汉的应劭，他在《风俗通·皇霸·六国》中写道：“每辄挫衄，亦足以祛蔽启蒙矣。”许慎在《说文解字》中将“启”解释为“开也，从支，启声”；❸ “蒙”则指“蒙昧”。❹“启”“蒙”连在一起即为对蒙昧者的教化与开导。《论语》“不愤不启，不悱不发”中的“启”即是这层含义。《辞源》定义“启蒙”为开导蒙昧，使之明白贯通。❺ 在《现代汉语词典》中，“启蒙”有两层含义：一是使初学的人得到基本的、入门的知识，如启蒙教师、启蒙读物；二是普及新知识，使摆脱愚昧和迷信，如启蒙运动。❻ 因此，在中文语境中，“启蒙”一方面指新知识的入门教育，另一方面指新思想的宣传教化。西文语境中的“启蒙”包括德语的Aufklärung、拉丁语的Illumina、英语的enlightenment，均起源于法语的Les Lumieres。Les Lumieres字面意思是指“光”或“光明”。这里的“光”并不是普通的光，而是“上帝之光”或“信仰

---

❶ [德] 黑格尔. 法哲学原理 [M]. 范扬，张企泰，译. 北京：商务印书馆，1961：244－245.

❷ [美] 约翰·杜威. 民主主义与教育 [M]. 北京：人民教育出版社，2001：327.

❸ 许慎. 说文解字 [Z]. 李翰文，译注. 九州教育出版社，2006：113.

❹ 许慎. 说文解字 [Z]. 李翰文，译注. 九州教育出版社，2006：86.

❺ 何九盈，王宁，董琨，商务印书馆编辑部. 辞源 [Z]. 3版. 北京：商务印书馆，2015：724.

❻ 中国社会科学院语言研究所词典编辑室. 现代汉语词典 [Z]. 6版. 北京：商务印书馆，2013：1022.

之光”。[1]《旧约全书·创世记》在开章写道：“起初，神创造天地。地是空虚混沌，渊面黑暗……神说‘要有光’，就有了光。神看光是好的，就把光暗分开了……这是头一日。”可见，“光”引导人们脱离“黑暗”，走向新的世界。因此，西文语境下的“启蒙”是个体驱逐黑暗、追求光明的成长之路，带有浓厚的宗教色彩，演绎为对愚昧者、无知者的开启与解放。此外，康德还认为，“启蒙”是人类对他自己招致的不成熟状态（人们在缺乏指导时，无力运用自我理性的状态）的摆脱。[2] 这就意味着，蒙昧是一种不成熟的状态，且这种不成熟状态的解脱需要他人的指导，“他人”是光源的象征，代表智者的力量。总之，无论是新知的传播，还是新思想的教化，抑或是黑暗或不成熟状态的摆脱，“启蒙”的最终目的都是通过外在力量的引导促使个体从蒙昧走向文明，在明达事理中逐步趋于成熟。

三、教育：养成健全发展的人格

“教育”在《说文解字》中被解释为“教，上所施，下所效也”[3]；“育，养子使作善也”。[4] 意味着“教育”在于通过权威者的引导使受教育者得以在经验方面的成长。在西语系统中，Education 的拉丁文词根 educare 有“引出”“导出”之义。希腊文 παιδε（i）α 的核心理念是“引导一个人成为其应该成为的样子，实现完满的人格和人性”。[5] 因此，教育关系着个体更好的生存和发展，肩负着“灵魂启蒙”“人性启蒙”的重要使命，这也成为诸多西方教育家、思想家所论述的核心要义。古希腊思想家苏格拉底创立的“产婆术”教学法即具有启蒙的意涵，其在于通过智者不断地向学生的回答提出质疑，使对方陷入矛盾之中并认清自己的错误，然后“启发”“引导”对方寻找问题的正确答案，进而掌握新的认知和判断，达

---

[1] 黎保荣．何为启蒙——中国现代文学启蒙内涵及其演变新论［J］．文学评论，2013（1）：78－87.

[2] ［德］康德．对“什么是启蒙”的回答［M］．肖树乔，译．北京：中译出版社，2015：1.

[3] 许慎．说文解字［Z］．李翰文，译注．九州教育出版社，2006：272.

[4] 许慎．说文解字［Z］．李翰文，译注．九州教育出版社，2006：1209.

[5] 娄雨．从 παιδεια 到 education：西方“教育”概念的词源学分析［J］．教育学报，2017，13（3）：9－17.

到祛除遮蔽的目的。柏拉图则进一步发展了这一思想，他在《理想国》中用"洞穴寓言"诠释了教育的启蒙要义。[1] 在他的笔下，洞穴中的"囚徒"为"未开化者"，洞穴上面的"阳光"为拯救灵魂的"上帝之光"，先行觉醒的"囚徒"通过对"光"的敏感性，在自我救赎中走向"智者"的世界，成为"善"的代表和"真理"的拥有者，进而他们有义务承担对"愚者"的救赎，促使后者走出现象世界，实现"灵魂"的回归。也就是说，教育用来唤醒人们的智慧，使人向善，不断提升自我，即有启蒙的意蕴。近代"启蒙运动"进一步拉近了"教育"和"启蒙"的内涵同质性，使"启蒙"成为教育的精神使命。在启蒙思想家眼里，教育就是使人从"蒙昧"中牵引出来，从"未完成的人""待发展的人"走向"完满的人""成熟的人"。[2] 不过在"启蒙"的基础上，"教育"的内涵更加丰富，它不仅包括知识的增长、思想的教化，还包括能力的增长，尤其是"向善"的道德的成长。赫尔巴特将"道德的秩序"作为教育的最高目的，[3] 爱因斯坦将"高尚的道德标准"置于"知识"和"技巧"之上。[4] 概论之，教育即是一个关于"未完成的人"的整全人格发展的养成活动。

第二节　职业启蒙教育的内涵维度

通过对"职业""启蒙""教育"三个词的探源，综而论之，职业启蒙教育就是对儿童实施的关于神圣职业的入门教育，这种入门教育使个体获得关于职业世界的基本认知，并形成初步的职业理想和向善的职业伦理，进而为未来的职业生涯发展提供最为基础的帮助。

---

[1] ［古希腊］柏拉图．理想国［M］．郭斌和，张竹明，译．北京：商务印书馆，1986：272－280.

[2] 陈仁，杨兆山．教育的人性启蒙观念及其历史生成［J］．广西社会科学，2015（4）：206－210.

[3] ［德］赫尔巴特．普通教育学［M］．李其龙，译．北京：人民教育出版社，2015：28.

[4] ［美］海伦·杜卡斯，巴纳希·霍夫曼．爱因斯坦谈人生［M］．高志凯，译．北京：世界知识出版社，1984：61.

一、培养基本的职业认知

职业认知即关于职业及其基本信息的认识。职业启蒙教育，应通过初步的职业入门教育，使儿童对职业的基本信息进行了解与通达。“职业”不仅作为人们“主要生活来源”[1] 的媒介，它还“支配着我们的整个世界”，它“治愈我们的身体，衡量我们的收益，拯救我们的灵魂”。[2] 在远古社会时期，职业、教育、生活融为一体，关于职业认知的教育与生活、生产劳动同步进行着，人们无须了解职业以及职业的信息是什么，唯一的目的就是通过这种融为一体的整合式生活实现生命的存续。阶级社会以后，产生了“劳心者治人”“劳力者治于人”的劳动分工，统治阶级利用其统治工具“国家机器”奴役、训化着普通百姓，“劳力者”虽然受到所谓的“教化”，但其是一种扭曲的思想教育，仍处于对各种事物包括职业信息的蒙昧状态，关于职业的认识处于“未开启”状态。宗教改革以后，职业被尊奉为上帝的恩典，成为另一种形式的统治阶级教化大众的工具。在劳苦大众心中，所有的职业分工都是上帝的安排，个体唯一能做的就是正视现实，在自己的岗位上任劳任怨。而后，随着现代大工业的大发展，职业的分工越来越细，劳动者对职业的认知在不断觉醒。此时，他们在个体生活与上帝安排之间找到一种妥协，将个体生活与集体生活融为一体，忠于职守与其说是对上帝的忠诚，不如说是对个体生活自我实现的追求。为此，马克思建议青少年在选择职业时要将“人类幸福”与“自身的完美”相结合。[3] 因此，在现代社会，人们要想在以后的职业生活中达到个体与社会的整全发展，就必须对职业有一个清醒的认识。

处于蒙昧状态的儿童不仅对世界知之甚少，对职业世界同样如此。为此，必须通过职业启蒙教育促使他们对职业形成基本的认知。职业的认知

---

[1] 中国社会科学院语言研究所词典编辑室．现代汉语词典［Z］．7 版．北京：商务印书馆，2016：1683.

[2] ［美］安德鲁·阿伯特．职业系统——论专业技能的劳动分工［M］．李荣山，译．北京：商务印书馆，2016：11.

[3] 中共中央马克思，恩格斯，列宁，斯大林著作编译局．马克思恩格斯全集（第 40 卷）［M］．北京：人民出版社，1979：7.

可包括两个方面：一方面是对于职业性质的认识，明确职业在生活中的地位和作用，明晰学习与工作的关系，养成对劳动的正确认识和态度，领悟职业是人们生活中必不可少的一部分，任何一种职业都各有利弊，只有分工不同，没有高低贵贱之分，“人人皆可成才，人人尽展其才”；另一方面是关于职业类型、职业要素、职业素养等基本信息的初步了解，知晓社会上有哪些类型的职业，领会典型职业的劳动对象、工作场域、生产工具等职业要素，以及职业世界对普适的职业知识、技能和伦理的要求，进而形成基本的职业认知结构。职业启蒙教育并不是要求学生掌握所有的职业类型及其详细的职业要素，以及专门化的职业素养。职业启蒙教育应该根据教育发生的不同阶段和学生的心理发展水平对社会上的职业类型进行逐步细化的介绍。在实施的过程中，应结合学科课程、活动课程、校外实践等不同形式诱发学生通过直观的感知、物象的察觉、抽象的认知等实现对职业要素、职业素养等信息不同程度的理解和把握。总体而言，职业启蒙教育并不是培养学生对具体职业知识、技能的掌握，而是通过某些方面的训练，获得“有关技术与生产问题的启蒙知识”，[1] 以便在宏观上引导学生形成对职业世界的基本认知，渐进式地把握不同层次的职业类型，了解未来职业所必备的核心素养。

二、养成初步的职业理想

职业理想是个体在职业认知的基础上，结合对自我的认知以及其他主客观条件所确立的一种预期职业目标。职业启蒙教育，应通过有意识的引导教育，帮助儿童根据自我的兴趣、主体发展水平和其他客观条件做出一种合理的职业目标预选。根据美国生涯理论学者斯金伯格的描述，儿童在11岁之前对职业的态度大多出于好奇，在确定职业理想时往往天马行空，带有浓厚的感情色彩，不会考虑其他社会因素，有很大的盲目性和冲动性。这种对职业的盲目崇拜如果得不到正确引导的话，很容易受社会上各

[1] ［瑞士］皮亚杰．1935年以来的教育与教学［G］//卢濬．皮亚杰教育论著选．北京：人民教育出版社，2015：178.

种不良现象的影响，而致使儿童后期的生涯发展产生畸形，从而对于职业理想的确立产生偏差。以致很多学生到18岁的时候，还不知道自己报考什么专业，或者不能清晰地分析自己的学业基础知识和能力发展水平，盲目地追求“高大上”的专业，以致到了大学里后悔莫及。科学的职业理想观是儿童未来发展的指南针，而盲目的职业理想观则犹如在大海航行时的迷雾，容易使人生迷失方向，不进则退。盲目的职业理想往往由于错误的专业选择最终导致与自己不相匹配的职业结果，最终在职业岗位上碌碌无为，于己于人无所贡献。儿童职业理想的早期追求主要建立在对职业的“好奇心”或“神秘感”之上，并伴随对职业的“无知”与“蒙昧”，因此缺少对职业目标选择的理性思考，不能对自身条件和其他客观条件做出辩证性分析，在选择时往往受制于“他人”“环境”抑或“一时的冲动”。因此，很有必要尽早对孩子们进行职业理想的启蒙教育，帮助他们在正确认识自我、分析自我、掌握各种条件的基础上，实现职业理想的科学开启。

中小学时期是人生观、价值观形成的重要阶段，也是个人职业理想孕育的关键期，这就要通过职业启蒙教育帮助学生建立科学的职业观，使他们在剖析自我兴趣和职业价值中逐步形成自身的职业理想。首先，要让学生认清自己的兴趣。赫尔巴特将个体天生的兴趣称为个性，认为其是后天发展之“朦胧的根源，”教育者的目的就是让这种个性“具有鲜明的轮廓”，乃至“明显地显露出来”。[1] 学生的职业兴趣同样是一种发自内心的个性本能冲动，因此必须加以正确的引导。为此，加德纳建议学校应对每个学生的认知特点“给予充分的理解”，使其“得到更好的发展”，以便形成某种职业理想的可能性。[2] 因此，职业启蒙教育最关键的是要让学生听从自己内心的召唤，结合自己的兴趣确立职业理想。其次，职业理想的确立有时也会被盲目的兴趣或一时的冲动所误导，例如受到现代媒体娱乐节

---

[1] ［德］赫尔巴特．普通教育学［M］．李其龙，译．北京：人民教育出版社，2015：34－37.

[2] ［美］霍华德·加德纳．多元智能［M］．沈致隆，译．北京：新华出版社，1999：9－10.

目的影响，有些学生可能幻想成为一名演员或歌手；或者受金钱的驱使，梦想成为一位企业家。但事实上这些学生并不一定有艺术细胞或当企业家的潜质，主要表现在他们的艺术成绩不够优秀，数理化成绩一般。因此，这时的职业启蒙教育就应该引导学生参考自己的学习成绩对未来职业做出理性选择。最后，职业是一个联系个体与群体的神圣使命，成功的职业决策关系到个体与集体的共同幸福，这就使得学生对理想专业或职业的选择要结合社会或家庭的客观现实情况，因此职业启蒙教育应协助学生在成就自我、关照家庭、服务社会中做出一个相对合理的职业理想选择。

三、训育向善的职业伦理

职业伦理是个体对职业的态度与价值观，集中表现为职业道德。职业启蒙教育，应通过初步的教育熏陶和引导，端正儿童对待职业的态度，树立健康、文明的职业价值观。文明的职业价值观表现为高尚的职业伦理，主要包括对职业的忠诚、对劳动对象的尊重、对工作过程的精益求精、对工作团队的和谐相处等核心素养。“好人”“至高”“至善”是古希腊学者对完满人格的诉求，“上善若水”是老子对人之为人的本然规约，这些无不表征“德”对个人健康发展与社会和谐建构的重要意义。在此基础上，职业的胜任同样需要“至善”的伦理品格。在中世纪以及同行会时期的学徒制时代，对行业机密的保护成为衡量历任学徒工成熟的重要标志；宗教改革以后，对职业的虔诚成为衡量技术工人合格的重要标准。在现代教育的产生和发展过程中，无论是洛克、卢梭、康德，还是赫尔巴特，都强调德育在教育内容中的重要性。正如赫尔巴特所言，教育的必然目的也是最高目的是道德的成长。爱因斯坦也将“高尚的道德标准和价值观”置于“知识和技巧”之上，认为前者是给人类生活带来“幸福和尊严”的决定性要素。[1] 技艺再高，也无法与优良的德行相比较。因此，无论将来从事什么职业，一个健康至上的伦理品格是必需的。在新的时期，“中国学生

---

[1] ［美］海伦·杜卡斯，巴纳希·霍夫曼．爱因斯坦谈人生［M］．高志凯，译．北京：世界知识出版社，1984：61.

核心素养框架”将“劳动意识”作为18个核心素养之一,❶彰显出我国教育部门对“劳动素养”发展的重视程度。在这里,“尊重劳动”的习惯、“改进创新”的劳动意识、“合法劳动创造成功”的意识行动等都可以框定为职业伦理的范畴。

处于与职业世界相对隔离的儿童,不仅对职业知识、技能了解甚少,更不知如何处理与职业世界的关系。因此,职业启蒙教育应该通过渗透式的多元形式引导儿童在模拟的职业环境中养成朴素的职业习惯,逐步化解对职业的疏离,进而培育对职业世界的认同感。凯兴斯泰纳的“劳作学校”为职业伦理的训育提供了经验借鉴,他主张通过在国民学校里开设木工、缝纫、园艺、厨艺等劳作课程,培养学生养成一丝不苟的工作习惯和艰苦奋斗的劳动意志。正如他所指出的,这些“劳作课程”并不在于介绍“劳动的过程、劳动工具、劳动器械和某种特定职业所需要的材料”,而是在于适应“公正的劳动方法”以及培养“越来越细心、越来越彻底和越来越严谨的习惯”,还在于唤起“真正的劳动热情”。❷可见,这种早期的劳作教育并不在于具体职业的规训,而是在培养简单劳动技能的过程中,训育互助互爱、协同合作、热爱集体的高贵品质。根据凯兴斯泰纳的解释,这些在基础教育阶段养成的高贵品质将会迁移至未来其他领域的手工劳动中。事实不仅如此,这些手工劳动教育所培育的“劳动素养”其实可以适用于未来的任何职业领域。甚至凯兴斯泰纳将这种良好的劳动素养最后指向于效忠国家集团的伦理品质,❸这正是职业伦理的魅力所在。良好的劳动素养、高贵的职业品质在当代也可以理解为伟大的“工匠精神”,它与融通在“上下五千年”“三字经”“千字文”中的经典文化一起构成了中华民族的传统美德,理应在中小学得到重视。

---

❶ 林崇德. 中国学生核心素养研究[J]. 心理与行为研究,2017,15(2):145-154.

❷ [德]凯兴斯泰纳. 劳作学校要义[G]//郑惠卿. 凯兴斯泰纳教育论著选. 北京:人民教育出版社,2003. 23.

❸ [德]凯兴斯泰纳. 劳作学校要义[G]//郑惠卿. 凯兴斯泰纳教育论著选. 北京:人民教育出版社,2003. 16.

第三节　职业启蒙教育的进阶维度

职业启蒙教育往往与职业生涯教育联系在一起，但又不完全等同。职业生涯伴随人的一生，职业生涯教育即可终生进行，但职业启蒙教育仅是一种入门的职业生涯教育，处于职业生涯教育的初始阶段。同时，职业启蒙教育又区别于就业教育，高等教育和职业教育都是一种专门化的分专业的就业教育，直接面向具体的职业进行专业性的教化，不属于初级职业生涯教育的范畴。因此，职业启蒙教育定位于在普通基础教育阶段实施的一种渗透式的初级职业生涯教育。结合学生的身心发展阶段以及我国基础教育的实际，职业启蒙教育可分为普适的职业认知教育、分流的生涯指导教育和分化的专业规划教育三个阶梯式的进展阶段。

一、普适的职业认知教育

普适的职业认知教育主要对应于幼儿园和小学阶段（3～12岁）。无论幼儿园的孩子还是小学生，由于其毕业后不存在就业、普职分流或专业分化的问题，因此对他们的职业启蒙教育不针对具体的职业或教育类型，而是一种普适的职业认识论、价值观养成的教育过程。就生涯发展的阶段而言，舒伯将4～10岁界定为幻想期、11～12岁称为兴趣期；斯金伯格将11岁之前称为空想阶段，同样将11～12岁认定为兴趣阶段。可以看出，幻想（空想）和兴趣这两个阶段正是我国幼儿园和小学所处的阶段。根据斯金伯格的描述，在空想阶段，儿童对于职业的态度大多出于好奇心，在选择未来的职业理想时往往天马行空，有很大的盲目性和冲动性，并伴有强烈的感情色彩，因此十分不稳定；在兴趣期，对职业的选择以个人的兴趣占主导。[1] 因此，在这一阶段学生无论对自己还是职业，都没有一个清醒明确的认识，处于盲目的职业崇拜和幻想时期，如果不加以正确引导的话，

[1] ［美］塞缪尔·H. 奥西普，路易斯·F. 菲茨杰拉德．生涯发展理论［M］．顾雪英，姜飞月，等，译．上海：上海教育出版社，2010：21－22.

他们就很容易受到社会不良风气、媒体的影响，或者受到周边“伟大”人物的影响，产生对职业认识的曲解，形成不健康的职业价值观，进而影响下一阶段的发展。普适的职业认知教育正是要告知学生不能盲目地凭主观印象判断对职业的喜好，以帮助他们养成健康的职业价值观。

普适的职业认知教育，首先要为学生介绍社会中普遍存在的职业，使其认识到职业只有分工不同，没有高低贵贱之分。幼儿和小学生由于接触职业世界的机会不多，对职业种类的认识非常有限。通过职业启蒙教育，要让他们认识到社会中不仅有众所周知的科学家、医生、教师等传统职业，还有精算师、动漫设计工程师、职业规划师等现代职业；社会不仅需要“爱因斯坦”式的科学家，还需要“爱迪生”式的发明家，更需要“鲁班”式的技术工人，他们都是大国创造、大国制造的重要力量。只要匹配合理，每个行业、每种职业都能在自己的岗位上成就出彩的人生。其次，要培养学生的早期劳动习惯和普适的职业伦理。“三岁看大、七岁看老”正诠释了早期儿童习惯对后期成长的关键性作用。为此，幼儿园、小学应在日常的教学活动、校园生活中，通过手工劳动、校园区角、社区服务等不同方式，养成学生勤于工作的劳动习惯、精益求精的劳动作风、珍惜成果的劳动品质、协同合作的劳动精神等综合职业素养。这些职业素养不是针对具体一种职业的，但对任何一种职业都有非常重要的作用。最后，对于幼儿园和小学的学生，也可以围绕其内发的职业兴趣和好奇心进行适当的挖掘和引导，强化发展其内在的潜能优势。但是，这一潜能的挖掘并不是以放弃非潜能优势的发展为代价，而是在均衡发展的基础上培养在某一方面的可能兴趣，否则将会发生学生过早偏好某一学科而疏离其他学科，进而失去普适教育的意义。

二、分流的生涯指导教育

分流的生涯指导教育主要对应于初中阶段（12～15 岁）。按照我国教育体系框架，初中毕业后将面临进入普通学术教育还是职业教育的教育分流阶段。因此，这个时期的职业启蒙教育将围绕“教育分流”对初中生进行合理的生涯引导，帮助他们发现在知识维度或技能维度方面的潜质，引导他们不断走向符合自身发展特点的生涯方向。无论舒伯还是斯金伯格，都将 13 ~ 14 岁称为生涯发展的能力期，并认为在这一时期，儿童逐渐意识到个人能力对职业生涯发展和未来选择的重要性，此时孩子们将停止无边界的职业幻想进而关注能力与职业的匹配关系。皮亚杰认为，儿童正常的智力和道德的发展要到 15 岁才完成，只有到了这个年龄才有可能显示出“各人才能”的准确“差别”，因此本着对学生和社会负责任的立场，教育应在这个时候“帮助他们决定自己的志向”。[1] 13 ~ 15 岁正是我国初中教育的核心年龄阶段，在心理上正在发生从依赖他人到独立自主的转变，同时对未来的职业幻想也逐渐拥有自己的判断力，从而会根据自己对职业知识的掌握情况并结合自身的学业水平与能力优势对职业理想做出相对理性的思考和规划。然而在现实中由于受到传统文化和周边环境的影响，初中毕业生在面临升学抉择时，并不都是尊重了自己内心的诉求，很多学生仍然对职业教育另眼相看、不屑选择，最终职业教育成了学术失败者的聚集地，而不是技能优势者的福地。

根据加德纳的多元智能理论，有些人擅长数理或语言技能，有些人擅长运动或空间技能。分流的生涯指导教育就在于引导学生客观地认识自己在文化课程学习或技能操作方面的智能优势，并进一步强化其在某一方面的优势，进而为其在毕业时是选择有希望进入四年制大学的普通高中教育还是选择直接面向就业的职业教育做出合理的指导。分流的生涯指导教育形式主要有：其一，生涯导师制。在英国初中与中职教育衔接的过程中，生涯导师制是 14 ~ 16 岁学园混合式学习模式学生指导的重要举措。[2] 以此为借鉴，初中班主任可以兼任学生的生涯导师，鼓励文化课程学习优异者坚定自己的人生信念和职业理想，强化他们在理论课程方面的学习，为其将来进入名牌大学而选择星级高中做引导；对于在实践活动或技能操作中表现优异的学生，可以为其搭建平台引导他们主动探究机械或工程的奥

---

[1] ［瑞士］皮亚杰．现实世界中的教育权利［G］//卢濬．皮亚杰教育论著选．北京：人民教育出版社，2015：77.

[2] 陈鹏，邵小雪．14 – 16 岁学园：英国普职教育衔接的典型模式解析［J］．外国教育研究，2017，44（11）：94 – 105.

秘，例如开发一些技能操作的校本课程，激发他们在技能操作方面的潜质和兴趣。其二，职业课程衔接。在县城的非重点高中或城市郊区的农民工子弟学校，考虑到学生的经济背景、家庭背景以及未来职业定位，建议学校可以与当地中职学校建立合作关系，由中职学校为其量身定做若干门代表性的“职业技术入门课程”，让初中学生从初一到初三根据自己的职业兴趣和技能特长渐进式地选修职业课程，引导他们通过职业或专业体验逐渐建立对职业教育和技能型职业的认同感，为毕业后选择职业教育奠定重要基础。

三、分化的专业规划教育

分化的专业规划教育主要对应于普通高中阶段（15～18岁）。虽然初中毕业后选择职业教育的学生也存在专业分化的问题，普通高中毕业后也存在选择普通高等教育和高等职业教育双向分流的问题，这就使得职业启蒙教育的分流生涯指导阶段和分化专业规划阶段存在前后交叉，但本研究为更加清晰地论证不同阶段的特殊性，仅取特定阶段所属群体的共同职业启蒙教育任务。普通高中毕业生无论选择进入普通高等教育还是高等职业教育，他们共同的任务都将面临专业选择的问题。生涯发展理论之斯金伯格的价值观期（15～17岁）和舒伯的试探期（15～17岁）正处于我国高中生的年龄阶段。根据斯金伯格的描述，此时学生的特点是开始考虑职业的内在价值和外在价值，在选择和确定职业理想时，往往将自己的兴趣、能力和职业的外在价值相统一。[1] 可见，这种选择是一种“本能的我”“现实中的我”和“社会中的我”的一种妥协，是心理动力论中“本我”“自我”与“超我”相互统一的结果。因此，这一时期职业启蒙教育的任务就是，指导高中生围绕自己的智能优势、兴趣爱好、学习基础以及外在社会的客观条件如家庭条件、劳动力市场需求、国家发展需要等因素对自己的生涯发展方向做出合理的选择，进而在高考填报志愿时不受他人的“教

[1] ［美］塞缪尔·H. 奥西普，路易斯·F. 菲茨杰拉德. 生涯发展理论［M］. 顾雪英，姜飞月，等译. 上海：上海教育出版社，2010：21－22.

唆”，做出合乎个体和社会发展需求的专业选择。

分化的专业规划教育关照点在“分化”，工作点在“规划”，关键点是协调“本我”“自我”与“超我”的统一。因此，这一时期职业启蒙教育的核心工作还是要围绕如何协调“本我”“自我”与“超我”三者的统一展开，以最终达成个体对专业的合理选择。首先，“本能的我”是一种潜在于个体内部的生物潜能，表现为无意识的原发兴趣，在个体之间存在多元的差异性，包括语言、数理、空间、音乐、运动、人际关系和自我认识等不同维度。为此，加德纳建议，学校应该对这种不同的认知特点给予“充分的理解”，使其获得“最好的发展”，以便帮助学生发现适合其智能特点的职业。因此，高中各个学科教师应充分发掘学生们在不同学科领域中表现的相对优势，敢于创造“最近发展区”，引导学生往更高水平的方向发展。其次，对于“现实中的我”，每个学生都在课业学习中表现为不同课程成绩的结构组合，在实践活动中也彰显不同的兴趣偏好，对于他们未来专业的选择，教师应该引导学生正视现实中的自己，将个人兴趣与现有的学科水平结合起来，选择能够发挥自己学识特长又感兴趣的专业，而不是人云亦云或好高骛远。最后，对于“社会中的我”或“道德中的我”，高中教师应该超越“生涯导师”的角色，做学生的“人生导师”，让学生明白任何专业所指向的职业都是一种社会责任的重托，都能创造伟大的社会价值，职业没有高低贵贱之分，行行皆可出彩，在未来报考专业时不能一味地追求所谓的“热门专业”或“优势专业”，要结合自身兴趣、学识水平以及其他客观条件对专业做出集理性与感性于一体的最佳选择。

第二章

职业启蒙教育的价值意蕴

从相关政策倡导可以看出，职业启蒙教育已经成为新时期教育发展的一项重要内容。话语分析理论认为，任何政策的出台都映射着背后社会实践的语境乃至国家意识形态的需要。新的政策的出台也必将在迎合社会实践需要的过程中，促动着社会各领域的变革。职业启蒙教育政策的话语实践将在政治意识形态的维护、教育制度的完善和个体健全的发展中实现独特的价值。

第一节　职业启蒙教育的政治价值

教育具有重要的政治价值，职业启蒙教育作为一个教育事件，同样具有相应的政治价值。教育的政治价值，就是指作为客体的教育能满足主体政治生活需要的本质属性和功能。[1] 政治的核心是国家政权的巩固与发展。美国进步主义教育鼻祖贺来斯·孟恩（Horace Mann）认为，“教育是我们唯一的政治安全；在这个船以外只有洪水”。[2] 为了维护特定政权的发展，

[1] 王雁玲．试论教育的政治价值［J］．四川师范学院学报（哲学社会科学版），1991（6）：37－42.

[2] ［美］约翰·杜威．人的问题［M］．傅统先，邱椿，译．上海：上海人民出版社，1965：34.

教育发挥着意识形态传承的重要作用。在现实的意义建构中，意识形态表现为具体的话语实践形式或社会事件，致力于政治关系的再生产。❶ 职业启蒙教育作为新时期的一个政策话语或教育事件，是习近平新时代中国特色社会主义思想在教育领域的重要体现，既是新时期社会主要矛盾解决的战略举措，也是落实新时代教育方针、培养德智体美劳全面发展的社会主义建设者和接班人的重要路径。

一、服务新时期社会主要矛盾的解决

习近平同志在党的十九大报告中指出，新时代我国社会的主要矛盾表现为人民日益增长的美好生活需要和不平衡不充分的发展之间的矛盾，并特别强调全党同志要“永远把人民对美好生活的向往作为奋斗目标”，“带领人民创造美好生活”是党始终不渝的奋斗目标。人民是国家政权最为坚实的力量，关系着政党政治的巩固与可持续发展，关系着中华民族的伟大复兴。然而，现阶段社会各领域存在诸多不平衡不充分发展的矛盾，不利于人民对美好生活向往的追求。具体到教育领域，集中表现为人民群众对教育发展的多样化、个性化需求与现有的教育单一化、粗放型供给之间的矛盾，要解决这一矛盾，必须努力建成适合每个人的教育，使不同性格禀赋、不同兴趣特征、不同素质潜力的学生接受符合自己成长需要的教育。❷ 可见“适合的教育”是破解教育领域社会主要矛盾的关键策略。“适合的教育”在官方政策中最早出现在《国家中长期教育改革和发展规划纲要(2010—2020年)》中，被解释为“关心每个学生，促进每个学生主动地、生动活泼地发展，尊重教育规律和学生身心发展规律”。2017年，《关于深化教育体制机制改革的意见》进一步强调，应“大力宣传普及适合的教育才是最好的教育”。

在新的时期，“职业启蒙教育”的提出标志着其作为推进“适合的教

❶ [英] 诺曼·费尔克拉夫．话语与社会变迁 [M]．殷晓蓉，译．北京：华夏出版社，2003：81－82.

❷ 葛道凯．从矛盾变化看新时代教育改革发展的基本走向 [J]．教育研究，2018 (12)：4－8.

育”的实施的重要举措，对于推动社会主要矛盾的解决，满足人民群众对美好生活的向往具有重要的政治价值。“适合的教育”意味着教育要适合学生的个性发展，事关学生的终身发展和未来生活幸福。“职业启蒙教育”作为“适合的教育”的重要策略在基础教育阶段关系着学生分流后对教育类型和专业类别的选择，最终助推着未来美好生活的实现。就教育类型而言，中学后的全日制教育目前在我国主要有普通教育和职业教育两种类型，二者对学生智能优势的要求有着明显的不同，前者适合学术见长的学生就读，后者适合技能占优的学生选择。因此，职业启蒙教育的价值就在于识别与发现中小学生的智能类型优势，并在此基础上做出必要的引导，尤其是对初中生和普通高中生特别重要，因为他们将面临毕业后分流的现实选择。在此基础上，专业类别的选择也特别重要。无论是学术见长还是技能占优的学生，其在具体的智能优势方面也表现为较大的不同。因此职业启蒙教育的任务就是在帮助学生确定一种教育类型的基础上，根据其兴趣爱好和学科成绩偏好为其选择某一特定的专业类型，以便升入高一级专门学校后更加喜爱自己的专业，并乐于其中，进而实现高质量就业和美好职业生活幸福的达成。

二、推进新时代劳动教育方针的贯彻

教育是传播政治意识形态、培养特定社会所需人才的重要载体。一定时期的教育方针反映着特定时期意识形态发展的需要。习近平总书记在2018年全国教育大会上强调，要“培养德智体美劳全面发展的社会主义建设者和接班人”，诠释了新时期“培养什么样的人”和“为谁培养人”的根本问题，尤其是对“培养什么样的人”内涵进行了丰富与发展，增加了“劳”的元素，成为新时期党和国家教育方针政策的一大亮点。费尔克拉夫认为，话语事件中变化的直接起源和动机在于生产者或解释者对习俗的质问，且有赖于社会实践的性质。[1] 中华人民共和国成立70年来，党根据

[1] [英] 诺曼·费尔克拉夫．话语与社会变迁 [M]．殷晓蓉，译．北京：华夏出版社，2003：89－90.

不同时期的社会变化和政权巩固的需要，不断更新着对教育方针政策的表述，从“德智体全面发展”到“德智体美全面发展”，再到“德智体美劳全面发展”，党对“培养什么样人”的问题认识不断深刻，尤其在新的时期折射出劳动教育的重要性。习近平进一步指出，要构建德智体美劳全面培养的教育体系，通过教育“引导学生崇尚劳动、尊重劳动，懂得劳动最光荣、劳动最崇高、劳动最伟大、劳动最美丽的道理，长大后能够辛勤劳动、诚实劳动、创造性劳动”。

新的时期，职业启蒙教育的提出成为贯彻教育方针政策中“劳动教育”的重要路径。从历史发展来看，职业与劳动密不可分，古代朴素的生产、生活性劳动创造了人类，近代劳动过程的复杂性促进了社会分工的产生，而基于社会分工的职业化劳动又不断助推着人类社会的进步。在现代社会，教育与生产劳动相结合成为教育的重要实践方式，而生产劳动蕴含于职业之中，与职业联系在一起，因此职业启蒙教育便成为劳动教育的重要内容。俄国教育家乌申斯基认为，教育要想使人获得幸福，那就“培养他准备从事生活中的劳动”，培养他“从事劳动的习惯和对劳动的爱”；[1]因为劳动是体力、道德和智力发展的必要条件[2]。然而，一个时期以来，由于知识导向的应试教育理念仍在主导，引致与“职业”“专业”相关的教育活动在基础教育中不被重视，导致劳动教育一度被矮化、弱化和虚化。《国家职业教育改革实施方案》将“劳动教育”和“职业启蒙教育”同时并列呈现，足以看出二者的密切关系。职业启蒙教育可以通过多种方式拉近学生与劳动之间的关系，可以引导学生通过直接参加企业实践、社会实践的方式近距离感知劳动过程的魅力和劳动成果的来之不易，养成“崇尚劳动、尊重劳动”的高贵品质，长大后能够“辛勤劳动、诚实劳动、创造性劳动”；也可以通过“大国工匠进校园”“走进技能大师工作室”的方式让学生近距离感知劳动者的职业形象，使他们懂得“劳动最光荣、

---

[1] ［俄］乌申斯基. 劳动在心理和教育上的作用［G］//郑文樾，等译. 乌申斯基教育文选. 北京：人民教育出版社，2007：135.

[2] ［俄］乌申斯基. 劳动在心理和教育上的作用［G］//郑文樾，等译. 乌申斯基教育文选. 北京：人民教育出版社，2007：139.

劳动最崇高、劳动最伟大、劳动最美丽”的道理。

第二节 职业启蒙教育的教育价值

教育价值一般是指一项活动对于个体的教化与引导作用，而此处的教育价值则是指职业启蒙教育对教育事业变革的推动效应，在某种情况下可以说是介于宏观政治价值和微观个体价值之间的一种中观价值。新的时期，职业启蒙教育作为教育活动中的一项新的元素，源于教育现实的困惑，必将推动相关领域的教育变革，促进教育活动的均衡和充分发展，为教育政治价值的实现贡献力量。

一、推动基础教育综合变革

改革开放40多年来，我国基础教育取得了翻天覆地的变化。截止到2017年，小学学龄儿童净入学率达到99.91%，初中和高中阶段毛入学率分别达到103.5%和88.3%，九年义务教育全面普及，高中阶段教育已经基本普及，建成了全球最大规模的基础教育体系。[1] 考试招生制度更加科学，逐渐回归教育规律，由重知识转向重能力、由“一考定终身”走向分类考试、综合评价、多元录取。[2] 经过40多年的发展，广大人民群众的受教育权得到基本保障，实现了“学有所教”的历史性跨越。然而在新的时期我国基础教育还存在一系列新的问题和挑战，诸如择校热、大班额、学业负担过重等。出现这些问题的主要原因在于，我国目前基础教育在总体上还是学术考试导向，不能满足学生的多元化发展需要。尽管素质教育、综合实践活动强调多年，但是基于学科导向的评价方式仍然以压倒性的优势超越基于素质导向的评价方式，使学习者得不到充分发展。现阶段，学生对教育的需求已经从“有学上”到“上好学”和“学得好”方向转变。“上好学”意味着教育要适合每一个学生的发展需求，而不是仅仅限于所

---

[1] 张力．改革开放40年的中国基础教育：成就卓著再创辉煌［J］．中国教育学刊，2018（11）：3.

[2] 陈宝生．中国教育：波澜壮阔四十年［N］．人民日报，2018-12-17（011）.

谓的“名校”“热门专业”；“学得好”意味着在夯实文化知识的基础上逐渐找到适合的发展方向。

职业启蒙教育作为“适合的教育”的发展路径，对于推进基础教育的综合变革具有重要的时代价值。其一，职业启蒙教育有助于基础教育人才培养目标的分类发展。人人生而平等，人人皆可成才，学术型人才和技能型人才只有工种的不同，没有高低贵贱之分。早期职业启蒙教育反对过早的教育分流，但可以引导教育机构和教育者根据学生的先天条件和现实需要朝向科学的发展方向，杜绝基础教育学术导向的单一人才培养目标定位。其二，职业启蒙教育可以活化综合实践活动的实践方式。从2001年的《基础教育课程改革纲要（实行)》到2017年的《中小学综合实践活动课程指导纲要》(以下简称《指导纲要》)，综合实践活动内容最大的变化就是增加了“职业体验”模块，并根据不同的年龄阶段确定了具体的学段发展目标。职业体验作为职业启蒙教育的重要方式，进一步理清了综合实践活动的组织架构和实践方式，有利于丰富中小学生的课业生活，发掘他们的特长和兴趣，提高生涯规划能力。其三，职业启蒙教育有利于推动中小学综合素质评价的实施。职业启蒙教育重在活动导向，强调动手能力和职业情感的培养，可以成为综合素质评价的重要指标点。正如《指导纲要》所指出的，职业体验的关键要素包括选择或设计职业情境；实际岗位演练；总结、反思和交流经历过程；概括提炼经验，行动应用。这为综合素质评价所倡导的过程评价、跟踪考核提供了重要载体和考查依据；而其倡导的发展导向、写实记录、档案袋评价、科学评价等方式和理念与综合实践活动的评价方式和理念不谋而合。

二、完善现代职业教育体系

改革开放以来，我国一直在探索职业教育体系的建设。从1991年《国务院关于大力发展职业技术教育的决定》的“职业技术教育体系”、1996年《职业教育法》的“职业教育体系”、2002年《国务院关于大力推进职业教育改革与发展的决定》的“现代职业教育体系”、2005年《国务院关于大力发展职业教育的决定》的“中国特色的现代职业教育体系”，到2014年《国务院关于加快发展现代职业教育的决定》的“具有中国特色、世界水平的现代职业教育体系”，每一次话语变迁都印刻着时代发展的诉求，并不断完善着职业教育体系的丰富内涵。在这一变迁过程中，职业教育体系在纵向维度逐渐从初、中、高相互衔接的体系转移到初中后为重点的中职、高职乃至培训相互衔接的体系框架；在横向维度一直彰显着与普通教育的相互沟通。在初等职业教育已经逐渐走向消亡的时期，普通基础教育的“职业指导”“职业发展辅导”“职业技术课程”等，似乎一直成为职业教育与普通教育横向沟通的重要内容，并没有得到一个合法的地位。面对广大人民群众对高质量教育的诉求，现代职业教育体系不仅要实现层次上的上移，而且还要回到教育的起点，包容基础教育阶段的职业启蒙教育。2019年《国家职业教育改革实施方案》（以下简称《方案》）在“完善国家职业教育制度体系”提出“职业启蒙教育”，可谓表明职业启蒙教育对于完善现代职业教育体系的现实价值。

基于大职教观的视野，现代职业教育体系不仅包括职业准备教育和职业培训，还应包括渗透到基础教育阶段的职业启蒙教育。[1]联合国教科文组织在2001年修订的《技术与职业教育建议》中，将普通教育中的“技术与职业教育”元素列为完整职业教育体系的重要组成部分。美国在2006年就以法律的形式将中小学的职业生涯教育纳入职业教育体系的范畴，统称为生涯与技术教育。从纵向发展来看，职业启蒙教育作为现代职业教育体系之根，关系着现代职业教育体系的健康、完善发展。没有坚实的职业启蒙教育，现代职业教育体系将成为无本之木、无源之水，“具有中国特色、世界水平的现代职业教育体系”也就无法达成。在新的时期，现代职业教育体系不仅要追求高层次的应用型人才培养、培训体系，打通技能型人才成长的断头桥；还应回到起点，将脚跟深入到基础教育阶段，激发学生的潜质，开启人才成长的第一道关口，补缺职业启蒙教育短板。对于职业教育本身而言，作为初始阶段的职业启蒙教育，可以通过发掘、培育技

[1] 陈鹏，庞学光．大职教观视野下现代职业教育体系的构建［J］．教育研究，2015，36（6）：70－78.

能潜质型学生，为正规的职业准备教育供给优质的生源，进而推动整个职业教育体系的高质量、内涵式发展。另一方面，职业启蒙教育对于现代职业教育体系的贡献还在于不仅将其足迹深入到普通教育，而且还将为高一层次的普通教育培育合格的生源，现代职业教育体系的“头尾跨界”，彰显新时期现代职业教育体系的包容性价值。

三、增强中职教育生命力

40 多年来，我国中职教育伴随着“改革中等教育结构”“重点发展”“普职比大体相当”“中职免费”的政策变迁，在曲折发展中不断适应着时代的诉求，努力改善着自身的社会地位，目前已经成为普及高中阶段教育和建设中国特色职业教育体系的重要基础。然而，在新的时代，随着中职招生人数的下降以及中职升学率的提高，中职教育的合理性地位重新受到了部分民众和学者的质疑。例如，有人认为过去发展中职教育是因为我国教育不够发达，普通高中不能招收那么多学生而不得已为之；有人认为，随着工业系统自动化改造升级引起的对劳动者素质提高的要求，职业教育应建立在更加深厚的普通教育基础之上，应把职业教育放在高中后进行。[1]这显然是不科学的。在新的时期，中职教育应在积极响应国家技能型人才短缺、脱贫攻坚战略和多元群体技能提升等现实需要的基础上大力发展。除了对接外部社会需求之外，中职教育还应响应教育的内部诉求，服务于普通基础教育实践教学改革的需要，不断拓展自己的服务功能。其中，职业启蒙教育便是中职教育服务基础教育的一条重要路径。为此，国务院《方案》将“鼓励中等职业学校联合中小学开展劳动和职业启蒙教育”作为“提高中等职业教育发展水平”的重要内容。

更为值得注意的是，中职联合中小学开展职业启蒙教育不仅是《方案》中发展中职教育条目中的单列段落，而且在全部“20 条”中也是唯一一项另起段落的内容模块。可见服务中小学职业启蒙教育不仅是新时期中职教育拓展服务面向的一项重要功能，而且在整个职业教育事业发展中

[1] 徐国庆. 中等职业教育还有必要存在吗［J］. 职教论坛，2016（3）：1.

也具有重要的地位，成为《方案》的一大亮点。事实上，在《国家教育事业发展“十三五”规划》中，职业启蒙教育的相关内容也是出现在“巩固提高中等职业教育发展水平”段落。因此，在新时代，对于教育体制变革的贡献，中职教育不仅要继续发挥在推进高中阶段教育普及化中的“优化结构”作用，而且还要服务于中小学的职业启蒙与劳动教育，体现其“资源服务”效用，实现职业教育供给侧结构性改革的“增权赋能”。现阶段，职业启蒙教育尽管在部分中小学有所探索，但大多数学校由于缺乏资源、师资、场地等而举步维艰。相较于普通中小学，中职学校在课程资源、“双师型”教师、实训基地、合作企业等方面拥有着得天独厚的类型优势，其理应发挥这些优势积累，助推中小学的职业启蒙教育。中职教育的跨界服务可以弥补因受传统文化影响而对职业教育另眼相看的社会问题，从大多数民众都可接受的普通教育入手，从服务于最广大人民群众对素质教育、综合实践活动、生涯发展规划等需要出发，在完善普通基础教育发展水平中不断彰显自身的独特社会价值，在激活自身办学活力的过程中提升自身的生命力和社会影响力，增强中职教育的合法性地位。

第三节 职业启蒙教育的个体价值

教育是一项培养人的活动，其终极目标是发展人。从以上论述中可以看出，职业启蒙教育作为一项重要的教育创新活动，无论是其政治价值的实现，还是对于教育本身的贡献，最终都服务于个体对“适合的教育”的渴求，促进个体的发展。因此，个体价值将是职业启蒙教育的本质价值或本体价值。中小学职业启蒙教育的实施，对于个体职业生涯的开启和完满人格的养成具有重要的基础性作用。

一、开启个体职业生涯路径

启，开也；蒙，蒙昧（许慎《说文解字》）。启蒙，即开导蒙昧，使之明白贯通（《词源》）。职业启蒙教育就是对儿童实施的关于广义职业知识和技能的入门教育，以消除其对职业的神秘之感，形成初步的职业认知和理想，开启初始的职业生涯。❶ 在新的时期，诸多教育发展的不平衡不充分问题阻碍着人们对美好生活的向往。其中，在基础教育阶段，严重困乏的职业启蒙教育困扰着中小学生对未来美好生活的憧憬，尤其是对理想职业的追求。相关研究表明，大多数学生直到教育分流的最后阶段对自己的职业生涯都充溢着迷茫和措手不及，不知道自己喜欢什么，不知道自己适合做什么，志愿的填报和专业的选择更多地依赖于社会上的“大众潮流”或父母的主观性意见。例如，教育部调查结果显示，我国初三只有 11.4% 的城市学生和 7.1% 的县级城镇学生比较了解自己的“职业兴趣和职业意向”；而高三还有高达七成以上的学生对未来的专业“并不太了解”，以致 80% 以上的大学生对自己的大学所学专业不满意。❷ 这源于我国中学生在职业学习和职业体验活动方面的严重不足，在多项指标方面都大大落后于美、日、韩等发达国家。❸ 可以看出，中小学职业启蒙教育已经迫在眉睫。

职业启蒙教育作为开启个体职业生涯的撬动器，对个体整个职业生涯的成长具有重要的基础性作用。就如同战马铁蹄上的钉子关系着一个国家的存亡一样，缺失的职业生涯开启可能毁掉人的一生，不合理的职业生涯规划将造成个体职业生活的畸形发展，以致不能“乐业”和“敬业”进而频繁辞职也就不足为怪了。只有职业生涯得到良好的开启，个体以后的职业生活才能更加幸福，才能最终做到“敬业乐群”。生涯心理学家舒伯和斯金伯格将 10/11 岁之前、11～12 岁、13～14 岁、15～17 岁分别称为个体职业生涯的空想期、兴趣期、能力期和探索期（价值观期）。尽管这些阶段都不是确定职业生涯路径的时候，但是每个阶段都对以后成人期职业生涯路径的确定起着重要的基础性作用，这样就决定了中小学阶段是开启个体职业生涯路径的黄金阶段。因此，职业启蒙教育并不是过早地为孩子们确定一个发展方向，而是通过科学探索、职业体验、动手实践等多种方

---

❶ 陈鹏．职业启蒙教育：开启职业生涯的祛昧之旅［J］．教育发展研究，2018，38（19）：21－27.

❷ 马治国，周常稳，孙长梅．中小学实施职业启蒙教育的迫切性与可行性探析［J］．教育探索，2016（1）：22－26.

❸ 孙宏艳，赵霞．中美日韩高中生毕业去向与职业生涯教育研究报告［R］．中国青少年研究中心，2013－3－31.

式，使个体获得对职业生活的真实理解，培养其初步的职业认知，并发现自己的兴趣爱好，形成朦胧的职业理想和意识，渐进式地寻找生涯发展的方向，提高职业生涯规划能力。通过职业启蒙教育，能够使学生明白“职业并无高低贵贱之分，只有分工不同”，适合自己的才是最好的，使他们不跟风、不盲从，相信“三百六十行，行行出状元”，进而科学地定位自己与规划自己。

二、培养个体健全人格品质

职业启蒙教育在引导学生开启职业生涯的过程中，最重要的价值在于养成个体良好的劳动习惯与生活品质，而这些也都是未来工作所需的重要素养。职业伴随人的大半生，与日常生活融合在一起。美国社会学家安德鲁·阿伯特认为：“职业支配着我们的整个世界。它们治愈我们的身体，衡量我们的收益，拯救我们的灵魂。”❶ 职业启蒙教育不是定向的就业准备教育，它并不关注专业技能的训练，除了打开个体的职业生涯之门以外，更多的是培养个体的职业价值观、劳动的习惯与热情、为人处世的道理。有了这些广义的人格品质基础，才能开启更好的职业生涯大门，才能胜任未来任何一项自我选择的职业。乌申斯基认为，教育不仅要发展人的理智和传授一定的知识，而且要使他燃起“从事严肃劳动的强烈渴望”，因为如果没有这种强烈的愿望，他的生活就不会有意义，也不可能幸福。❷ 对于劳动的需求程度，要看这个人在儿童和青少年时期受到的是什么样的教育。此处“劳动愿望的激发”可谓是职业启蒙教育的重要内容，反过来说，中小学职业启蒙教育的程度将影响个体对劳动的渴求程度，进而影响未来的职业生活幸福。

乌申斯基通过一名园丁培育野生苹果树的故事告诉我们职业启蒙教育对于个体人格成长的重要价值。作为父亲，这名园丁在野生苹果树的移

---

❶ ［美］安德鲁·阿伯特. 职业系统——论专业技能的劳动分工［M］. 李荣山，译. 北京：商务印书馆，2016：11.

❷ ［俄］乌申斯基. 劳动在心理和教育上的作用［G］//郑文樾，等，译. 乌申斯基教育文选. 北京：人民教育出版社，2007：141.

植、修剪、松土、嫁接、开花、结果的过程中，不断与其儿子交流着果树培育的技术原理，回答着儿子关于种植的诸多“为什么”的问题。当最后儿子看到又大又红的苹果压满枝条时，对父亲感叹道：“这是一棵多么出色、多么美好的苹果树啊，你的劳动真没有白费。”面对儿子的懵懂心得，园丁回答道：“上帝保佑，但愿你也能这样来报答我在对你的教育上所花的心血。”❶ 父子之间的对话，园丁与学习者之间的交流，凸显着职业启蒙教育的广义教育性价值。因此，乌申斯基将这一故事命名为“教育”。这表面上属于父子之间的一组对话，但在这种家庭教育的交流中，父亲已经成为职业启蒙教育的传承者，儿子就是职业启蒙教育的习得者。而在职业启蒙教育之外，儿子从父亲那里获得的启示远远大于对种植技术的习得，他目睹到辛苦劳动的付出，感受到职业精神的执着，体验到劳动成果的绽放，感悟出人生成功的秘诀，乌申斯基的教育理论就此衍生出来。这一故事同时也告诉我们，职业启蒙教育应融入职业体验中，通过职业体验感悟更多的成长与收获。

---

❶ ［俄］乌申斯基．教育［G］//郑文樾，等译．乌申斯基教育文选．北京：人民教育出版社，2007：148－149.

第三章

职业启蒙教育的现状审视

我国职业启蒙教育有着重要的历史渊源，但直接政策的支持还是近年的事情。伴随着政策的逐步倡导和执行，在我国基础教育一线开始逐步探索出若干典型的职业启蒙教育模式。本章主要梳理职业启蒙教育的相关法规支持，重点解剖我国职业启蒙教育的典型模式，呈现职业启蒙教育的现实状况和运行机理，在此基础上剖析实践中出现的主要问题。

第一节　我国职业启蒙教育的政策导向

国家政策的指导作用对教育改革的发展犹如黑暗中的明灯，指引前进的方向，也使教育改革看到希望的光亮，其重要性不言而喻。近年来，职业启蒙教育逐渐引起党和国家的重视，并以间接或直接的方式出现在有关政策文件里。

一、劳动教育相关政策的间接渗透

关于劳动教育的政策在我国有着较为久远的历史，但曾几何时被社会遗失。为此，在新的时期又得到进一步强调。教育部、共青团中央、全国少工委曾于 2015 年 8 月发布《关于加强中小学劳动教育的意见》，在“抓好劳动教育的关键环节”中表述“各地各校可结合实际在地方和学校课程中加强劳动教育，开设家政、烹饪、手工、园艺、非物质文化遗产等相关课程。在德育、语文、历史等学科教学中加大劳动观念和态度的培养，在物理、化学、生物等学科教学中加大动手操作和劳动技能、职业技能的培养，在其他学科教学和少先队活动课中也应有机融入劳动教育内容”。以劳动为荣、崇尚技能，是现代职业教育发展的前提，不忘职业教育最本质、最真实的初心，才能打牢职业教育的根基，才能踏上最光辉的征程。

2016 年 9 月，《中国学生发展核心素养》总体框架正式发布，提出了六大素养并细化为十八个基本要点，其中，在“实践创新”这一素养中提到“劳动意识、问题解决和技术运用”，并界定“劳动意识”重点是尊重劳动，具有积极的劳动态度和良好的劳动习惯；具有动手操作能力，掌握一定的劳动技能；在主动参与的家务劳动、生产劳动、公益劳动和社会实践中，具有改进和创新劳动方式、提高劳动效率的意识；具有通过城市合法劳动创造成功生活的意识和行动。“技术运用”重点是理解技术与人类文明的有机联系，具有学习掌握技术的兴趣和意愿；具有工程思维，能将创意和方案转化为有形物品或对已有物品进行改进与优化等。可见“劳动意识”和“技术运用”与职业启蒙教育的实施目的不谋而合，为我国实施职业启蒙教育提供了政策依据。

2017 年 12 月《国务院办公厅关于深化产教融合的若干意见》中指出，“将工匠精神培育融入基础教育。将动手实践内容纳入中小学相关课程和学生综合素质评价，加强学校劳动教育，开展生产实践体验，支持学校聘请劳动模范和高技能人才兼职授课。组织开展‘大国工匠进校园’活动”。这在一定程度上从侧面反映出我国小学课程体系应该涉及更广泛的活动课程，学校要以丰富多彩的动手实践活动为载体，承担起素质教育的重任，更要以职业启蒙教育为依托，为学生的成长成才奠定科学的思想基础。

2018 年 9 月，习近平同志在全国教育大会上特别指出，要培养德智体美劳全面发展的社会主义建设者和接班人，要努力构建德智体美劳全面培养的教育体系，并特别强调劳动教育的重要性，要求在学生中弘扬劳动精神，教育引导学生崇尚劳动、尊重劳动，懂得劳动最光荣、劳动最崇高、劳动最伟大、劳动最美丽的道理，长大后能够辛勤劳动、诚实劳动、创造性劳动。教育大会精神为职业启蒙教育的实践提供进一步的可能性。

有关劳动教育的政策虽然不直接指向职业启蒙教育，但它可以作为推动职业启蒙教育开展的重要手段，助推职业启蒙教育的间接实施。而随着近几年对工匠精神回归的热议，其核心元素“劳动”也进入人们讨论的焦点之中，学生通过劳动直接感受客观世界，能有效发挥劳动的道德性、教育性以及精神性，从而有助于引导健康职业观的养成。

二、职业启蒙教育政策的直接倡导

在新的时期，为推进职业教育改革与发展、中小学综合实践活动、劳动教育的实施，职业启蒙教育在部分文件中被逐步明确。

2017 年 1 月，国务院颁发了《国家教育事业发展“十三五”规划》，在“巩固提高中等职业教育发展水平”中，特别指出“在义务教育阶段开展职业启蒙教育”，将“职业启蒙教育”作为激发中职教育发展水平的重要举措，促使基础教育受益。为进一步实现中职教育对职业启蒙教育的助力，2019 年 2 月由国务院发布的《国家职业教育改革实施方案》强调“鼓励中等职业学校联合中小学开展劳动和职业启蒙教育，将动手实践内容纳入中小学相关课程和学生综合素质评价”。这一政策不仅体现出劳动教育与职业启蒙教育的紧密联系，而且凸显了中职教育在推动中小学职业启蒙教育中的独特性价值。

2017 年 9 月，在教育部颁发的《中小学综合实践活动课程指导纲要》中，调整了综合实践活动的重要内容，将综合实践活动模块由原来的“信息技术教育、研究性学习、社区服务与社会实践、劳动与技术教育”四大模块调整为“考察探究、社会服务、设计制作和职业体验”新的四大模块，尤其是增加了“职业体验”的内容，并将其内容、目的和实施步骤做了进一步的明确。该指导纲要认为，职业体验就是“学生在实际工作岗位上或模拟情境中见习、实习，体认职业角色的过程，如军训、学工、学农等”，它注重“让学生获得对职业生活的真切理解，发现自己的专长，培养职业兴趣，形成正确的劳动观念和人生志向，提升生涯规划能力”；并指出职业体验的主要步骤包括“选择或设计职业情境；实际岗位演练；总结、反思和交流经历过程；概括提炼经验，行动应用”。可见，职业体验成为职业启蒙教育的具体举措，显示出国家推动职业启蒙教育的实施路径。

职业体验教育不仅成为职业启蒙教育的重要路径，而且也成为职业启蒙教育与劳动教育链接的重要方式。2019 年 6 月，中共中央、国务院印发了《关于深化教育教学改革全面提高义务教育质量的意见》。在“加强劳动教育”中，将“职业体验教育”作为其重要内容加以强调，指出“创建一批劳动教育实验区，农村地区要安排相应田地、山林、草场等作为学农实践基地，城镇地区要为学生参加农业生产、工业体验、商业和服务业实践等提供保障”。可见，党和国家旨在通过“学工”“学农”“学商”等职业体验的方式，促进劳动教育的有效开展。

第二节　我国职业启蒙教育的模式探索

对我国开展职业启蒙教育的模式进行分析，探索其实施的经验与不足之处，以更好地了解我国职业启蒙教育的开展现状。由于每个地区生产力的发展水平、教育理念与教育条件都存在着差异，其教育发展模式也不尽相同，因此，很难对其进行统一的阐释。本研究以个案研究的方法选取我国小学阶段开展职业启蒙教育的三个既普遍又典型的模式，以期通过个案分析透视整体发展状况。

一、校内衍生模式——威海 SY 小学“开心农场”

威海市 SY 小学坐落于山东省威海市，学校以“启智养正”的核心理念为引领、以“养德、健体、尚思、笃行”为校训，构建了“环翠生态课”“中华经典素读课”“弟子规养正课”“学科融合课”“晨诵午读暮省微课”“传统文化特色课”“亲子技能课”等系列特色课程，并于 2013 年基于国家课程综合实践与校本课程“环翠生态”的整合，设计出“开心农场”主题教育项目，自开展以来，成为最受师生青睐的校本课程之一。

（一）威海SY小学“开心农场”的组织设计

SY小学“开心农场”的组织设计与其以推进素质教育、落实育人目标为主题的教育理念分不开。该小学以深化教学改革、提高教育质量为核心，更新教育教学观念，结合本校“绿色教育”特色学校文化，制订了“深化教学改革，提高教育质量，促进教育优质均衡发展”的实施方案。

该小学以“为学生的终身发展奠基”为方案总目标，通过解放孩子的头脑、双手、眼睛、嘴巴、空间和时间，让学生适时地离开课堂、离开书本，走入社会实践的大殿堂。以“自己动手，丰衣足食”的生活观念，奠定正确的劳动观念和切实的劳动行动理念。同时构建了“一本多元”校本课程，在特色表达的基础上，根据学生习惯、兴趣、爱好、特长和综合实践能力培养进行开发，并打破班级界限，进行“菜单式”开课。主要包括：

1. 基础学科课程：积累涵养表达

积累是表达生成的源泉和根基，良好的逻辑思维有利于更清楚的表达。学校利用英语、语文、数学基础性校本课程，指导帮助学生积累词汇，开发潜能，落实校本课程的“本”。其中，语文基础性校本课程就以传承弘扬民族优秀传统文化为指导思想开设低、中、高年级五门课程，如：一年级的《三字经》、二年级的课本剧、三年级的经典诵读、四年级的小作家、五年级的中国导游等。

2. 综合实践课程：实践开发潜能

思维、表达能力与一个人的社会阅历和文化底蕴密切相关，所以，要形成良好的思维表达习惯，就要更大限度地激发学生的表现欲望，通过创设综合实践课程引导学生关注社会、关注生活。通过“开心农场”、小小摄影家、美影欣赏等实践课程的开设来丰富学生的生活体验，以此促进其表达与思维能力的提高。让学生通过亲身体验，获得能力和方法，用实践开发潜能。

3. 个性特长课程：个性丰富素养

校本课程开发，以多元智能理论为基础，从孩子的实际出发，注重个性培养，从而实现使学生多才多艺、有特色地发展。根据现有的教师资源和学生的兴趣、需求，开设管弦乐、书法、绘画班等个性课程，在培养表达能力的基础上，顺着自己独有的“长”发展下去，让其个性能力得到更好的发展，从而促进全体学生的全面和谐的发展。

（二）威海 SY 小学“开心农场”的实践模式

“开心小农场”将曾经爆红在学生群体中的网络虚拟游戏“开心农场”现实化。实验小学建立了环翠楼教育实践基地，在种植植物的同时也会饲养小动物，形成种、养、研三个不同层次实践活动，培养学生做一个勤于动手、善于思考、热爱生活的人，从而具有“面对一丛野菊花而怦然心动的情怀”。具体实践内容为：

1. 一年级：“快乐水精灵”

由于一年级学生初次接触农场，同时动手能力还不够强，内容就设计为养殖简单易生长的水生植物，如大蒜、大葱、吊兰等。水养植物可以省去管理土壤和饲料的程序步骤，且养护简单，易于管理，一般无须特殊照顾。学生主要负责植物浇水、卫生清洁、生长记录等基本工作，通过对植物的初步了解，养成种植植物的耐心和细心。

2. 二年级：“快乐花仙子”

经过了一年级一年的接触和感悟，学生的动手能力也得到提升，二年级可以开始亲自种植植物。种植植物以“花草”为主，分为“草本植物组”“木本植物组”“开花植物组”“赏叶植物组”四组，学生根据自身兴趣自由选择。在老师的指导下，学生学习一般的种植方法，松土、平土、播撒、浇水等，在亲身实践中体会劳动的意义，并以此锻炼自己的实践能力。

3. 三年级：“快乐小菜农”+“爱心饲养员”

三年级的学生生活技能已经有了较大提升，由种植花草转变为种植可以食用的绿色蔬菜，如油菜、菠菜、韭菜、香菜、生菜等。三年级正是需要培育学生耐心的重要转折阶段，适合种植培育周期长且程序复杂的蔬菜。并且，待蔬菜成熟后，可以学习采摘、清洗、烹饪，与父母分享自己的劳动成果，体会劳动带来的收获。同时，在三年级开展“小小爱心饲养员”养殖活动，提倡每人喂养、照看一种小动物（小鱼、小兔、小狗、小猫、蚕）或昆虫（如蚂蚁、蜗牛、蝉），在养护过程中，培养学生耐心、爱心，提高观察力，获得第一手实践知识。

4. 四年级：“累累硕果香”

四年级学生的实践技能又有了进一步提升，在前几阶段的种植之后，这一阶段应该尝到付出后的回报，所以种植能够收获果实的农作物更合适，例如草莓、花生、土豆等，同时开展“二十四节气与作物种植”活动，结合学校的“实践基地”，亲身体验二十四节气与作物种植的联系，更深刻地了解我们的非物质文化遗产的魅力。

5. 五年级：“神奇大自然”

五年级的学生各方面都在日渐成熟，需要更有挑战性的种植任务，所以鼓励学生走出校门家门，走进环翠，走遍威海，研究了解本地自然生态，引发思考，查阅资料，得出有价值的结论，提高综合实践研究能力。

学生于每周二、周四下午的课外活动时间都会走入学校的“开心农场”，或是开心照料自己的劳动成果，或是互相观摩大家的辛苦结晶，或是请教指导老师养殖的注意事项，学生能够快乐地参与到植物的种养和动物的呵护中，受益匪浅。

（三）威海 SY 小学“开心农场”的综合评价

在学校内部自建综合实践活动基地已经成为很多学校开展素质教育、劳动技术教育、道德教育等的重要载体，“开心农场”作为一个投资小、收获率大的教育形式获得了很多小学的一致好评，不仅在山东省威海市有这样的“开心农场”，在其他地区，例如江苏省无锡市华西实验学校、江苏省宜兴市培源实验小学、浙江省诸暨市店口镇文裔完全小学等都开展了类似的主题教育活动。

从总体上看，“开心农场”主题教育活动的开展有效引导学生从书本知识的学习扩展到自然世界，架构了课堂与生活的桥梁。“开心农场”的设计形式多样化、灵活化，能够帮助学生认识和了解本地区的常见农作物和其生长、成熟的过程，且生活在城市地区的孩子少有机会接触这些农作物，更重要的是在这个种植过程中培养了学生的劳动意识和劳动习惯，这种劳动教育是开展职业启蒙教育内涵的重要手段。

同时，笔者通过查阅威海 SY 小学官方网站，发现该学校在“深化教学改革，提高教育质量，促进教育优质均衡发展”实施方案中非常注重对学生的多元评价，构建出多元激励评价体系。关于开展“农村”主题教育活动的评价，分为教师评价和学生评价，在对学生评价时，注重评价内容的多元性，即能够认识学生是独特的、学生个体间发展是不均衡的、每个学生身上的闪光点也是多种多样的，在评价内容上教师根据学生在教育过程中的闪光点，以建立学生自尊、自信为目的，自行设计能体现学生个性发展的评价内容，注重评价平台的多样化，即从做人、处世、学习、生活等各个方面的细节上提出明确的要求，建立月主题、周细节，形成从个人到班级的多层评价体系。注重评价形式趣味化，即给予大红花、笑脸等形象化物质，给予富有激励性和指导性的评语，展示优秀作品，颁发书包等奖励，组成了系列形式多样、生动活泼的评价方式。

在决定教育活动开展成功必不可少的师资力量上，SY 小学采取了整合学校已有教师资源的方法，数学老师可以带领学生测量农场中农作物的尺寸，指导学生学会测量；美术老师可以带领学生对农作物写生、拍照，指导学生学会摄影；语文老师可以带领学生书写观察日记、种植感想、劳动感言等，指导学生学会写作……这实现了学校师资力量的高效运用，也促进了综合实践活动与语文、数学、美术等学科的有机整合，促进了学生综合能力的提升。

二、校校合作模式——常州 SY 小学 - LGJ 高职校

拥有丰富职业体验教育资源的高职院校与小学之间的交流和合作，是职业启蒙教育的一种创新合作模式，江苏常州 SY 小学与常州 LGJ 高等职业院校完美演绎了这种实践模式，携手为孩子们量身打造了一个“走进劳动与技术世界”的综合实践活动方案。

（一）常州 SY 小学 - LGJ 高职合作的组织设计

常州 SY 小学坚持以“学校发展之需、时代发展之需、儿童成长之需”为原则组织开设综合实践活动课程，以活动为载体，着眼学生的全面发展，在“关心学生的需求、尊重学生的人格、赏识学生的进步”的教育目标指引下着力深化素质教育。2005 年，学校提出了给孩子“100 种经历”

的教育主张，通过开展丰富多彩的课外实践活动，全面推进学校课堂教学改革，实现学生学习的主体地位和激发学生学习趣味性。学校开设“劳技课”，根据小学生身心发展特点，在校内举办包书皮、削苹果、钉纽扣等生活技能大赛，得到学生的广泛参与和大力支持。但是，常州 SY 小学的教师认为这种简单的技能并不能充分体现综合实践活动的自主性和开放性，学校内局限的场地和器材不足以带给学生现实生活中真实的感受和体验，职业体验应向更广泛的领域和更真实的场景扩展。而高等职业院校拥有真实的实验场地、完善的实验设备和专业的技术人员，能够为孩子的职业体验活动提供重要的物质基础。于是，2007 年常州 SY 小学与常州 LGJ 高职校展开合作，共同开发毕业班的综合实践课程。每年，SY 小学六年级的孩子们走出校门，走入 LGJ 高职校内，开启另一种模式的课堂，感受动手又动脑的快乐。

笔者专门采访了劳技课程的组织者和设计者——常州 SY 小学 Y 校长，在与 Y 校长的交谈中了解到，课程起初，LGJ 高职校会选派部分专业教师走入常州 SY 小学进行劳技课教学，后来，随着报名人数的增多以及活动空间的限制，校长决定带领六年级学生走入 LGJ 高职院校内，真切感受职业技能，这是在原有劳技课基础上的一次革新，它打破了每周固定节数的综合实践活动模式，将一学期的课程集中起来，让学生在劳动技术方面得到更全面、更真实的培训。另外，劳技课程的内容也是每年不断发展变化的，一开始是根据 LGJ 高职的课程资源来开设，即有什么教什么，后来在每学期的课程结束后，学校教师以调查问卷的形式，根据学生和家长的反馈，将课程的内容重新整理，删减掉不受欢迎的无意义体验课程，增设新的职业类型。同时，设计出“课程菜单”，课程开始之前，学生自主选择要参加的课程，这样充分保证了学生学习的最高热情和资源利用的最大意义。

LGJ 高职的指导教师与 SY 小学全体参与教师密切配合，负责学生的纪律、安全和教室的卫生、常规工作，全体教师高度负责，本着安全第一、热情服务、注重实效的原则，使小学生在轻松愉快的氛围中激发乐趣，体验职业，增长技能。另外，常州 SY 小学每周五下午举行“快乐星期五”

社团活动，为学生提供更多的活动机会和职业体验，丰富其童年底色。

（二）常州 SY 小学 - LGJ 高职合作的实践模式

2017 年 4 月 8 ~ 9 日，笔者来到 LGJ 高等职业学校，在该校教务主任的带领下，走进常州 SY 小学另一种模式的课堂——劳动与技术世界，分别观摩了 15 个课程项目，如表 3 - 1 所示。由于课程是在同一时间开展，只能参观完所有课程之后选择一两个课程仔细观摩，其中，笔者根据自身兴趣仔细观摩了工具制造课程和模拟企业经营课程。

表 3 - 1　2017 年劳技教学项目安排

合作单位	常州 LGJ 高等职业技术学校 - 常州 SY 小学			
活动主题	走进劳动与技术世界			
活动时间	2017 年 4 月 8 - 9 日（周六、周日）			
活动地点	常州 LGJ 高等职业技术学校			
序号	项目	活动内容	人数	需带物品
1	手工制作	水果蛋糕 + 零钱包	40	剪刀、签字笔
2		扎染（小熊斜挎包）	26	剪刀、签字笔
3	手工 DIY	DIY 发饰	22	手工剪刀
4	计算机	维修、拆装	22	无
5	手工家饰	捕梦网、麻绳花瓶	21	剪刀、玻璃瓶（玻璃牛奶瓶、玻璃饮料瓶均可用）
6	创艺装饰绘画	装饰画、创意造型手绘	17	黑色签字笔
7	航模	飞机模型	45	创口贴
8	趣味电子	电子闪烁灯	16	无
9	网上开店	建立模拟网店	33	数码相机、读卡器或相机数据线
10	工具制造	小锤等	16	水杯
11	超轻黏土	小动物、笔筒、微景观	17	一次性水杯
12	趣味化学	肥皂制作、叶脉书签制作	34	无
13	模拟企业经营	体验创建、采购、生产、销售环节操作流程	26	黑笔、A4 纸若干张、剪刀、水彩笔、胶水

续表

序号	项目	活动内容	人数	需带物品
14	创客空间	智能小车安装与竞技	26	无
15	汽车奥秘	汽车日常使用维护常识	15	无

在工具制造教室里面，有充足的制造设备和制造工具，保证了参与课程的每一位同学都能亲自动手体验制作流程和做出实验成品。课堂上，指导老师首先为同学们展示了他们将制作的成品——金属小锤，然后细致讲解了制作小锤的材料、工具和注意事项并演示了小锤的制作方法，之后，每个学生都撸起袖子，在老师的指导下亲自划线、锯削、锉削……学生之间互相交流沟通，比一比谁制作的精度更高、锤面更平整，现场气氛轻松活跃。大家不怕脏不怕累，干劲十足！

另外，模拟企业经营课程也开展得如火如荼，4 月 8 日上午，学生抽签分组，每组 6~7 人，组建一个汽车合法公司，每个公司需要配备总经理、财务总监、采购总监、销售总监、生产主任、副主任、仓储总监，人数为 6 个的组别采购总监兼任仓储总监；各组成员共同商议公司名称、汽车标识、广告语，并要求设计公司海报，在正面列明公司名称、标志、广告语，在反面列明人员分工；总经理要根据黑板上的开会时间准时参加会议，领取任务。4 月 8 日下午的内容为：总经理就职演说，要求时间 3 分钟，评委打分；与供应商洽谈，签订采购合同，以最优价格采购汽车配件，要求采购总监准备好名片，至少 2 张，谈判时间每人 5 分钟；汽车配件入库，仓储总监对配件进行分类；学习点钞技能，将在 4 月 9 日下午举行点钞比赛，总分前三名会赢得奖金。4 月 9 日上午课程内容为：强化点钞技能，选拔比赛选手；生产主任领料，投入生产；销售总监布置展厅，制定促销方案。4 月 9 日下午课程内容为：点钞比赛；销售产品，赢得订单；财务总监梳理现金日记账；总经理总结。在整个课程氛围中，孩子们兴趣高涨，针对公司经营讨论激烈，或询问老师，或互相交流，各个学生都不甘示弱，纷纷积极动脑，为自己的公司出谋划策。

在最后一天下午所有课程结束后，学校举办学生成果汇报展以检验学生的实践成果，今年的汇报展以“给母亲节献礼”的多幕剧为主线，串起了 15 个项目的展示。有通过“走台秀”展示的，有通过“实际操作”展示的，有“台上台下呼应”展示的，最有创意的数开网店与模拟企业经营的孩子们，他们用自己所学的技能有机地将其他小组的成果串联了起来，为小小作品赋予了社会价值。

（三）常州 SY 小学 – LGJ 高职合作的综合评价

这种校校合作的职业启蒙教育模式实现了学校资源的优势共享、全面发展。高职校为小学提供丰富的职业启蒙资源与专业的师资力量，高职校也借此机会承担起资源共享、服务社会的责任。两所学校都一致认为综合实践活动对小学生的成长成才具有重要的意义，特别是现在社会独生子女多，父母宠溺子女现象普遍，不舍得让孩子做家务，学生动手劳动的机会少之又少。通过社会实践活动能够让学生在真实的职业体验中发现劳动的兴趣，唤醒学生动手劳动的意识和促进学生劳动的习惯养成。

2017 年已经是常州 SY 小学与常州 LGJ 高等职业学校合作的第二个十年，本次活动共吸引六年级 376 名学生参与。“走进劳动与技术世界”是 SY 小学六年级孩子们的综合实践活动，也是走进“技术”的启蒙活动，冲着“学技术”而来，带着“学会的技术”离开。在活动结束后，孩子们不仅能获得自己亲手制作的具有纪念价值的手工艺品，还能获得学校颁发的实践活动课证书，表现优异的学生还能获得专门的奖状。这是对学生综合实践能力的一种肯定和赞扬，在学生懵懂的意识中埋下了“劳动光荣”的种子。

常州 SY 小学 – LGJ 高职根据学生的性格爱好和身心发展规律设计出职业体验课程，可以说既考虑到了职业启蒙教育中职业认知的内涵，又体现出关注学生自我认知能力的培养，学生能够根据兴趣自主选择体验课程项目，并在体验过程中尝试独立思考、独立解决问题，同时，小组合作制的活动形式也帮助一些学生培养集体主义观念和沟通、交流、协作的能力。

在小学学科课程的繁重压力下，两天的综合实践活动可以说是来之不易的，但是也应该思考的是，一个学期只有两天的活动能否保证实践活动不是短暂的激情，而能够对学生未来的成长和发展产生深远的影响？庆幸的是，常州 SY 小学不止针对六年级学生开展为期两天的校外实践，还组织低年级的学生到职业体验基地参加有趣的职业体验，同时带队到 LGJ 高职校的小学教师也与学生一起主动掌握新技能，虚心学习，互相交流讨论，将自己擅长的领域在合适的时间交给学校里面其他感兴趣的学生。

总之，要珍惜校校合作的来之不易，形成职业启蒙教育的工作机制及长效机制，使职业启蒙理念真正深入到小学生的日常学习与生活，要实现这一目标，要做的还有很多，比如可以开展系列化的职业启蒙教育，促进职业启蒙实践活动的常态化开展。

三、校外基地模式——徐州 TYH 教育体验中心

徐州的中小学生在周末和寒暑假都会参加“TYH 快乐体验营”。“TYH 快乐体验营”是由共青团徐州市委、市少工委以体验教育为宗旨，“依托活动、分层实施、广设岗位、角色扮演、体验生活”，把岗位体验作为主要形式，为少年儿童校外实践体验服务的重要载体。

（一）TYH 教育体验中心的组织设计

团市委、市少工委依托 TYH 体验教育基地，积极构建家庭教育、学校教育和社会教育有效衔接的“时空枢纽”，运用好学校教育的桥梁作用，沟通社会和家庭，形成三者教育的合力，促进学生的健康成长。

通过沟通、协调，40 多家单位对体验营项目设计、活动内容开发进行了指导，营造了“大社会”支持“小社会”的良好氛围。建立了长效“专职工作人员 + 志愿服务人员”的联合工作机制，积极整合高校资源，形成了青年志愿者为体验营提供人力支持、体验营为青年志愿者提供实践基地的双赢模式。

体验营面向小学中年级（三年级、四年级）、小学高年级（五年级、六年级）和初中低年级（七年级、八年级）的学生，体验活动围绕“把活动设计得有意思，既能让孩子们受教育还要让孩子们喜欢”的设计思路，对体验项目的每个环节、每个步骤都进行了细致雕琢，精心设计了岗位应聘、就职演讲、岗位职责、技能要求等环节。孩子们在完成当天工作之后，还将获得一定面值的太阳花币作为“薪酬”，并可自行存入营内的

"银行"或兑换相应的礼品。项目设计在受到了孩子们欢迎和喜爱的同时，实现了预定的教育目标。

（二）TYH 教育体验中心的实践模式

体验营以"重活动设计、重兴趣参与、重教育效果"为出发点，强化活动设计与实施，在带领少年儿童"玩"的同时，逐步探索形成了具有徐州特色的"参与式、互动式、体验式、实景式"体验教育模式。活动尊重少年儿童身心发展规律，将体验营划分为"学农、学军、学商、学工、学学"5个主题体验营，例如，学农主题体验营的活动流程如表3-2所示。依托贾汪区织星庄园、凤鸣海景区、久久农业基地完善"学农"课程体系；依托驻徐73682部队、73101部队、空军勤务学院等，丰富少年儿童"学军"课程体系；依托牛津大学、剑桥大学OCEP志愿服务项目，开展"学学"体验营，丰富学学课程体系；以中国少年儿童平安行动为主题，和铜山消防大队共同推进"消防体验馆"建设，目前项目规划设计已经完成，即将进入施工阶段。

表3-2 TYH 快乐体验营学农活动流程

时间安排			活动主题	活动内容
第一天	上午	8：30-9：00	活动准备	进入营地，安排住宿，领取物品，统一服装。兑换太阳花币，领取"太阳花"存折
		9：00-9：30	开营破冰	开营仪式，入营教育（营地管理、纪律教育、设计队名建立团队归属感）
		9：30-10：30	岗位应聘	模拟招聘（小城管、采购员、导游、会计、小记者、菜农、餐厅服务员等10个岗位招聘），就职演说
		10：30-11：00	拓展游戏	准妈妈体验。为蛋宝宝命名，画蛋，护蛋
		11：00-12：30	手工体验	自己动手制作美味（DIY饼干、巧克力），清洗蔬菜等
		12：30-13：30	生活体验	午餐。补救站：洗碗、打扫卫生等打工赚"钱"。午休

续表

<table>
<tr><th colspan="3">时间安排</th><th>活动主题</th><th>活动内容</th></tr>
<tr><td rowspan="6">第一天</td><td>下午</td><td>14：00－17：30</td><td>拓展体验</td><td>走进军事体验基地，通过丛林穿越探险、过梅花桩、走独木桥、低空溜索、高空滑索，感受老一辈革命家不怕艰难险阻、勇往直前的精神。水上拓展、水球、过绳索桥培养孩子们的团队合作精神，互帮互助，提倡团结就是力量</td></tr>
<tr><td rowspan="5">晚上</td><td>17：30－18：30</td><td>生活体验</td><td>晚餐。职业体验：餐厅服务员、城市管理员、保洁员打工挣“钱”</td></tr>
<tr><td>18：30－20：00</td><td>知识讲座</td><td>规范少先队礼仪，提高少先队队员的素质，做合格的少先队队员</td></tr>
<tr><td>20：00－21：00</td><td>总结感悟</td><td>在专业老师指导下，完成一篇日记或者作文，优秀作品发表在“徐州少先队”上，还能领取稿费</td></tr>
<tr><td>21：00－21：20</td><td>岗位体验</td><td>小售货员职业体验。购买太阳花晚上加餐食品</td></tr>
<tr><td>21：20－22：00</td><td>岗位体验</td><td>洗漱。职业体验：警察，维护营内的安全和班级秩序</td></tr>
<tr><td rowspan="3">第二天</td><td>早上</td><td>6：30－8：00</td><td>生活体验</td><td>早起，洗漱。早训，中队会。部分营员进行餐厅服务员、小保洁员、城市管理员岗位体验。早餐</td></tr>
<tr><td rowspan="2">上午</td><td>9：00－10：00</td><td>农村体验</td><td>走进全国最古老的自然村——圣沃村。（腰鼓队演奏）通过竞技寻找和感受历史人文景观的奇特、自然风光的优美，亲临诗意“油画”，看看大汶口时代的古人类遗址，尝尝山泉的甘甜</td></tr>
<tr><td>10：00－11：30</td><td>农业调查</td><td>通过调查、寻访等了解农村小伙伴的生活以及图书阅读的情况，知道农村小伙伴的课余生活，通过图书捐赠等方式，结交一些好朋友，并留下最美的合影</td></tr>
</table>

续表

<table>
<tr><th colspan="3">时间安排</th><th>活动主题</th><th>活动内容</th></tr>
<tr><td rowspan="5">第二天</td><td>上午</td><td>11：30－12：30</td><td>农村大席</td><td>尽享“状元饭”，喇叭吹起来。孩子们通过一个上午的竞技比拼，享受“状元饭”（八大碗）不同口味，感受农村大席不一样氛围（吹喇叭）。培养孩子们团队意识、荣誉感。一粥一饭当思来之不易，和农村的小伙伴一起共食，共度美好时光</td></tr>
<tr><td rowspan="4">下午</td><td>13：40－14：40</td><td>农业劳动</td><td>农业劳动我能行。让学生亲自参与到农业生产中，让孩子亲身感受“劳作”的辛苦和欢乐。进行除草、松土、施肥、打杈、浇水、灭虫等农业体验，感受田间管理的喜悦</td></tr>
<tr><td>14：40－15：30</td><td>采摘体验</td><td>丰收的喜悦。学生在感受田间管理辛苦的同时，可以尽情地摘豆角、西红柿、辣椒、茄子、黄瓜、生菜、空心菜、丝瓜、苦瓜等，先苦后甜，让学生更加珍惜现在美好的生活。还可以带回家和家人分享这份辛勤劳动后的果实</td></tr>
<tr><td>15：40－16：30</td><td>总结感悟</td><td>太阳花币结算和兑换。用自己辛勤挣到的太阳花币兑换自己喜欢的学习用品、小礼品、小玩具等。多余的太阳花币存入太阳花银行兑换神秘礼物（腰鼓队演奏）</td></tr>
<tr><td>17：30</td><td colspan="2">学生返回接领地点</td></tr>
</table>

孩子们在营内出行、就餐、住宿、购物、打工等全部以“太阳花币”进行结算，每天需填写“收支一览表”。设置“打工岗位”，通过业余时间的劳动，可以获得一定的“薪酬”。体验营对孩子应聘的体验岗位进行科学设计，具体归纳为自选体验和常规体验两大类。自选体验包括菜农、餐厅服务员、售货员、哨兵、小警察、记者、编辑、工人、消防员、勤务员、城市管理员、会计等 69 个体验岗位；常规体验包括准妈妈、小厨师、包饺子、手工 DIY 饼干（巧克力）、珍珠画、水果沙拉、结绳、野外生火等 12 个体验项目。

（三）TYH 教育体验中心的综合评价

在徐州市 TYH 教育体验中心，孩子们在角色转换中模拟社会生活，体验应聘、就职演说、工作、领薪、储蓄等多种生活情景，实现了思想道德、法制、安全、劳动技能、职业、公民意识等多元化教育内容的有效融合，帮助少年儿童初步了解和掌握相关行业知识和职业技能；通过让孩子们参加各类团队协作及感恩体验项目，有效强化了少年儿童团结合作、感恩社会的意识和理念；通过让孩子们全程参与体验营各个环节的活动，促进少年儿童对社会结构功能以及社会运行规则有了比较系统全面的认识。

在职业体验教育方面，通过一种岗位体验，使少年儿童扮演一个角色、养成一种品质、学会一种本领、获得一种感受。这种职业体验能够很好地符合基础教育中“生产劳动与社会实践相结合”的目的，并且孩子通过亲身的岗位体验获得了深入的认知和感悟，能够真正实现德、智、体、美、劳的统一协调发展。总体来看，TYH 教育体验中心的教育内容是丰富多彩的，且能够根据中小学生的身心年龄特点，分阶段设计能够完成不同年龄阶段学生的认知需求和体验需要，非常值得肯定。

另外，TYH 教育体验中心能够结合当地的特色资源，积极联合部队、消防、企业、高校等，充分发挥各单位的资源优势，带领中小学生走入实际的工作岗位体会劳动人民的职责与使命。例如，学农主题营以培养学生艰苦朴素、勤俭节约的优良品质为目的，以农村体验、生活体验、岗位体验、农业劳动、采摘体验等专题带领孩子走进农村、接触农民、深入社会，了解我国农业社会的真实情况，增强劳动观念。在学农主题体验营中，每个孩子都化身为一名职业人员，有餐厅服务员、城市管理员、小售货员、保洁员、警察、农民等角色，虽然天气炎热，但孩子们坚持生产劳动，不怕苦、不怕累，“在劳动中快乐，在劳动者成长”就是他们的真实写照。活动结束后学生家长曾向工作人员反映，孩子在参加完体验营之后变得爱劳动了，会经常帮大人做一些家务活，而且在花钱方面也懂得节约了，会在买东西时做出思考和选择。事实证明，这些多样化的实施途径对培养孩子树立正确的劳动观念起到了良好的作用，也为笔者试图构建小学职业启蒙教育的实施路径提供了参考。

总体来看，TYH 体验教育中心的教育内容是值得肯定的，但是，笔者在认真研读内容体系和更具体地观察内容开展之后，发现其教育内容依然存在需要改进的地方。例如，体验中心的岗位体验多关注的是个体对于职业的认知和体会，缺少了对自我概念的认知和指导。在第二章对职业启蒙教育的内涵维度界定时可以看到，职业启蒙教育的内涵不仅包括职业认知和职业探索，自我认知也是其内涵的重要方面，在大集体环境下，个体能认清自身兴趣、情绪、个性特点以及人际交往能力，这时更应该帮助少年儿童增强对自我的认知。另外，中小学阶段是学生劳动观、价值观形成的关键时期，当儿童在职业岗位体验辛苦劳动之后，教育工作者要趁热打铁，指引儿童树立“劳动最光荣”的思想观念，帮助儿童形成正确的劳动观和职业观。

第三节　我国职业启蒙教育的问题剖析

尽管目前已经有学校进行职业启蒙教育的探索，但是在当前应试教育模式下，全国开展这种探索的还是少数，且在实施中也遇到一些问题。总体而言，目前我国职业启蒙教育的开展主要存在以下问题。

一、缺乏整体规划，职业启蒙教育体系不完善

近年来，职业启蒙教育的思想逐渐进入我国教育界的视野中，在有关职业教育的学术资料中，生涯教育已经成为教育家们的研究热点，但是这些生涯教育多定位在大学阶段，鲜有人对中小学尤其是小学阶段的职业启蒙教育做出科学规划。另一方面，在国家有关教育政策如《国家教育事业发展“十三五”规划》《中小学综合实践活动课程指导纲要》《国家职业教育改革实施方案》中，都有涉及职业启蒙教育，但只是稍作提及，并未将职业启蒙教育真正纳入到我国的教育体系中，也很少在学校内部看到正式的职业启蒙教育课程。

因为职业启蒙教育缺乏整体规划，很多学校对职业启蒙教育的开展没有引起足够的重视，职业启蒙教育目标、内容、评价、实施方式等都缺乏

明确的规定。虽然很多学校教师希望开展职业启蒙教育，但更多的是有心无力，现实情况是学校的教育资源大多放到了基础学科课程的建设上。提高基础学科的教学质量、增加教学设备的先进性是基础教育学校的主要工作，应试教育的升学政策下教育重点依旧是学生的卷面分数，虽然提倡素质教育，倡导以人为本，可是真正实施起来仍然很有难度。中小学生的课业压力很重，课后各种补习班层出不穷，职业启蒙教育可以说是一种人生的导向，但是因为缺乏明确的概念和体系，不能被社会各界合理开展，现在评判学生好与坏的直接依据依然是成绩，这既不符合素质教育的要求，也不符合学生终身教育的需求。

学校是开展职业启蒙教育的主力军，目前其实施主要体现在综合实践活动课程中，各地区综合实践活动的开展相差比较大，一般城市地区的学校具有先进性，能率先跟上课程改革的步伐，会在综合实践活动课程中开展兴趣活动、手工操作、简单的体力劳动等内容，但实施形式和内容比较单一，很少走出校园、走向更广阔的社会，这与多样性的综合实践活动相差甚远。而农村地区的大部分学校仍然停留在陈旧的思想层面，因为缺乏相应的师资和物资，也没有硬性的课程要求，综合实践活动课程往往不了了之，就算被安排在课程计划中，也往往被语文、数学等学术课程取代，或者直接改为自习课供学生写作业，这严重阻碍了实践性课程的实施和发展。这些不良现象反映出目前我国的职业启蒙教育缺乏一个整体的规划，只有完善的教育体系才能促进职业启蒙教育更好更快地开展与运行。

二、主体沟通不畅，多元教育主体“各自为政”

在基础教育阶段，我国开展职业启蒙教育的资源并没有被充分利用，社会、学校、家庭没有形成教育资源合力，仍处于“各自为政”的局面。

首先，学校没有引起足够的重视。中小学是职业启蒙教育实施的主要阵地，职业启蒙作为一个崭新的内容，需要配备专门的职业启蒙教育的教师，或者发挥已有教师的特长，或者聘用社会人员做兼职教师。这都需要对任课教师进行职业启蒙教育培训，帮助教师系统地了解职业启蒙教育的内涵、价值和路径，提高教师的专业化水平，保证教学目标更好地落实。

目前开展综合实践活动课程的学校，也只有少部分的专职教师，大多数是兼职教师，而且更多的是由班主任或者其他学科的教师兼任，社会兼职人员较少。另外，目前学校实施职业启蒙教育还缺乏相应的实践基地。职业启蒙教育不仅需要在课堂上进行传授，更需要的是学生能亲身经历、亲自劳动的感受和体会，但现实的情况是很少有学校能够提供专门供学生进行职业体验的场地和设备。

其次，社会力量没有被充分利用。社会拥有大量的职业启蒙实践的场所和设施，还能提供一线的教师资源，而中小学却没有抓住这些优势与社会资源进行融合。例如，目前很多地市级城市都已经建成了职业体验中心并且免费开放，学校可以统一组织学生分批次去这些职业启蒙场所进行职业体验，不仅学校，家长也可以利用节假日带领自己的孩子走进职业启蒙教育中心。另外，像常州 SY 小学和常州 LGJ 高等职业学校开展的校校合作模式，能够充分发挥高职校内的职业启蒙资源和专业的师资力量，但这一案例在社会上寥寥无几，还没有形成校校合作的教育常态。

最后，家庭忽视职业启蒙教育。家庭教育重视孩子的学业成绩，重视孩子的综合全面发展，却忽视了职业意识的培养。父母是孩子的第一任老师，除了教师之外，相比较于其他人，父母对于孩子的直接和间接影响更为深刻，父母的一言一行、为人处世的态度和方法都会对孩子造成潜移默化的影响。在我国小升初主要考察小学生的语文、数学、英语成绩，初中升高中的中考和高中升大学的高考也以衡量学生的学科成绩为主，这就造成了绝大多数家长只重视孩子的学科考试成绩，希望孩子取得高分以进入理想的学校。也有部分家长认识到在信息日新月异的现代化社会，孩子的综合全面发展与学科成绩同样重要，他们凭自己的主观意愿给孩子报各种兴趣班，企图让孩子多才多艺。可是，职业启蒙教育理念的缺乏使他们还没有认识到及早对孩子进行职业启蒙的重要性，很少有家长会给孩子介绍职业方面的知识，也很少带孩子到自己的工作场所参观学习，更很少有家长主动参与到职业启蒙教育的行列。殊不知，孩子现阶段的兴趣爱好、个性特征以及职业倾向对他们以后的职业发展和职业态度都有不可替代的作用。

三、校内课程缺失，教师职业启蒙意识薄弱

目前在我国中小学中，职业启蒙课程的开展情况并不乐观，有学者对江西省赣州市职业高中以及高校学生进行调查，结论显示，“60%的毕业生没有职业规划的概念，无法确定自身毕业后能够做什么”。高中及大学阶段职业规划概念的缺失归根到底是中小学阶段职业启蒙教育的缺位。❶也有学者以江苏徐州市T小学为个案，深入调查该校的职业启蒙教育实施情况，调查结果显示，“86.75%的学生表示希望了解更多的职业，80.72%的学生认为了解更多的职业对他们有用”，此外，“有70.13%和10.39%的表示只了解一点点和一点都不了解”。❷ 这些数据呈现出的是学生希望能认识和了解更多的职业知识，但是却普遍缺乏职业生涯规划的知识和能力，这可以表明，职业启蒙教育的缺位限制了学生的职业认知。

在学科教学中，教师在教学设计中也不会特地设计相关职业教育的内容。素质教育不同于应试教育，即使现在口口声声提倡素质教育、以人为本，可是真正实施起来依然很有难度。中小学生的学业压力很重，课后各种补习班层出不穷，职业启蒙教育是一种人生的导向，但是孩子却没有一个明确的概念，现在评判他们好与坏最直接的依据就是成绩。可见，教师的职业启蒙意识薄弱，“唯分数论”使得职业启蒙的学科渗透困难重重。此外，专业职业启蒙教育师资队伍配备不足。我国的职业启蒙教育发展时间并不长，非常缺乏专业的职业启蒙教师，而充足的师资力量是职业启蒙教育课程开展的关键，没有教师的主导作用，学生主体性作用的发挥难以保障。当前学校的职业启蒙教师主要由班主任兼任，综合实践活动课程的教师大多也是主教文化课的兼职教师，不管是班主任还是学科教师，他们都缺乏针对职业启蒙教育的理论知识和实践经验，由此降低了职业启蒙教育的实施价值。

---

❶ 芦丹．社会职业启蒙教育内容体系探析——以赣州市为例［J］．河南科技，2014（11）：275－276.

❷ 陈鹏，俞程．职业启蒙教育的“未启”与“开启”——基于一所小学个案的研究［J］．河北师范大学（教育科学版），2015（6）：70－75.

第四章

职业启蒙教育的国际经验

西方发达国家职业启蒙教育的实践先于我国，并积累了较为成熟的实践模式。但每个国家由于其历史背景、理论基础和教育体系的不同，职业启蒙教育的模式也表现各异。本章选取有代表性的美国、德国和日本三个发达国家，通过梳理三国职业启蒙教育典型模式的运行机理，归纳总结值得借鉴的基本经验。

第一节　美国职业生涯教育模式

职业启蒙教育在我国是一个本土化词汇，在美国被称作生涯教育或生计教育（Career Education）。生涯教育在很多发达国家已经有了几十年的发展历程，而美国不仅是生涯教育的发源地，而且是最早开始基础教育阶段职业生涯教育的国家，时至今日，已经构建了一套较为完善的生涯教育体系和职业生涯发展措施，这对我国职业启蒙教育的探索具有重要的启示意义。

一、生涯教育法规的持续支持

20 世纪 70 年代，世界发生石油危机，美国国内石油紧缺、通货膨胀，同时由于60年代美国教育界“精英教育”政策的实行，造成了年青一代失业率高、就业不稳定等严峻社会问题。美国民众普遍认为，需要一种新的教育形式帮助美国人解决这个难题，新的教育应该是一种就业前的准备教育，这种准备教育不应只是为了就业而准备，而应指向个体的职业能力。基于此，1971年美国联邦教育总署署长马兰发起生涯教育运动并不断努力制定联邦立法以支持生涯教育，[1]他提议生涯教育不是单纯地把职业教育作为中等教育及其之后的职业教育课程，而是以所有学生为对象，都要在教育课程中给予职业教育一定地位。马兰呼吁，当务之急是从小学低年级开始，在各个学年阶段采取不同的形式，为学生设置未来职业生活进行预备教育的课程。在接下来的十年中，生涯教育概念在联邦教育政策中发挥越来越重要的角色。1973年，美国教育总署拨出1.68亿美元的专款资助生涯教育实验，1974年美国国会及时通过了第一个《生涯教育法》，同年秋季，有9个州通过推行生涯教育的法令，42个州采取措施推行生涯教育。全国近30%的学区在学校内正式开展生涯教育。[2] 1977年，又出台《生涯教育奖励法》（Career Education Incentive Act），规定在五年内向中小学提供总额为3.25亿美元的经费开展生涯教育。[3] 职业教育与普通教育相结合，在一定程度上缓解了由失业带来的种种社会颓废和动荡不安的局面。此后，生涯教育得到高度重视，在全美范围内引起轰轰烈烈的教育改革运动，促进了就业率的上升以及社会的稳定，获得学生以及社会各界的一致好评，被前美国总统尼克松誉为“由政府创办的一种最有前途的教育事业”。[4] 至此，美国的职业教育政策不再仅专注传统的技术服务，开始为就业和继续学习做双重准备，生涯教育改革风生水起。

美国联邦政府在20世纪80年代通过国会立法专门成立了“国家职业信息协调委员会”（NOICC），并于1989年制定发布《国家职业生涯发展

---

[1] Career Education [EB/OL]. [2017 - 05 - 28]. http://career.iresearchnet.com/career - development/career - education/.

[2] 石伟平．比较职业技术教育［M］．上海：华东师范大学出版社，2001：132.

[3] Jimmy Carter. Career Education Incentive Act Statement on Signing H. R. 7 Into Law [EB/OL]. (1977 - 11 - 13) [2017 - 06 - 02]. http://www.presidency.ucsb.edu/ws/index.php?pid=7011.

[4] 钟启泉．现代课程论［M］．上海：上海教育出版社，1989：453.

指导方针》（National Career Development Guidelines），对各个阶段的生涯教育的目标和内容做出规划，成为美国生涯教育的纲领性文件。90 年代，随着经济全球化和一体化的到来，劳动力市场出现复杂变化，人才竞争逐渐加剧，美国于 1994 年出台《从学校到工作机会法》（The School – to – work Opportunities Act），[1] 注重"从学校到工作"，建议为幼儿园到大学的所有学生提供职业准备，以适应全球化发展和快速变化的知识信息社会，帮助学生从学校到社会的顺利过渡。进入 21 世纪，联邦政府开始推行"从学校到生涯"理念。2001 年《从学校到工作机会法》失效，用"生涯"替换了"工作"，表现出生涯教育理念的进一步落实，职业教育更关注职业和生涯发展而非就业本身，更关照"人"本身的可持续发展，强调从幼儿园开始关照而不仅仅是毕业后。之后，美国国会参众两院通过了《2006 年卡尔·珀金斯生涯与技术教育法》（Carl D. Perkins Career and Technical Education Act of 2006）[2] 与《1998 年卡尔·珀金斯职业与技术教育法》相比，最显著的变化就是明确提出用"生涯与技术教育"取代"职业与技术教育"，给予了职业教育更广泛的内涵和适用范围。2012 年美国联邦教育部颁布《投资美国未来：生涯和技术教育改革蓝图》（Investing in American's Future：A Blueprint for Transformation Career and Technical Education）[3]，对 CTE 进一步完善，持续关注学生的职业生涯发展，更意味着美国的职业教育愈发关注学生整个生涯阶段的发展而不是特定岗位的培训。美国及时的生涯教育政策支持，为美国生涯教育的顺利实现提供了法律保障。

至此，生涯教育已经被社会民众广泛接受，形成了联邦、州、地方三级组织共同支持的教育体系。在生涯教育的管理上也出现了生涯、技术和

---

[1] U. S. Department of Education. School – to – Work Opportunities Act［EB/OL］.（1994 – 05 – 04）［2017 – 06 – 15］. https：//www2. ed. gov/pubs/Biennial/95 – 96/eval/410 – 97. pdf.

[2] U. S. Department of Education. Carl D. Perkins Career and Technical Education Act of 2006［EB/OL］.（2006 – 08 – 12）［2017 – 06 – 23］. https：//www. govinfo. gov/content/pkg/BILLS – 109s250enr/pdf/BILLS – 109s250enr. pdf.

[3] U. S. Department of Education. Investing in American's Future：A Blueprint for Transformation Career and Technical Education［EB/OL］.（2012 – 04）［2017 – 06 – 24］. http：//files. eric. ed. gov/fulltext/ED532493. pdf.

成人教育办公室（Office of Career，Technical，and Adult Education），负责中小学和成年人的生涯和技术教育。早期教育办公室（Office of Early Learning）为支持从出生到三年级的儿童早期学习，以提高健康水平、社会情感和认知结果为抓手，更为有需求的儿童提供职业准备。[1] 另外，美国联邦政府还将2万多个社会职业划分成16个国家生涯群集，包括农业、食品和自然资源，建筑，艺术，技术和通信，企业管理，教育与培训，金融，政府与公共管理，健康科学，酒店与旅游，私人服务，信息技术，法律、公共安全、矫正和治安，制造业，营销，科学、技术、工程和数学，运输、配送和物流。[2] 职业生涯群集作为后续课程设计和教学组织的工具，为生涯教育发展提供了一个非常重要的结构框架，16个职业群体为个体职业发展提供了知识和技能指南，同时它包含了79个职业路径，帮助学生更详细地了解职业范畴，希望他们在职业生涯中取得更大的成功。

二、生涯教育阶段的阶梯递进

（一）美国生涯教育的目标和内容

美国联邦努力进行生涯教育的研究和实施，各州也推出了各具特色的生涯教育模型，其中最具代表性的是美国教育部推出的国家生涯教育模型（National Career Education Models），包括以学校为基础的生涯教育模型（the School – based Career Education Model）、以家庭为基础的生涯教育模型（the Home – based Career Education Model）、以雇主为基础的生涯教育模型（the Employer – based Career Education Model）、以地方寄宿制为基础的生涯教育模型（the Rural – residental Education model）。[3] 其中，以学校为基础的生涯教育模型在美国是最主要的，也最受欢迎，它把生涯教育发展目标融入学校的1～12年级教育计划中，其目的在于通过生涯教育的学习，使

---

[1] U. S. Department of Education. Office of Early Learning [EB/OL]. (2017 – 03 – 24) [2017 – 06 – 17]. https: //www2. ed. gov/about/offices/list/oese/oel/index. html.

[2] Career Clusters [EB/OL]. [2017 – 06 – 20]. https: //cte. careertech. org/sites/default/files/CareerClustersPathways. pdf.

[3] Career Education [EB/OL]. [2017 – 06 – 28]. http: //career. iresearchnet. com/career – development/career – education/.

所有学生都有机会接触到各种类型的职业，增强他们的职业理解力，进而保证每个学生都能接受一种学术性与职业性相结合的教育。本章主要介绍以学校为基础的生涯教育模型。

美国国家职业信息协调委员会（NOICC）制定的《国家职业生涯发展指导方针》（National Career Development Guidelines）中规定了小学、中学、大学和成人四个阶段的"职业生涯标准"（Career Development Standards），一共包括三个能力层面：自我认知（Self - knowledge）、教育与职业探索（Educational and Occupational Exploration）、职业生涯规划（Career Planning），[1] 以小学阶段为例，如表 4 - 1 所示。

表 4 - 1　美国小学阶段职业生涯能力标准及其具体指标

能力	具体指标
自我认知	①了解积极自我概念的重要性 ②习得与他人积极互动的技巧 ③意识到成长和改变的重要性
教育与职业探索	①意识到获得教育成功的利益 ②意识到学习和工作之间的关系 ③习得理解和使用职业信息的技巧 ④意识到个人责任感和优秀工作习惯的重要性 ⑤意识到工作与社会功能和社会需求的关系
职业生涯规划	①明白如何做决定 ②认识到生命角色之间的相互关系 ③意识到不同的职业和女性角色的改变 ④意识到职业生涯规划是一个过程

资料显示，在德克萨斯州圣弗朗西斯科东中部独立校区，从幼儿园到小学再到高中，职业教育都参与其中，并得到了很好的发展。这里的学校就像一个工厂和实验室，教师和学生都变成了工作人员，学生从幼儿园开始接受生涯教育，随着年级的升高，其生涯教育的指导内容和指导重点也

[1] NOICC. National Career Development Guidelines. Career Development Standards [EB/OL]. [2017 - 06 - 18]. www. iptv. org/pub/STCpdfs/ncdgstan. pdf.

在不断深入。在小学教育阶段，学生在习得基本文化知识的同时，也能习得基本的职业态度、职业道德和自我教育概念。这里所采用职业生涯教育内容是由 Linda Catherine 开发设计的，并且目前依然在被有效使用，具体设计如图 4－1 所示：❶ 该内容符合个体的发展特点，每个年级的学生都具有不同的发展任务，前一阶段发展任务的顺利完成都能保障后一阶段发展目标更顺利地实现。该内容既符合国家的职业生涯标准，又包含设计的主题特色，循序渐进地确定每个阶段的生涯教育目标，为生涯教育的顺利实施奠定基础。

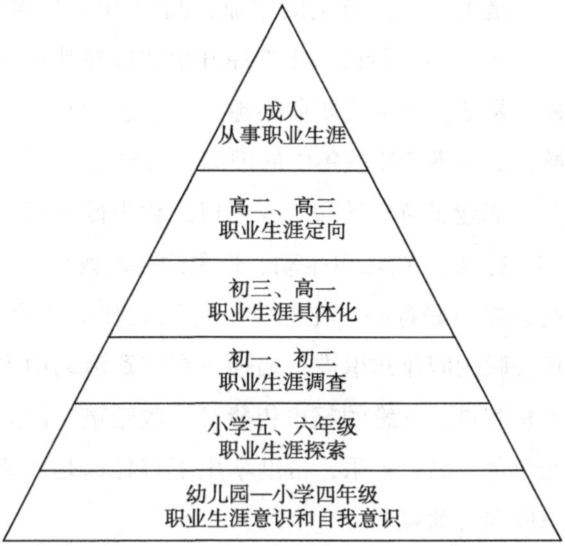

图 4－1　Linda Catherine 职业生涯教育内容

可以看出，幼儿园和小学低年级阶段的发展任务主要是职业生涯意识和自我意识的培养，小学高年级和初中低年级阶段则开始了职业生涯探索，初中高年级和高中低年级则进入更加细化的探索阶段，到高中高年级阶段则逐步走向职业生涯的定向。这种循序渐进的深入方式符合教育的规律、符合学生身心发展的规律、符合职业启蒙教育的规律，能够为学生的

❶ ［美］Nadene Peterson，Roberto Cortez Gonzalez. 职业咨询心理学［M］. 时勘，等，译. 北京：中国轻工业出版社，2007：227.

生涯发展奠定科学的启蒙基础。

（二）美国生涯教育的组织和实施

根据指导方针，生涯教育把中小学教育分为三个阶段进行实施：[1] 小学阶段1～6年级属于“职业了解”（Career Awareness）阶段，通过单元教学，以与职业相关的娱乐游戏活动作为内容，使所有学生在活动中树立关于各种职业的一般概念，形成对工作世界的初步认识；初中阶段7～9年级侧重于“职业探索”（Career Exploration）阶段，通过“生涯群集”让学生熟悉工作世界，熟悉职业的分类和国家职业群集，更多地了解他们感兴趣的各种职业，而不是确定某一特定的职业；高中10～12年级侧重“职业准备”（Career Preparation）阶段，为选择升学和选择就业的学生提供不同的职业准备，核心是培养学生的职业兴趣、职业能力和技巧。学生选择某一特定职业领域，对其进行比较集中的训练与指导。

其中，小学“职业了解”阶段，又可以细化为低中高三个级别。

小学1～2年级：这一阶段以生动、形象的游戏娱乐活动为主，注重启发学生对于职业世界的好奇心。在课堂上可以放映动画片、趣味幻灯片、彩色图片等对相关联的职业知识进行描述，在实践活动中可以进行角色扮演游戏，让学生扮演自己熟悉的超市售货员、收银员、酒店服务生、工厂技术工人等职业角色，寓教于乐，帮助学生了解什么是职业，培养他们形成正确的劳动态度和劳动观念。

小学3～4年级：这一阶段强化学生对于职业的认知，有意识地引导学生接触周围的职业世界。布置职业调查或观察任务，让学生亲自搜集、观察、整理资料，使学生了解到一份工作需要具备的能力、责任和义务，更重要的是让学生意识到学习与工作的关系，意识到获得不同性质的工作所需要经历的教育和培训历程。同时，帮助学生开发自身的兴趣和能力，教育学生根据自身兴趣和能力选取未来的职业。

小学5～6年级：这一阶段在前面对于职业世界和自我概念的初步了解

[1] 马治国，周常稳，孙长梅．中小学实施职业启蒙教育的迫切性与可行性探析［J］．教育探索，2016（1）：22－26.

后，进一步提高学生对职业认知的深度。除了知道家人的职业外，要继续推广，教师在授课时有意识地将职业因素渗透到各门学科之中，帮助学生熟悉更多的职业，同时注重培养学生的职业规划意识，引导学生思考自己未来想从事哪种职业类型。在实践活动中，可以让学生扮演梦想从事的职位，加深对职业的感悟。例如，若学生想成为工程师、建筑师、会计员等类型，可以让学生做班级财务管理，在数学课上使学生懂得这些职位均与算数有关，必须认真掌握。

中学7～9年级：这一阶段鼓励学生主动进行职业生涯探索，以此构建积极的自我认知。在小学阶段了解到更多职业种类后，教师要帮助学生结合自身的实际兴趣爱好做出更具体的职业选择和职业探索，并在职业探索中不断加深对自我的认知、对兴趣与生涯发展关系的认知。因为对自我的认知有助于确定初步的职业选择并促进自身的生涯发展。同时，在此阶段鼓励学生参加社区志愿者工作，积累初步的工作经验为未来的职业预备做准备，职业预备包括青年学徒、技术准备、实习和半工半读。当然，最初的选择并不一定是最终选择，这种职业生涯探索是为了帮助学生更好地理解和重视工作的概念。

中学10～12年级：已在中学开展的职业生涯活动在此阶段会继续进行，不同的是，这一阶段要帮助学生进行更深入和更高质量的生涯发展决定。有三种基本的生涯发展选择，包括高中后立即就业、选择技术教育或学徒项目为就业做准备、升入大学。❶ 通过学校辅导员、职业开发者、就业服务咨询员和就业安置专家等各种生涯规划专家在高中阶段对学生进行教育、培训和咨询服务，让学生能够自由地选择和转换以上三种生涯选择。

需要补充的是，在美国生涯教育的小学阶段，最著名的教育活动还有职业日。美国的许多小学经常举办"职业日"活动，学校邀请学生家长向小学生们介绍其职业，父母演讲生动有趣并鼓励孩子在结束后应尽可能多

❶ The National Career Development Association. Career Development：A Policy Statement of the National Career Development Association［EB/OL］.［2019－01－07］. https：//www. ncda. org/aws/NCDA/pt/sp/guidelines.

地提出问题。还可以由教师和职业相关性的家长带领学生走进工厂车间参观实际的工作场所，学生是主动访谈者。实践表明，这种职业启蒙活动能够开拓学生的视野以及锻炼他们的演讲、听力技巧和语言表达能力。[1] 不仅如此，学生的职业意识也是在这个过程中逐渐形成的。

三、生涯教育模式的经验启示

（一）以政策保障促进内涵不断提升

美国通过不断的立法和生涯资金的投入来促进生涯教育体系的构建，20 世纪 90 年代以后的生涯教育运动可以说是对 70 年代生涯技术教育运动的继承和发展，《生涯教育法》《生涯教育奖励法》《卡尔·珀金斯生涯与技术教育法》《投资美国未来：生涯和技术教育改革蓝图》等法律政策的及时出台表现出美国对职业启蒙教育的重视。在相关法律中，职业启蒙教育的理念并不只是简单地提及，特别是在《国家职业生涯发展指导方针》中，详细地描绘了职业启蒙教育的实施目标和内容要求。美国各州也及时颁布有关法律和拨出专项资金来支持学校生涯教育的开展，为后续生涯活动的开展保驾护航。生涯教育的内涵也从关注眼前的就业转向关注个体终身发展，为有就业需求的毕业生提供生涯咨询和职业指导。从以学生为本出发，重视个体职业素养、职业态度、职业习惯等的从小养成。在学校教育中，把学术课程与工作和职业联系起来，使学生对学习更具有意义性和相关性。

（二）以清晰规划促进目标有序递进

美国的生涯教育不是单纯地在学校开展相关课程，而是贯穿幼儿园、小学、中学、大学，甚至到毕业后的整个教育体系。有人认为五年级并不适合做水管工的培训，然而，真正的职业启蒙教育与这种培训是非常不同的。真正的职业启蒙教育是帮助所有个体熟悉职业世界的价值、理念，将此融入自身价值体系中，并在以后的生活中不断提高职业价值，使职业对

---

[1] Wom. P Gothard. Careers Education in a Primary School [J]. Pastoral Care in Education, 1998 (16): 37 -41.

于每一个体都具有意义性和更高的满意度。这些似乎对于初中和高中的学生更有意义，但是在小学阶段，职业发展中的态度维度却是至关重要的，因为这时个体正在形成对工作的早期看法。[1] 美国明确教育界规定小学阶段职业启蒙教育的目标，是在于学生职业意识和自我意识的培养而不是职业技能的掌握。小学阶段作为学校生涯教育模型中非常重要的一部分，作为“职业了解”阶段，是职业态度和职业兴趣形成的关键期，对中学和大学以及毕业后的生涯发展奠定不可或缺的基础。能够用更长远的眼光意识到在小学阶段职业启蒙的必要性，并将其放到整个生涯教育体系中重要的位置，是美国生涯教育顺利开展的前提条件。

（三）以多种途径开展有静有动

在中小学阶段，考虑到少年儿童的身心特点，美国学校并没有开设专门的职业启蒙课程，而是通过在数学、语文、科学等基础学科中渗透职业启蒙理念的方式，这种方式不是灌输职业知识，而是借助对少年儿童有吸引力的图片、故事、视频等教具，激发尚处于年幼懵懂的少年儿童对职业世界的好奇心。同时在教室一角，设有大量的生涯教育图书、资料等供学生课间阅读，这是职业启蒙的静态路径。另外，美国中小学也积极开展职业启蒙的动态路径，有职业日、实地考察、嘉宾演讲等丰富多彩的生涯认知活动，学生深入其中，进行亲身体验，获取直接经验。在实践中，教师发挥主导者角色，学生才是活动的主体，他们自己主动观察、探究、提问，在现实的职业世界中寻求问题答案。这样的实践，能给予学生更深刻的职业印象，提高学生学习的兴趣同时培养他们独立思考、收集信息、解决问题的能力。这些课程和活动是由各州、地方政府按照国家政策统一制定和设计，具体实践活动的类型也会根据当地具体情况有所变化。这些开展途径的优点是成本低、安全性高，学生们可以在短时间内获取大量的职业信息，且记忆深刻。

---

[1] Thomas D. Yawkey，Eugene L. Aronin. Fostering Relevance With Career Education In The Elementary School［J］. Education，1974（95）：44－50.

第二节　德国劳动技术教育模式

众所周知，德国的职业教育领先于世界前列，除了著名的双元制职业教育模式外，还归功于在基础教育阶段职业教育和普通教育的相互渗透，即职业教育之前的职业预备教育。德国实行12年义务教育，小学4年，中学5年或6年，在小学和中学毕业后实行渐进式分流，最后大部分学生都会进入职业院校学习，只有少部分在完全中学继续学习学术知识。德国职业教育之前的职业预备教育可以作为我国基础教育阶段开展职业启蒙教育的参考与借鉴。

一、劳动技术教育的历史传统

德国职业启蒙教育最早兴起于凯兴斯泰纳的劳作学校，它主张从小学开始，开设劳作课并将此作为必修课程，学生学习木工、厨艺、缝纫等最基本的简单操作，以此增强学校生活与职业生活的联系，因此又名职业预备教育。在凯兴斯泰纳的劳作教育思想指导下，德国的基础学校不仅向学生传授基本科学知识，同时还对学生的劳动观和职业观进行启蒙教育。20世界60年代，德国进行了一场教育改革运动，其中一项重要的改革措施是开始推进基础教育阶段职业教育和普通教育的沟通和融合。德国教育部1962年颁布法令，规定中小学阶段的职业预备教育分两步进行，在4～6年级进行职业启蒙教育，7年级开始进行系统的职业定向教育。[1] 实践证明，之后德国的职业启蒙教育也按此分类进行，由于两个阶段的教育目标不一样，它们的组织和实施也有所差异。简单来说，第一阶段主要是将职业启蒙教育渗透在其他学科之内或开设常识课，第二阶段则通过专门的“劳动技术课”和亲身的实践活动来实施，具体细节将在后面做出介绍。1964年，德国教育委员会提出《关于在主体中学建设劳技课程的建议》，

---

[1] 陈志明．德意志民主共和国普通学校的职业指导［J］．全球教育展望，1983（4）：63－65.

主张在主体中学开设劳动技术课程，作为一种独立的劳动教育形态，而不是其他课程的附庸。历史上将该《建议》的出台看作德国中小学劳动技术课正式诞生的里程碑。[1] 这些改革措施帮助学生顺利实现从基础学校到职业学校的过渡，也奠定了德国职业教育和普通教育的平等地位。

到 20 世纪 70 年代，德国的职业启蒙教育得到进一步认可并取得快速发展。1971 年德国发布了《关于学校与职业咨询部门合作的总建议》，明确了学校与职业咨询部门在相互合作方面的各自职责。1972 年德国联邦职业教育委员会提到职业启蒙教育（vorberufliche Bildung）包括“在小学和初中阶段，帮助学生理解工作和经济世界所进行的所有教育措施”。[2] 1979 年在德国工会联合会出台的《劳动课教学工作纲领文件》中，提出了劳动课要遵循理论联系实际的重要教学原则。1978 年，工作、技术与经济协会成立，该协会将所有关注劳动课理论和实际发展的中学及大学劳动课老师、学生组织起来。在这些相关利益组织的推动下，联邦德国的许多州于 20 世纪 80 年代投入较多资源，进行劳动课的课程计划和教学大纲的编制与修改。[3] 1987 年在各州文化部长常设会议上，对五年级到九年级或十年级的劳动技术课做出“新的尝试”，会议中提到：要带领初中生进入真实的经济、政治、技术生活，所有年轻人都必须学会及时调整自己以适应瞬息万变的生活情境。学校应该为此做出努力，这一任务主要落在劳动技术课上。[4] 可以看出，20 世纪七八十年代更详细地描述了职业启蒙教育的内涵，涉及劳动、经济、技术等领域，确定了劳动技术课在职业启蒙教育中的重要地位。

90 年代以后，德国的职业启蒙教育更加成熟和多样化。1993 年，文教部长联席会议将劳动课列为初中教育的必修课程，进一步确认了职业启蒙

---

[1] 赖新元. 德国中小学教育特色与借鉴［M］. 北京：中国戏剧出版社，2009：224.

[2] 李俊. 德国的职业启蒙教育新解——对历史沿革及课程定位的分析［J］. 河北师范大学学报（教育科学版），2015（6）：76－82.

[3] 李俊. 德国的职业启蒙教育新解——对历史沿革及课程定位的分析［J］. 河北师范大学学报（教育科学版），2015（6）：76－82.

[4] 傅小芳，周俪. 德国基础教育中的劳动技术教育［J］. 比较教育研究，2005（2）：35－40.

教育在学校教育体系中的地位。在此之后，职业启蒙教育的实施由以主体中学为主，逐渐拓展到文法中学和实科中学。2001 年，文教部部长联席会议将经济教育纳入普通教育的范畴，经济教育同职业启蒙教育相似，就是要引导学生认识和理解生活周围的职业世界。文教部部长联席会议 2008 年的一份决议将职业指导、劳动课及其他相关职业启蒙教育的内容放在经济教育这一概念框架中。❶ 很明显，"经济教育"是与经济生活相联系的，通过对经济关系、政治关系以及经济与社会秩序等的学习来认知现实职业生活，从这个层面上说，经济教育也是德国职业启蒙教育的重要主题。由此来看，德国职业启蒙教育主要表现在劳动与技术课程中，21 世纪政府多次组织相关会议讨论和推广职业启蒙教育的具体实现形式，足以表现出对它的重视。2017 年 12 月，德国文教部颁布了《中小学职业咨询与引导建议》，为德国中小学开展职业启蒙提供了指导性纲领。由于德国在教育上实行地方分权的联邦主义，各州在教育文化领域有充分的自主权，所以每个州对于职业启蒙的实施也不尽相同，这种制度有利于各州根据自己的地方特色，开展适合本地区的改革尝试，增加德国职业启蒙教育的多样性。

二、劳动技术课程的有效实践

（一）德国职业预备教育的目标和内容

职业启蒙教育在小学阶段实施的最主要手段表现在"常识课"中，而且"常识课"在德国小学的课程体系中占有非常重要的位置，是德国基础学校的主要教学科目。"常识课"贯穿一年级至四年级的全过程，它根据儿童的兴趣需求以及真实的社会生活要求设置其课程目标，往往是在阐释现实生活的基础上帮助学生认知周围世界，形成探究社会、科学与技术等现象及其相互关系的能力。它的内容十分广泛，包括自然、社会职业、交通安全、家庭伦理等方面的常识性内容。❷ 例如在巴伐利亚州的小学，一年级和二年级的常识课教学是渗透在德语课中的，三年级和四年级单独开

---

❶ 李俊．德国的职业启蒙教育新解——对历史沿革及课程定位的分析［J］．河北师范大学学报（教育科学版），2015（6）：76－82．

❷ 汪霞．国外中小学课程演进［M］．济南：山东教育出版社，2000：510．

设常识课，每周4节课，其中2节历史地理、自然常识，还有2节手工劳动，包括纸工、编制、木工、陶瓷等实践性较强的操作课。一般是通过游戏或者小组合作的方式使儿童认识劳动含义、劳动价值与报酬、职业素养、未来就业等，教师观察和指导儿童用科学的方法来认识问题和解决问题。

大多数州的中学在五年级到十年级都开设专门的劳技课，每周2节课作为必修课，还有3～4节选修课供给对其感兴趣的学生。各州的劳技课教学大纲只规定教学目标，对教学内容不做硬性要求，所以教师可以结合各个学校的教学设备、教学场所等硬性条件和学生的兴趣、当地的地方企业状况来确定教学活动。课程内容一般为：自我服务方面的劳技分支专业，如家政、营养与烹饪、纺织品材料与加工等；技术及职业准备方面的劳技分支专业，如金工、木工、电子电工等；经济学、信息学、环境科学方面的分支专业等。❶ 劳技课教材也没有统一的规定，各个学校可以从教育部提供的书单上选取适合自己的教材，提出申请后可免费获得。

德国教育界在20世纪90年代末就已经认识到教育对象的变化性：家庭独生子女居多且儿童在家多与电视、网络接触，缺乏与其他人的沟通交流，家务劳动更是接触甚少。同时，德国教育界认为，只有理论学习的劳技教育是不完善的，当实践活动与理论相结合时，职业预备教育才能真正实现它的教育目标。基于此，教育目标不应该只注重传授给学生知识，还要帮助学生走进真实的社会，要求学生在企业中进行真实的劳动实践，培养他们与时俱进的行为能力，使他们在进入职业世界之前，已形成一个知识、方法以及情感上的准备，即要他们主动参与社会，而不只是适应社会。

（二）德国职业预备教育的组织和实施

劳技课并不是以班级为单位进行教学，而是实施以不超过20人的分组教学，通常是将一个班级分成两个小组，由两位专业的劳技课教师单独授

❶ 傅小芳．德国基础教育中的劳动技术教育［J］．比较教育研究，2005（2）：35－40.

课。另外的劳技选修课则打破传统的班级授课制，根据学生的兴趣选择组建相应的班级团体，实行走读制。同时，劳技课又有相应的实践活动，实践活动也采取分组的形式，各个小组根据课程目标，由自己设计、组织、实施活动方案，各小组的设计方案相差各异，其具体任务、进度安排都不尽相同，这充分尊重了学生的主体性，教师在活动中只给予学生适当的指导和帮助，而不会干涉活动主题。

据悉，学生的实践课并不是简单地由富有经验的工作者承担，而是由企业专职的职业教育人员负责。在各个大型企业的内部建有学习教育车间，并配备既懂科学技术又懂教学方法的专业人员，这些学习车间既接纳被本企业录用的“双元制”下的职业教育学徒，又免费对中小学生开放，提供给学生一个亲身实践的平台。虽然会有一定负担，但企业希望能物色到未来的优秀学徒，更重要的是企业认为这是它们应尽的责任和义务，也是宣传企业和树立企业良好公众形象的重要机会。与企业相仿，德国劳动局配有义务咨询员，医疗保险单位也有义务指导员，从理论到实践都帮助学生进行职业指导。[1] 学校也会不定期地邀请各行各业的专家走进学校，让学生面对面地了解更多的社会角色。可见，德国的企业和政府部门都在积极推进中小学职业预备教育，特别是企业，给中小学提供了丰富的教学资源，实现了互利共赢。

在德国学校，班主任对开展职业启蒙教育发挥了重要作用，到六年级的时候，班主任要根据对学生个体的了解，将每个人的职业兴趣、个体擅长、职业倾向等职业考察内容详细记录到每个人的档案中，对每位学生提出职业希望分析建议。还有开展劳技课的专用教室，更是精心布置，设备齐全。例如，柏林蔡司中学的烹饪专用教室，除了烹饪设备和器具一应俱全外，还设计了 U 型、Y 型、块型和条形四种不同类型的厨房格局，这四种格局是德国厨房的基本形式。[2] 这些设计让操作环境更接近真实的现实生活，使学生的体验性更逼真。这也说明德国非常重视学生的动手操作能

---

[1] 傅小芳．德国基础教育中的劳动技术教育［J］．比较教育研究，2005（2）：35－40.

[2] 赖新元．德国中小学教育特色与借鉴［M］．北京：中国戏剧出版社，2009：244.

力，更加精益求精。

三、劳动技术教育的经验启示

（一）连贯的劳动技术教育体系

德国十分重视对儿童职业理念的教育，从儿童刚入学开始就渗透相应职业教育的理念。德国的劳动技术教育可以说是实施职业启蒙教育的一个重要平台，它通过小学阶段的常识课和中学阶段的劳技课，对学生进行连贯系统的职业启蒙教育，包含了与现代社会密切相关的职业种类和各职业发展状况，并以学生的视角比较具体、详细地提供给学生丰富的理论资料和亲身实践的机会，使学生对职业世界能提前有充分的了解，保证他们在未来进行职业院校选择和职业道路选择时不是盲目跟风，而能结合自身兴趣和能力以及职业性质做出最优选择。这体现出德国职业启蒙教育形成一个纵向连贯的体系，为学生的职业发展提供持续指导。

（二）专业的职业启蒙教育人员

与其他国家不同，德国的职业启蒙教育各个阶段都配有专业的教师和指导者。德国公立学校的所有教师都是公务员，教师的录用都有严格的教育和考试制度，所有教师都要经过两次严格的国家考试和实习阶段方能任教。而且每年教师都要接受校长的评定，获得一份对教师价值认可的鉴定书，这也关系到教师的职称晋级和工资待遇。专业教师不只出现在学校里，在企业中，实践课上的指导教师也是教书育人的专业人员，不仅精通企业技术，同样经过专门的教师教育培训才能上岗。除此之外，德国职业指导中心、劳动局、医疗保险等单位的咨询员和指导员也是经专业培训才可上岗。这些充分体现出国家对职业启蒙教育的重视，无论是在学校还是社会，保障了职业启蒙教育的横向覆盖。

（三）开放的职业启蒙课程教材

德国的职业启蒙教育并不指定专门的教材，而是提供一系列的书单供各个学校选择，每个学校的劳技课教师结合本地的实际情况和对学生的考察情况选取部门参考书用以完成单元任务。每本参考书也并不是全部学习，而是选取其中各自认为有意义的部分。职业启蒙教育是应该这样开展的，书本只是一个参考资料，教学不能照本宣科，要走出书本，走向丰富多彩的经济生活。这种轻书本、重实践的教学能够使学生通过切身的观察认识更多的职业岗位，同时从小开始，在规范的操作中潜移默化地树立正确的劳动观念和劳动习惯。

第三节　日本生涯规划教育模式

日本效仿美国，大力发展生涯教育。日本生涯教育的发展从关注学生就业转向关注学生未来整个职业发展道路，进一步到关注学生自主选择人生道路的态度和能力，由浅入深地引导受教育者顺利实现从自然人向职业人的转变，也值得我国学习。

一、生涯规划教育的高效推进

1999 年日本文部科学省颁布的《关于改善初等、中等教育和高等教育的衔接》（以下简称《衔接》）中首次使用了“职业生涯教育”一词，该报告指出，要在学校教育中融入职业信息，加强与职业生活的联系，有必要从小学阶段开始实行职业生涯教育，并将塑造学生的劳动观和职业观作为中小学教育的核心。[1]《衔接》加强了普通教育与职业教育的沟通，它的颁布使职业生涯教育开始走进人们的视野。进入 21 世纪，日本的产业结构开始变化，社会和科技的进步需要富有创新性和“适应能力”的人才。此时，生涯教育更为关键，为日本教育界的发展指明方向。日本政府又相继出台了多个法规、政策以保障生涯教育的顺利实行。2002 年，日本文部省举行了“推进职业生涯教育的综合调查”研究者会议。次年 6 月，文部科学大臣、厚生劳动大臣、经济产业大臣、经济财政政策担当大臣四个部门联合制定了“年轻人自立挑战计划”人才战略，以推进生涯教育作为该计划的主要内容。2004 年 1 月，日本政府对“职业生涯教育”给出官方定

---

[1] 徐爱新，安月辉，于伟娜．解析日本的职业生涯教育［J］．教育与职业，2011（18）：81－83.

义，即“职业生涯教育是培养中小学生勤劳观、职业观的教育。具体来说，是指在使学生拥有勤劳观、职业观以及相应职业知识和技能的同时，培养学生认知自我、自己选择未来人生道路的能力以及积极乐观的人生态度的教育”。❶ 官方注解肯定了职业生涯教育的地位，因此在日本2004年被称为“职业生涯教育元年”。同年又出台了《培养每个学生的勤劳观、职业观——推进职业生涯教育综合调查研究协作会议报告》，将职业体验活动作为实施职业生涯教育的重要环节，规定生涯教育要贯穿初等和中等教育的全过程。❷ 日本政府积极鼓励企业与学校开展合作，从2005年开始，规定参与人才培养企业的教育培训费用按比例从法人税额中扣除。2006年，日本政府又推出“职业生涯教育综合计划”，从小学开始在全部学校中实行职业生涯教育，包括以中小学生为对象的“新体验计划”、以大学生和研究生为对象的“高度职业生涯计划”和以自由职业者为对象的“自由职业者再教育计划”。❸ 其中，“新体验计划”是指在小学至高中的全部学校中开展初步的职业体验活动，学校教师组织学生参观访问企业、工厂等职业场所以增加学生与工作人员的接触，加深他们对职业的实际认知和感悟，学校积极与企业组建合作关系，为中小学生提供更多体验机会。2010年5月，日本职业教育特别委员会组织召开职业教育第二届理事会并发布报告《未来职业生涯学校》，提出了日本基础教育阶段的学校开展生涯教育的对策，指出了开展生涯教育的重要性和必要性。❹ 生涯政策与教育计划的不断出台，是日本政府对教育工作的重视与肯定。

另外，为推动生涯教育继续前行，日本政府提出四点建议：一要提高教师的资质；二要建立校外教育资源的利用体系；三要推进学校、社会和

---

❶ 谷峪，姚树伟．职业教育·生涯教育·终身教育——转型期日本职业教育发展及其启示［M］．北京：高等教育出版社，2010：116.

❷ 陆素菊．职业人的培育：日本中小学生涯教育的发展与特色［J］．外国中小学教育，2007（1）：26－28.

❸ 徐爱新，安月辉，于伟娜．解析日本的职业生涯教育［J］．教育与职业，2011（18）：81－83.

❹ 郑玥．日本中小学职业生涯教育及其启示［J］．河南科技学院学报，2010（10）：48－50.

家庭的合作；四要整备、促进与相关机构的联合协作，促进社会的共同理解，特别是在实习中，更要加强地区、企业的参与协作。[1] 可见，生涯教育的实施是自上而下由日本政府主导的，学校、企业、家庭相互支持和配合，三方联动的合作参与为日本生涯教育的顺利发展提供了坚实的后盾。据悉，日本企业会积极响应学校的组织要求，力争为学生提供更多的接触职业场所的机会，让学生参与以辅助性或者轻体力劳动为主的低科技含量工作，企业内部员工也耐心指导学生，为他们解答疑惑。家长会有意识地将自己的职业以及孩子能接触到的职业及时地讲解给孩子，以帮助孩子初步接触职业世界。生涯教育在日本各界得到了高度重视，已成为日本中小学教育改革的中心指导思想，并且贯穿中小学教育的始终。

二、五维能力引领的课程实践

（一）日本职业生涯教育的目标和内容

日本的职业生涯教育已经形成一个完整、连贯的生涯教育体系，从小学阶段开始，循序渐进地将生涯理念融入教育实践中。同美国一样，在日本，学校仍然是生涯教育实施的主要力量，在此也主要介绍学校内部的生涯教育模式。在生涯教育理念的指导下，日本基础教育阶段的中小学校意识到学生未来进入社会的生存能力和应变能力的重要性，因此注重从小就开始培养学生作为社会人的职业态度和职业观念。学校内部生涯教育理念主要以教学大纲的形式体现，且小学、初中、高中阶段的教学大纲根据学生的认知特点和成长规律，以不同的侧重点涵盖了职业生涯教育的内容指标。

其中，小学阶段是“探索、选择人生出路的基础形成时期”，教学大纲是：通过学校整体的教育活动对小学生进行生活方式的指导，培养他们的劳动观和职业观，并做出具体规定，促进他们形成充满希望的生活态度和积极乐观的生活习惯。[2] 日本也是六年制小学，小学低年级阶段要求学

---

[1] 李英．日本职业生涯教育及其启示［J］．成人教育，2007（12）：93－94.

[2] 谷峪，姚树伟．职业教育·生涯教育·终身教育——转型期日本职业教育发展及其启示［M］．北京：高等教育出版社，2010：117.

生：①能够自主应答别人的问题，与他人交流自如；②能够知道活动的规则和意义；③能够自己做自己的事情。中年级阶段：①能够清楚地表达自己的情绪和想法；②能够积极完成自己的任务，并体会工作的乐趣；③能够对班级职位具有责任感，并努力做好。高年级阶段：①能够换角度思考问题，体谅他人；②能够理解工作的艰辛；③能够努力学习实现梦想。可以看到，在小学内部，生涯教育对学生的要求是逐渐深入、逐步提高的，呈现出连续性和递进性。

初中阶段是“实际探索以及暂时选择的时期”，教学大纲侧重于指导学生适应集体生活，提高学生的判断、选择能力，并做出具体规定。❶ 生涯内容要求学生：①能够肯定自己，认识到自身价值；②能够形成基于自身兴趣的劳动观念和职业观念；③能够开展自己初步的职业生涯规划，并且做出暂时的职业选择；④对自己的职业生涯规划开展初步的实际探索。

高中阶段则是“实际探索、尝试和进入社会的准备时期”，教学大纲要求学生从被动的学习状态转变到自我选择、自我管理、自我负责的自主学习，进行自立精神教育，帮助学生形成正确的人生观、职业观，培养职业人的基本素质和能力，成为适应不断变革、多样化社会中合格的一员。❷ 具体来看，学生要：①进行更深入的自我认知和自我认可；②确定选择标准的正确职业观念和劳动观念；③设计未来的生涯规划并为进入社会做准备；④考虑生涯发展并尝试进行实际参与。

日本国立教育政策研究所中小学生指导研究中心认为，与职业生涯有关的能力有四种：人际关系形成能力、信息活用能力、规划未来能力、志向决定能力。以这四种能力为参考，将中小学阶段职业生涯教育的培养目标设定为五个领域十种能力，具体如表 4－2 所示。❸

---

❶ 谷峪，姚树伟．职业教育·生涯教育·终身教育——转型期日本职业教育发展及其启示［M］．北京：高等教育出版社，2010：118.

❷ 谷峪，姚树伟．职业教育·生涯教育·终身教育——转型期日本职业教育发展及其启示［M］．北京：高等教育出版社，2010：118.

❸ 田潇．日本职业生涯教育研究［D］．天津：天津大学，2012.

表 4-2 日本职业生涯能力指标

领域	具体能力
自我教育能力	①自我理解能力：学会认知自我，通过自评和他评了解自己的优缺点； ②自我表现能力：积极参与多方面活动，使天赋和才能尽可能体现，从而发现自己、认识自己，建立起对自己的信心
人际关系能力	③理解他人的能力：理解每个人具有不同的个性特点，具有包容心和团结意识； ④人际交往能力：在多样性的组织中，学会交流和沟通，与他人建立良好的人际关系，并不断学习和成长
信息活用能力	⑤信息收集、探索能力：收集不同职业信息的同时能够挑选和鉴别必要的信息，并思考将信息融入自己未来的职业发展道路中； ⑥职业理解能力：通过各种认知和体验活动，能够理解学校内学习的内容与社会职业的关系，明白未来要从事某种职业现在所需具备哪些条件
规划未来能力	⑦把握任务、认识能力：认识到学习和生活中各种职业的定位与意义，锻炼对新事物的学习方法和思维方式； ⑧计划实行能力：思考自己未来的生活方式和从事的职业类型，制订详细的实现计划，并向目标不断努力
意志决定能力	⑨选择、决定能力：对各种选择进行比较，进行主体性判断，决定最适合自己的选择； ⑩困难解决能力：接受选择后有能力承担自己的责任和义务，在实现梦想时要努力克服过程中遇到的困难

这五个领域的内容不仅仅是中小学这一阶段的目标，而包含了个体终身学习都应该掌握的能力。随着社会阅历的丰富，这些内容的指引作用也会更深入地体现，就像遇见挫折时的“心灵鸡汤”，指引每个个体在生涯发展的道路上拨开迷雾见月明。

（二）日本职业生涯教育的组织和实施

在五个领域十种能力的指导下，各个中小学结合地方优势、学校特点、学生年龄阶段等积极开设丰富多彩的生涯教育课程，包括学科教学、特别活动课以及综合学习时间。在学科教学中，不仅包括国语、算数、音乐、体育等常规课程，还有生活、图画手工和家庭课。[1]“生活课”是引导孩子调查发生在他们身边的事情和职业，启发他们获得对职业的初步认知。“图画手工课”通过孩子亲自动手制作东西，体会计划性和创造性的概念。“家庭课”教育孩子学做饭、学洗衣、学切菜等家庭必备生活常识，使学生帮助家长分担家庭劳动，培养爱劳动的生活习惯。“特别活动”课包括道德课、儿童会（学生会活动）、勤劳体验活动等，通常以年级为单位开展，在各年级内部建立学生组织，帮助教师处理年级或学校内的相关管理事务，这能锻炼五个领域中的人际关系能力和信息活用能力，培养学生团结协作的意识和积极健康的生活习惯。“综合学习时间”是日本小学的必修课，主要内容包括国际、情报、环境、福利、健康等综合性问题，以及学生们所关心的问题。早在1998年，日本的小学学习指导要领就要求小学的职业教育要融入这门课中。[2] 这些活动扩大了小学生接触的人员类型，通过与不同价值观人员的沟通和交流，使学生掌握不同的学习方法和思考方式。

日本还将职场体验活动作为促进职业启蒙教育的重要手段，日本政府、企业、社会、家长都重视职场体验活动，相互支持配合，形成了小学以参观为主、中学以职场体验为主、高中以职场见习为主的各级活动的层次递进体系。小学阶段通过了解家里人工作、街头采访、企业参观等形式，养成关心自己和他人的意识，提高对外界的热情以及培养以勤劳为特点的积极努力的生活态度。

在中小学的教育组织管理中，设置了专门的“职业生涯教育委员会”，其组织体系如图4－2所示。[3]

从图中可以看出，由校长领导，以教务主任为中心，各部门代表组成了委员会。委员会制订学校实施生涯教育的总体规划和年度计划，合理分工各部门的具体事务以及对后期工作的监管和总结。其中，“学年”是由学生直接参与并且与学生群体相联系的部门，负责咨询、辅导等工作。可

[1] 王智新，潘立．日本基础教育［M］．广州：广东教育出版社，2004：229.
[2] 唐植君．日本小学职业生涯教育的本土化及启示［J］．教学与管理，2015（9）：58－59.
[3] 吕显然．日本职业生涯教育研究及启示［D］．青岛：青岛大学，2014.

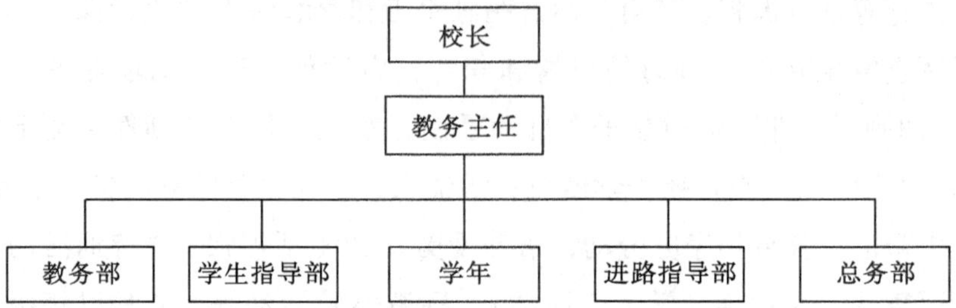

图 4－2 职业生涯委员会组织体系

以看到日本中小学的生涯教育组织机构与学校内的教务机构相结合，是将生涯教育的管理融合在普通教育管理之中，这样能使基础教育和职业教育的分工明确，确保生涯教育的有效融合。

三、生涯规划教育的经验启示

（一）完善的职业生涯教育保障体系

日本中小学阶段的职业启蒙教育之所以成果显著，关键在于日本政府能够根据社会的发展变革，及时制定与时俱进的生涯教育政策，不断改革和调整生涯教育的发展方向，使职业教育适应经济和科技发展的需要。这点同美国一样，由政府部门组织、指导、协调，推动企业、学校共同配合，在全社会营造出良好的生涯教育氛围。尽管2004年才正式开始发展生涯教育，但由“职业生涯教育”的官方定义到中小学“新体验计划”的落实，等等，都立竿见影地为日本职业生涯教育的前行指明了方向。同时日本设有文部科学省和厚生劳动省，负责国家的管理和就业。厚生劳动省下有学生职业中心和职业安定所，开展有关职业咨询和就业指导工作。在学校内部又设有专门的职业生涯教育委员会，为中小学开展职业启蒙教育做好顶层规划。

（二）连贯的职业生涯教育目标体系

日本职业生涯教育是一个目标明确、过程完整、前后连贯的教育体系，贯穿小学、中学、大学，甚至是企业内部，每个阶段的发展目标呈现出层层递进的关系，每个阶段学习不同的职业知识和职业技能，前一阶段的顺利完成为后一阶段的开展奠定基础，因此小学阶段尤为重要，是职业生涯教育的根基阶段，重在培养学生劳动意识和劳动观念。实际上，日本的生涯教育体系重在培养学生的“职业观和劳动观”。此外，日本生涯教育重视学生与生俱来的“创造性”，以学生为中心，尊重学生，根据学生的身心发展特点将职业观和劳动观由浅入深地渗透到学生的个性教育中，基于此开展多种多样的生涯教育课程和职业体验活动，例如道德课、特别活动课等，使学生在习得基础知识技能的同时，建立学习生活与家庭生活、社会生活的关联，初步实现由学校向社会的过渡。

（三）协调的职业生涯教育合力

日本政府通过一系列的政策举措，协调了学校、企业、家庭之间的合作关系，促进了职业生涯教育的发展。政府在指明生涯教育方向的同时给开展生涯教育的学校提供财政拨款，给支持生涯教育的企业给予税收减免等优惠鼓励。企业为中小学提供了资源参观、设备共享，企业员工还会耐心解答学生在参观访问中遇到的疑难问题。值得一提的是，日本企业并不会觉得这样的参观活动是在浪费员工的时间，反而认为这能使学校教育更加明确企业所需要的人才和应具备的能力，更明确其培养方向，企业用更长远的眼光消除了短时间的效益流失。在家长会上，教师会把职业生涯教育的相关事项告知学生家长，家庭与学校则是以孩子为中心而建立了密切的合作伙伴关系。学校、企业、家庭形成三方教育合力联合推进了日本职业生涯教育的发展。

第五章

职业启蒙教育的策略建议

苏霍姆林斯基说过："志向是天才的幼苗，经过热爱劳动的双手培育，在肥田沃土里将成长为粗壮的大树。不热爱劳动，不进行自我教育，志向这棵幼苗也会连根枯死。确定个人志向，选好专业，这是幸福的源泉。"然而在我国社会，个体早期对职业的认知和感悟却少得可怜。职业启蒙教育对学生未来的职业选择和职业发展具有重要的奠基作用，要以职业与生活世界的密切联系为依托，将职业世界的理念、态度、价值观等与教育相渗透和融合，引领中小学生体会职业世界的精神和内涵，实现其对社会职业世界的初步认知和感悟，从而生成对学生积极、主动的职业启蒙教育价值。基于职业启蒙教育的理论内涵、价值意蕴、现实情况和国际经验，尝试为我国职业启蒙教育的实施提出策略建议。

第一节　我国职业启蒙教育的政府支持

从前面章节的叙述可以发现，职业启蒙教育的理论基础来自其他国家，但是这一理念的应用和发展却适用于每一个正在成长的个体。基础教育阶段除了让学生学会基本的读写算之外，还要培养个体基本的社会实践能力、人际交往能力、劳动与自律能力，等等。发达国家实施的成功经验表明，基础教育系统对学生进行职业启蒙教育，能及时促进个体的职业认知和自我认知，唤起学生对其未来道路发展的思考并做好职业发展的准备。因此，必须加强职业启蒙教育的宏观规划，同时大力宣传职业启蒙教育理念，使社会各界接受职业启蒙，开展职业启蒙。

一、加强职业启蒙教育宏观规划

宏观调控对职业启蒙教育具有方向性的指引作用，政府对中小学开展职业启蒙教育具有不言而喻的重要性。政府要从大处着眼，高屋建瓴，在宏观层面上促成系统的职业启蒙教育。

（一）为职业启蒙教育提供财政支持

经济基础决定上层建筑，美国、日本等国家职业启蒙教育的卓越成绩离不开政府的财政支持，反观我国，教育经费与其他国家相差甚多，用于中小学开展职业启蒙教育的经费则更少，“巧妇难为无米之炊”，唯有保证充足的资金投入才能使其顺利开展。因此，希望政府相关部门为广大中小学和有关教育机构提供职业启蒙教育的资金保障，确保职业启蒙教育的开展具有充足的财力基础。其一，扩充中小学的生均经费投入。一方面，以“五育”之“劳动教育”的开展为契机，设立“劳动教育和职业体验教育”专项基金，用于劳动技术教育和职业启蒙教育设施、资源、师资等方面建设；另一方面，加强对综合实践活动的经费投入，增强四大模块之一“职业体验教育”的财力和物质基础。其二，地方教育行政部门也应列支职业启蒙教育专项经费，用于统筹协调地方职业体验教育基地的建设，强化中小学与职业学校的联系与沟通。

（二）为职业启蒙教育提供法律保障

相比于其他发达国家，我国的职业启蒙教育开展得比较晚，致使我国职业启蒙教育仍处于探索阶段，为保障职业启蒙教育的有效开展，政府可以出台相关的法律法规，从政策上支持职业启蒙教育的开展。例如，国务院发布的《国家职业教育改革实施方案》提出：“鼓励中等职业学校联合中小学开展劳动和职业启蒙教育，将动手实践内容纳入中小学相关课程和学生综合素质评价中。”这项政策明确通过借助中等职业学校的力量，来促使中小学职业启蒙教育的顺利开展，为职业启蒙教育的落实提供法律保障。此外，由于职业具有较强的实践性，企业单位可以作为学生的实践场所之一，可以搭建沟通学校与企业开展职业启蒙合作的桥梁，为学生的职业体验提供便捷的场所。为使学生在企业中获得良好的职业启蒙教育，可以通过立法或者奖励的措施，以强制性或鼓励性的形式将学校与企业联系在一起，支持企业参与到职业启蒙教育中。因此，国家的法律政策措施对职业启蒙教育的支持既是理所应当的，又是极为紧迫的。

（三）将职业启蒙教育纳入学校考核

为确保小学内部职业启蒙教育的开展，政府可以将职业启蒙教育的实施状况纳入学校的考核评价体系中，通过优化学校的考核评价体系促进学校的管理机制。制定标准的奖励和惩罚方法，鼓励职业启蒙的开展，同时对表现突出的开展形式和开展效果提出表扬，树立职业启蒙教育开展的典型形象。首先，要更新理念，明确考核工作的意义，使师生通过考核的方式获得关于职业启蒙的认识，转变传统的教育管理观念，促进管理机制的创新，进而促使教师对学生进行教育；其次，发挥绩效的激励作用，将教师或者学生的突出表现列入考核评价体系中去，合理利用考核结果，对他们的表现进行综合评价，发挥学校考核的积极作用。通过种种学校考核机制将职业启蒙教育的开展稳定在学校教育体系中，进而促进其长久发展。

（四）建立职业生涯咨询与指导中心

在地方政府的统筹协调下，建立地方职业生涯咨询与指导中心。每一个学生个体都相差各异，教师或家长在进行职业启蒙的时候或许会遇到很多问题而无从请教，通过成立职业生涯咨询和指导中心，聘请专业的职业咨询师，可以对有需求的家长、教师和学生提供一对一的帮助和指导；提供社会职业和人才需求信息，设立信息发布平台，定期更新职业信息库，既能为马上走向大学校园的高中毕业生提供专业选择参考，又可以帮助小学生作为职业了解的信息来源；公布职业启蒙教育成功开展的学校或教育部门的优秀案例，提供成功实施的图片、视频、支撑材料等资料，一方面对它们提出表扬和奖励，另一方面对想开展职业启蒙却不知道如何开展的机构提供参考。

二、开展职业启蒙教育宣传工作

要使职业启蒙教育在我国得以发展，引起人们的关注和重视是首要因素。现阶段，我国整体对职业启蒙教育的理念还不是很清晰，大多数人对职业启蒙的理念缺乏认识，可能一时不能接受这个理念。因此，要大力开展职业启蒙教育宣传活动，营造开展职业启蒙教育的文化氛围。

（一）政策引领职业启蒙

2017 年 1 月，国务院颁发了《国家教育事业发展“十三五”规划》，其中特别指出，“在义务教育阶段开展职业启蒙教育”。2017 年 12 月《国务院办公厅关于深化产教融合的若干意见》指出：“将工匠精神培育融入基础教育。将动手实践内容纳入中小学相关课程和学生综合素质评价，加强学校劳动教育，开展生产实践体验，支持学校聘请劳动模范和高技能人才兼职授课。组织开展‘大国工匠进校园’活动。”目前在我国职业启蒙的教育目标、教育内容、教育方法都尚未确定的情况下，工匠精神的培育和劳动教育的养成为基础教育阶段学校教育的课程改革提供了参照，也为新时代的人才发展指明了方向。值得称赞的是，上海、北京、江苏等省市已经紧跟国家步伐，出台了相关规划以开展职业启蒙教育，例如，江苏省教育厅于 2019 年 3 月出台了《关于加强中小学职业体验教育的指导意见》。该《意见》认为“职业体验教育”是职业启蒙教育的重要方式，并就职业体验课程建设、职业体验中心建设、职业体验活动设计等做了重要规划和要求，具有重要的实践引领意义。综观美国、日本、德国等发达国家职业启蒙教育的发展，都有不断深入的政策文件为职业启蒙教育发展指引方向，从明确提出在中小学开展职业启蒙教育，到具体各阶段职业启蒙教育的目标、方法等，这些政策性内容从无到有，不断深入，促使职业启蒙教育蒸蒸日上。随着我国对其研究的逐步深入，希望能有更多的政策文件为职业启蒙教育的开展保驾护航。在政策文件的引领下，职业启蒙教育才能逐步前进、争放光彩。

（二）媒体倡导职业平等

新观念的引入，难免会使人们产生怀疑、抗拒的心理，因此，发展职业启蒙教育，首要的是破除人们传统观念的阻碍，即改善“学而优则仕”和改变“万般皆下品，唯有读书高”的传统认识。基础教育长期以来侧重学科知识的传授，忽视职业认同和其他能力的培养，学生不了解自己，不知如何选择大学专业，对未来就业方向感到迷惘。面对这种形势，今天的教育不能将学生当作“容器”，知识不仅是已知的知识，还要包括用来对未来进行创造的知识和未来知识，学生也要正确认识职业的划分，尊重社会各种职业。习近平曾经说过：“人生本平等，职业无贵贱。”基于此，新闻媒体、广播电台要做的就是积极倡导职业平等，媒体对各种职业的不正当评价或许会在无意中影响尚缺乏判断力的中小学生的职业等级观念。公务员和蓝领技术工人，他们都是社会的一分子，不能因为工作环境或者工资多少的差异而认为他们有高低贵贱之分。职业的性别角色也应该被同等对待，不能给小孩灌输男生要做技术工人，女生要做幼儿教师这种带有性别偏见的话语。职业不过是个体自身价值的外在表现，是每个人的自由选择，他们通过各种职业都为社会的发展贡献出自己的力量，职业理应是平行、平等的。基于此，也要积极倡导职业启蒙理念，宣传社会上职业的平等地位，让社会各界接受和传递职业启蒙。教育部门也可以通过各种媒体，开展对职业启蒙教育的积极宣传，让人们认识到职业启蒙教育的重要性，同时获取开展职业启蒙教育的实施途径。

（三）普及职业启蒙教育读物

从市面上看，已经有关于职业启蒙教育的课外书籍，其中适合小学生阅读的有：周丽虹、吴黛瑶的《职业启蒙教育丛书：职业是什么》，以图文并茂的形式诠释职业中的哲学问题和生活哲理，内容活泼轻松，可读性强。还有《小学生职业启蒙课程教育读本》，包括《形形色色的职业》《工作进行时》《打开职业成功的金钥匙》《职业的变迁》《小小职业梦想家》五册书籍，是按“职业认识”“职业体验”“职业素质”“职业发展”和“职业梦想”由浅入深的认知规律来设计的。学校或家长都可以积极为孩子订购这类书籍，扩大孩子的阅读量。另外，还可以组织有关职业启蒙教育专家积极开发更多职业启蒙书籍或职业启蒙影视作品。在设计职业启蒙书籍方面，采用图文并茂的形式，将中小学的学科课程与社会职业相联系，增长学生对在校学习与未来职业生活之间的关系认知；在针对中小学生群体观看的影视剧作品中，可以多一些职业角色扮演类的人物，包含公众经典职业和社会新型职业。这些色彩丰富、角色鲜明的作品能吸引中小学生的注意力，是促进学生职业认知的良好途径，也是学生们得以发现自己兴趣爱好的途径之一。

第二节　我国职业启蒙教育的课程建设

课程是一切教育计划的根本保证。著名生涯理论学者舒伯认为，“生涯发展课程是促进学生生涯发展的最适宜方式”。[1] 在日本设有“生活课”“家庭课”等职业启蒙课程，在德国有“常识课”，且在其课程体系中占有重要位置，在美国则通过在语文、数学等基础学科中渗透职业启蒙激发儿童对职业世界的好奇心。可见，职业启蒙课程建设是发展职业启蒙教育的重要组成部分，而且我国的基础教育课程改革也为职业启蒙课程建设提供了条件和契机，正是发展职业启蒙教育的最好时机。

一、建构职业启蒙教育专门课程

在学校内部开设职业启蒙教育专门课程是实施职业启蒙教育最直接的路径。职业启蒙教育专门课程就是在学校内部现有课程的基础上，开设一门全新的职业生涯教育入门课程。当然这一全新课程的建设需要大量人力和财力的投入，是一个长期的过程。学校内部需要成立专门的工作委员会，对课程的开发和实施进行全面、系统的组织和指导，有效确保职业启蒙课程的顺利实施。

（一）课程目标

根据职业启蒙教育的理论基础和国内外的实施经验，以小学阶段为例，笔者尝试制定职业启蒙教育实施的课程目标，希望对开展职业启蒙课程有所帮助。正常情况下由于小学生处在 7 ~ 14 岁，是一个身体和心理都

[1] 沈之菲. 生涯心理辅导［M］. 上海：上海教育出版社，2000：103.

快速成长的时期，其接触新事物的能力在不断提升，因此设计课程目标要考虑到职业启蒙教育的层次性和递进性。在此，将整个小学阶段划分为低、中、高三个阶段，按照新课改要求将课程目标划分为知识与技能、过程与方法、情感态度价值观三个维度，使职业启蒙教育常规课程在不同的年龄阶段有不同的侧重点，并呈现出层层递进的广度和深度。如表5－1所示。

表5－1　职业启蒙教育课程目标

维度/阶段	1～2年级	3～4年级	5～6年级
知识与技能	通过聆听教师的讲授，初步了解常见的职业种类和职业内容	通过前期学习和探索，初步意识到学习与职业的关系	通过职业讲座和职业讨论会等，认知社会的职业分类和职业性质
过程与方法	通过好奇心的解疑过程，学会初步探索职业知识和职业相关信息	通过对职业的学习和了解，学会从自身和他人的角度认知自我，培养良好的职业兴趣	通过课堂对于职业世界的探索，学会收集信息能力、人际交往能力和问题解决能力等
情感态度价值观	启发儿童对职业世界的好奇心，培养正确的职业态度和职业观念	在职业体验中形成职业情感，养成良好的职业道德和职业情感	理解劳动与工作的意义和价值，在职业体验中形成职业责任感

（二）课程内容

学校增设以职业了解为主要内容的常规课程要从学生的身心特点出发，设计与学生的日常生活体验密切联系的课堂，即从学生可以接触到的职业生活入手，循序渐进讲授社会上的职业世界。根据小学阶段的职业启蒙课程目标，该阶段的课程内容应该至少包括职业了解和自我认知两部分。

1. 职业了解

1～2年级的职业了解是先让小学生了解身边接触到的职业，使他们树立社会职业的总观念，并能和他人交流分享工作过程。例如认识父母的职业，能知道他们的职业场所、职业内容和职业用具，能正确地进行角色扮演游戏。3～4年级的课程内容逐渐增加职业种类，在课堂上以图文并茂的形式展示社会上的常见职业，例如医生、警察、售货员、收银员、记者、律师、演员等，了解社会各行各业对社会做出的贡献，了解该行业的职业内容和职业素养。高年级5～6年级除增加职业种类外还要逐渐加深职业的深度，不仅认识出现在大众视野中的光鲜职业群体，还要认识拥有一技之长的蓝领工人等默默无闻的付出。开始思考职业对自身的意义、对社会发展的意义，如何选择与规划自身职业、某种职业类型所需要的知识和技能。当然对于小学生来说重要的应该是启发他们对于职业世界的好奇心，尊重社会上存在的各行各业，养成和发展正确的职业态度与劳动观念。因为所谓职业了解并不是狭义的让学生学会某项职业技能，而是了解职业的基础必备素养，这些素养可以从一种职业迁移到其他职业，为日后形成良好的工作品质和职业态度奠定牢固的基础。

2. 自我认知

包括"我眼中的我"，即自己对于自身兴趣、能力等的主观感知和领悟；"他人眼中的我"，在与他人交往过程中他人眼中的自我问题，例如父母、教师、同伴对自己性格、能力、优缺点的评价，教师帮助学生认可自己、欣赏自己，增强自信心；"未来的我"，要有对未来自己的畅想，当然包括自身职业世界的展望。成长是不断认识自我、提升自我、超越自我的过程，教师善于挖掘学生潜能，鼓励和发扬学生身上的闪光点，正确认识学生存在的错误和缺陷，并对其进行正确引导。职业了解和自我认知两部分内容在授课中应交替进行，以职业了解为前提促进学生对于自我的认识，以自我认知为基础促进学生对职业的了解，两部分内容相互融合、相辅相成。

（三）课程实施

为确保课程的有效性和连贯性，各学校应保证每两周开展一次，每学期不低于9个学时的课程安排。与普通的语数外教学类似，教师可以通过讲授、讨论、放映幻灯片和视频、阅读课外读物等手段帮助学生系统地了解周围的职业世界。此外，在课程前期对社会工作有了系统的讲解之后，在课程进行的中后期，可以开展职业主题讨论会，围绕"对教师、公务员、蓝领工人的认识""成为一名工程师必须具备的本领""父母的职业性质"等展开讨论。在讨论中以学生为主体，尊重学生的发言，教师要充分调动学生参与讨论的热情，同时做好聆听工作，必要时加以补充和指导，在讨论结束后及时总结，纠正在讨论中出现的错误职业观，引导学生形成正确的劳动观念和价值观念。还可以开展主题讲座，教师可以邀请社会成功人士、学校及学校附近工作人员、学生家长、职业规划专家等走进学校，为学生上一堂生动有趣的职业介绍课，向学生介绍各自的职业性质、职业规范和其职业发展道路，同时解答学生们对职业了解的疑惑，让学生们在课堂上就可以了解和接触真实的社会工作生活。当然，在具体实施这些课程时，要依据各年级的教育目标、学生的年龄阶段及其职业认知程度，有次序地安排课程。

可以说，职业启蒙教育课程是终身职业生涯教育的一部分，职业启蒙课程的目的不是为了使中小学生学会某项技能以求得一份好工作，而是为了个体有意义、有价值地学会生活、学会劳动，在劳动中实现自我，在终身的职业生涯中都能对职业和自我发展有清晰的认识，都能对工作保持一份热情，这与前文中提到的职业启蒙教育内涵是一致的。现计划将其纳入中小学阶段的课程体系中，能体现出国家社会对职业启蒙的重视，有利于职业启蒙教育的顺利开展。总体来说，开设职业启蒙教育课程的意义有如下几点。

1. 发挥课堂教学主渠道作用

中小学生在学校里学习科学文化知识的时间比较多，且一天中课堂时间占据总体时间最多，通过课程的方式，可以从根源上增加课程的多样性，减轻应试教育对学生个体的压力，降低“唯读书论”对学生个体的死板影响。增加职业启蒙常规课程，把职业启蒙课程放到与普通基础教育课程同等的地位，能使学生意识到职业启蒙教育的重要性，致使学生像学习普通文化课知识一样学习职业知识，意识到学习文化课知识与未来工作之间的关系，变被动接受学习为主动探究学习，增加课堂学习的意义和兴趣。

2. 提升社会认知视野

随着我国的课程改革，传统的应试教育弊端正在逐渐暴露，很多学生在应试教育的压制下变读书为“死读书、读死书”，不知道读书的目的是什么，只是因为老师要求、家长期望而学习以在考试中取得好成绩。在这种情况下，中小学生本来接触社会的机会和途径就不多，更缺乏认识社会的意识，这不利于个体的终身学习与发展。而通过职业启蒙课程，能够帮助学生及时认识社会，避免将来走上社会时由于缺乏了解而产生恐惧心理。在课堂上传授的社会职业、职业分工等都是社会的重要组成部分，人也是社会人，课程提供给学生最方便、最快捷地了解社会的途径，同时也能培养学生正确的人生观、职业观、价值观。

二、强化学科课程职业要素渗透

设计还未存在的职业启蒙常规课程需要大量的时间，因此短期内这个路径还无法开展，目前最快捷的路径是在其他学科课程中渗透职业启蒙要素。课程是学校教育的最基本形式，也是我国教育体系下最传统、最根本的价值传递和价值内化的载体。我国目前的学校课程体系，是在过去若干年不断建设及改革经验基础上逐步发展和完善起来的，中小学生课业任务重，面临严重的升学压力，因此职业启蒙教育这一相对较新的内容要想在教育教学实践中切实得到实施，最有效的是在现行的普通教育课程中渗透。将职业启蒙教育的因素融入学校课程体系，贯穿中小学教育的各个方面和全过程，从而使职业启蒙成为教育的内在组成部分而不是外加任务。以课程为基础的职业启蒙教育，使处于学校中心地位的学术课程成为职业启蒙教育实施的主要途径，非常适合当下的中国国情。全面系统、循序渐进，引导学生在掌握学术知识的基础上，学以致用、举一反三，有助于学生全面掌握与职业启蒙教育相关的知识和技能。

渗透式教学模式是指教育者依据特定的教育目标，借助特定的平台，营造特定的环境，引导受教育者感受、体会达到“同理心”的状态，使其在潜意识、意识、前意识中自觉、不自觉地产生教育目的要求的“终极追求”，从而使受教育者“在感染和陶冶中得到优化”。[1] 职业启蒙课程渗透

---

[1] 刘秀英．网络视阈下“思想道德修养与法律基础”课渗透式教学模式探究［J］．教育与职业，2012（21）：83－85.

是指依据某学科的课程目标，通过补充的方式，将适当的职业世界内容与学科教学有机结合，在学科教学中化整为零地实施职业启蒙教育，具体如图5－1所示。

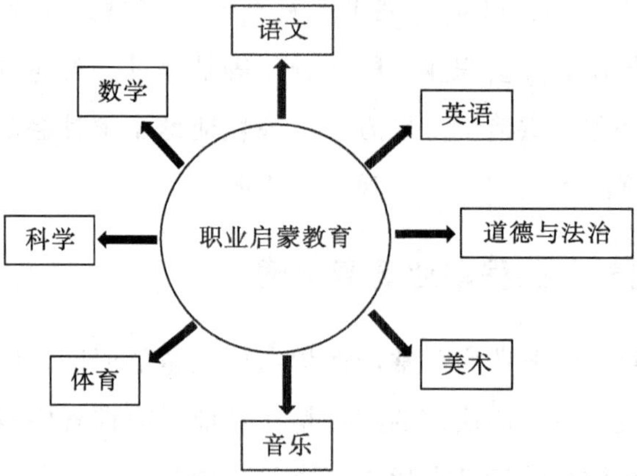

图5－1　职业启蒙教育课程渗透模式

深入挖掘教材中与职业启蒙有关的素材，在保证学术质量的同时，将职业分类、职业性质、职业要求等知识渗透在学科课程中。最主要的是各任课教师要有意识地将各门科目中与职业相关的知识信息渗透到课堂教授中，具体来说，主要的渗透途径有以下几个方面。

（一）立足现有教材，挖掘启蒙素材

我国现行基础教育各学段、学科、版本的教材中，都蕴含丰富的职业启蒙教育素材。以苏教版小学语文教材（2015年版）为例，在286篇阅读类课文中，共有45篇课文和职业启蒙相关，占总篇数的15.7%。例如，《孔繁森》《钱学森》《大江保卫战》《老师，您好》《莫泊桑拜师》《梅兰芳学艺》《徐悲鸿学画》《鞋匠的儿子》《姥姥的剪纸》《剪枝的学问》等，皆属于“职业认知类”的课文。这些课文用生动凝练的语言分别描述了政治家、科学家、军人、教师、小说家、戏曲家、画家、鞋匠、手工艺人、园艺师等不同职业的成长过程、英雄事迹、职业品格等。因此，建议教师在课程设计和课程实施中，要跳出既定“中心思想”的桎梏，充分利用教材提供的每一个“职业痕迹”，围绕特定的职业角色，强化对主人公职业精神的烘托，引起学生们对某些职业的共鸣，进而畅游“职业联想”的海洋；同时也使他们意识到“三百六十行，行行出状元”，每种职业都有自身的伟大所在，因此要尊重身边的每一人。例如，苏教版小六语文上册的《鞋匠的儿子》一文虽然讲述的是作为儿子的林肯“用智慧和宽容捍卫尊严”的励志故事，但是殊不知林肯的这种品格源于父亲“鞋匠”的潜移默化影响。尽管在“参议员”甚至大多数学生的眼里，“鞋匠”并不是一个特别“体面”的职业，但仍有其伟大之处。“鞋匠”不仅用自己的双手为顾客包括部分“参议员”制做出精美而又舒适的鞋子，而且以其“精益求精”“甘于奉献”的精神养育了一个“彬彬有礼”的总统候选人。

（二）基于启蒙素材，模拟职业体验

荀子语，“不闻不若闻之，闻之不若见之；见之不若知之，知之不若行之；学至于行而止矣”（《儒效篇》）。现有教材中的职业启蒙教育素材以及教师的解读只为儿童提供了“视觉”和“听觉”的感受，但并不能保证学生对职业的全面感知，还需要通过学生在亲自“做”中去体验。为此，需要教师围绕现有课本中的职业启蒙素材，引导学生们通过“实操演练”“角色扮演”的方式亲身体验相关职业的奥秘，领悟特定职业所需的职业品质。例如，在讲解苏教版小学语文六年级上册《姥姥的剪纸》一文的时候，教师可以带领同学们一起在课堂上用剪刀尝试裁剪各种动物、窗花、模型等，在“真操实练”中感受手工艺人“娴熟技术”来之不易以及剪纸作品带来的“职业成就感”。再例如，在讲完苏教版小三语文下册《剪枝的学问》后，教师可以在条件具备的情况下，带领小学生在校园果林或郊区的果园中亲自体验“剪枝的学问”，并感受果实甘甜背后的“辛劳付出”。通过这些有意识的启蒙教育，可以在儿童心中埋下工匠的种子，激发有兴趣者通过不断努力达到理想的职业彼岸。此外，在苏教版小学语文的“口语交际”模块中，也有《小小展销会》《小小新闻发布会》《学做节目主持人》《健康小顾问》《我来当导游》等不同角色定位的职业体验素材。为此，语文教师就可以这些话题为素材，组织学生们在“口语交际”课堂上，通过扮演各种职业角色，更好地认知自己，发现自己感兴趣的职业，进而开启理想的职业萌芽。

（三）延伸启蒙素材，拓宽职业视野

学科教材主要还是以传授基础学科知识为目的，如果过分强调职业启蒙教育的价值，未免有过度解释的偏颇，且教师精力和能力都有限。为此，可以各门学科课程为基础，开发系列职业启蒙教育拓展教材，使擅长相关学科的学生找到理想的“职业集群”，拓展职业视野。在此，由英国学者理查德·斯皮尔斯伯里（Richard Spilsbury）编写的系列“职业指导”（Career Guides）配套教材值得借鉴。他分别以初中的英语、数学、科学、地理、信息技术、设计、音乐、艺术、运动等主要学科课程为基础，以“我擅长学习……，我能得到什么样的工作”为书名，编写出系列辅助教材。每本教材都介绍了与特定课程相关的 12 种职业（如“科学课程”对应的职业为医生、天文学家、生物学家、护士、地质学家、兽医、气象学家、理疗医师、牙医、生物学家、营养师、法医等），以及各种职业对“性格”“技能”和“资历”的要求，并配有基本的“职业信息描述”和“专业人士”观点。[1] 通过这些专业课外读物的引导，不仅可以使对某些学科见长的学生找到适合自己的职业集群，拓展对职业的认识视野，进一步发现未来可能的职业生涯多元路径；而且还可以在学习相关职业知识、聆听专业人士的见解中，不断探寻自己感兴趣的职业，为未来的职业选择做充分的准备。但是这些辅助教材和我国的学科课程并不配套，而且所涉及的职业并不完全符合我国的大众化需求。因此，建议相关学科专家、教学名师等专业人士针对小学、初中和高中等不同学科的特点，分别编写本土化的职业启蒙教育系列辅助教材，为中国青少年的职业成长提供针对性的职业指导。

总体而言，学科课程渗透职业启蒙教育有其独特的优势，在课程教学中，教师将学科教学内容与职业世界中的内容与信息对接或综合起来，有机地进行职业启蒙课程教学，可以避免增加学生的课业负担，也不需要专门的职业启蒙师资力量。更为重要的是对于学生发展的长远影响：首先有

---

[1] ［英］理查德·斯皮尔斯伯里．青少年职业展望系列教材［M］．陈科宇，王莉莉，念昕，译．北京：中国劳动社会保障出版社，2014.

助于提高学生的积极性，通过渗透式教学的探索，能够提高学生对于学科知识的兴趣，学生通过对职业技能的崇拜，意识到学习基础课程的重要性，从而变被动完成学习任务为主动探索学习之实；其次，有助于引导学生树立正确的劳动观、职业观，职业世界的工匠精神是净化学生思想、开启学生心灵美的钥匙，是熏染学生的思想品德等最好的现实素材。润物细无声，在促进学生习得基础知识的同时，养成正确的劳动观念；最后，将职业启蒙课程资源作为学科教学的重要课程资源，有效促进学科课程目标的实现，同时通过挖掘和发扬与职业有关的资源素材，有机渗透职业启蒙教育，对提升学生的情感、态度、价值观方面也具有重要的现实意义。

三、发挥综合实践职业体验教育

马克思曾经说过“全部社会生活在本质上都是实践的”，这种实践更多的就是对于职业的实践。学校里的职业启蒙常规课程和职业启蒙学科课程渗透在一定程度上促进了中小学生的职业认知，但这种方法也存在局限性，因为这种认知主要出现在学生对于职业的构想中，而不是真实发生的，与实际的职业世界仍然存在一定差异。在真实的工作环境中，学生才能体会到职业的严谨性和规范性，因此，学生在学校课堂上获取了初步的职业认知之后，还需要相关的实践活动帮助学生进行更深一步的职业探索。

综合实践活动作为中小学的一门国家必修课程，在2001年教育部印发的《基础教育课程改革纲要（试行）》中就加以明确。2017年9月教育部印发的《中小学综合实践活动课程指导纲要》（以下称《指导纲要》）对综合实践活动课程的地位又做了专门化的规定，突出了其作为一门独立课程与其他课程之间地位的对等性。《指导纲要》指出，“综合实践活动是从学生的真实生活和发展需要出发，从生活情境中发现问题，转化为活动主题，通过探究、服务、制作、体验等方式，培养学生综合素质的跨学科实践性课程”。与2001年《基础教育课程改革纲要（试行）》相比，2017年《指导纲要》对“综合实践活动”内涵和活动方式做了进一步的丰富和发展，从原有的“信息技术教育”“研究型学习”“社区服务与社会实践”

“劳动技术教育”四部分发展为“考察探究”“社会服务”“设计制造”“职业体验”四大模块，将“职业体验”作为新时代“综合实践活动”课程的重要内容加以提及。因此，广大中小学应充分利用综合实践活动的“职业体验”这一模块，有效推进职业启蒙教育的开展。

（一）职业体验活动设计

考虑中小学生的身心发展特点以及步入社会的安全性和活动的亲自参与性，可以主要采取模拟的方式进行职业体验活动，促进职业认知。职业模拟活动是指在学校或者实践基地创造一个近乎真实社会的虚拟情境，儿童在其中可以是农民、商人、记者、城管、营业员、服务员等任何角色，使儿童在没有危险或限制较少的情况下进行亲身体验活动，以了解职业种类和职业素养。注重在体验中加强儿童劳动意识和责任意识的培育，使其逐步形成自理能力，为步入社会奠定一定基础。可以体验的职业种类有：农牧业、制造业、餐饮类、新闻、出版、广告业等，例如，有关出版业的活动设计，可以让学生设计自己的报纸，安排记者、通讯员、编辑、校对、外联等职位，大家竞争上岗。每个模拟场所都要配备专业的教师，做学生体验的指导者。由于中小学生的心理发展还不是很成熟，做事情容易出现虎头蛇尾的状况，教师允许他们做事情出现错误，但是在出现错误时不能只是简单的惩罚，而是要让他们对自己的错误承担应有的责任，并反思自己的工作过失，让他们明白报社工作的职责，培养他们严谨的工作习惯和认真的工作态度。

就开展的方式而言，既有校内形式，也有校外形式。校内形式诸如江苏、上海、山东等中小学开展的“开心小农场”“科学试验田”等形式，这种方式为中小学生开展职业体验活动提供最为便捷的资源与场所，最大限度地解决了交通成本与安全问题，切实培养了学生初步的职业观念和正确的劳动意识。但目前由于广大中小学资源限制，职业体验活动更多地需要依托校外基地进行，如前文提到的徐州市 TYH 体验教育基地提供的“学农、学商、学军”等岗位体验活动。著名体验教育家朱涌创办的“我能行——成功训练体验营”活动中“模拟书屋”也彰显出模拟职业体验的价值。这种“模拟书屋”即在少年宫显眼处摆上书摊，内设经理、会计、销售人员等职位，让 8～12 岁的小营业员自己批书、标价、售卖，且由他们独立完成。[1] 在这个过程中，孩子们团结合作，进货时和老板砍价，售卖时做广告促销，与客人交流时耐心细致，最终成功取得收益。结果表明，孩子们有能力参加基本的社会生活，这为职业模拟活动的开展提供了实践支持。此外，目前社会上还有一些专门的职业体验馆，如“比如世界”是一个专为 3～12 岁少年儿童设计，由少年儿童自主管理的“儿童微城市”。整个项目是与中国科学院心理研究所独家合作，根据少年儿童心理生理特点量身定制的。该项目秉承“寓教于乐”的设计理念，实行职业模拟活动，在北京、上海、天津、青岛、长春等许多城市已经建立了这样的场所，学校、家长要抓住这些机会，在寒暑假和节假日有意识地带领孩子多参加这样的实践活动，让儿童在获得快乐的同时学习社会知识、增长见识、开阔视野。

随着课程改革的逐步进行，以上的职业体验活动正在逐渐引起学校、家庭等社会各界的重视，这些活动课程不同于传统的学科课程，它们作为联系学校与社会的桥梁，通过自由性的探究主题、开放性的任务模式、多样性的探究方法，使学生在亲身体验中获得更多的认知和发展。这些体验可能不会给孩子的中高考试卷加分，目的不是以优异的成绩进入理想的学校，却能让孩子“爱学习、爱劳动、爱祖国”，帮助孩子以一个更独立、更高尚的人走出家庭，进入社会，贡献于社会。学生亲自“仰观宇宙之大，俯察品类之盛”，才能发现职业魅力、创新职业趣味、增强职业素养。

（二）职业体验活动特点

在开展职业模拟活动时，必须根据学生的身心发展特点和各学校、各地区的现有资源展开设计，应该体现以下主要特点。

1. 活动的针对性

同一个职业体验活动，对于不同的年龄阶段其对活动内涵的接受程度有所不同，要考虑学生的年龄发展特点，从低年级到高年级，由近及远、由浅入深、由泛到细地开展职业启蒙教育。所谓由近及远，是指职业体验

---

[1] 朱涌. 玩出来的成长奇迹［M］. 桂林：漓江出版社，2016：429.

活动的开展要从中小学生能接触到的职业开始，拉近实践活动的熟悉感。由浅入深是指广泛接触社会上各种类型的职业，使学生对社会职业形成初步的了解，随着年级的增高，逐渐加深职业的内涵和性质。由泛到细指从学生了解到的职业中认识广泛的职业种群，在实践中不断认识更多的社会职业。例如，先熟知了造房子的工程师，随着实践经验的积累，还能认识网络工程师、软件工程师、包装工程师等职业。

2. 活动的前卫性

智能信息时代，职业是在不断变化发展中的，学生应该有应对职业增减的意识和能力。学校设计开展的职业体验活动，要符合现代的职业气息，培养有助于学生应对未来挑战的意识。首先，现代的职业工具更新速度快，之前的快递行业用汽车装载运输物品，现在已经有企业开始使用飞机，增快了物品运输的速度。在邮寄快递时，以前是手写快递信息，随着智能触屏手机的普遍使用，现在已经可以直接在手机地图上标记地点来指明目的地，这样节省了写字时间，也避免工作人员再手动输入电脑，降低了工作量，又减少了纸质品的使用。学校带领学生进行社会实践时，要意识到某种职业发生的变化，并以新的社会劳动形式开展实践活动。另外，新的职业不断出现，例如网络作家、理财规划师、电子商务美容师等，教师有必要带领学生了解这些新兴职业，因为新兴职业的发展前景更光明，为学生未来的发展空间提供可能性。

3. 活动的价值性

在设计开展职业体验活动时，应使活动的目的与学校职业体验活动开展的目的相吻合，有助于加强学校与社会之间的联系，强化学校的教育目标。考虑活动的价值意义，关注活动本身开展的形式和内容，避免出现投资多、汇报少的无意义活动，例如耗费大量时间、大量财力的活动，但实际作用、意义却与此不成正比，这样活动开展的价值就无从体现。另外，在活动开展的过程中，除了传授基础的知识技能外，应更加注重对中小学生价值趋向的思想引导。鉴于目前在我国社会中存在重视技能、轻视体力劳动的传统思想观念，应特别重视对各种工作平等地位的思想引领，强调社会由各种类型的职业组成，无论体力劳动还是脑力劳动，只是展现社会价值的不同方面，都应受到人们的认可和尊重。因此，在开展这方面的职业启蒙实践活动时，应注重对学生进行正确劳动观念和价值观念的教育。

第三节 我国职业启蒙教育的资源支撑

一、搭建职业启蒙教育立体平台

职业启蒙教育基地就是以各种教育资源为依托，以推进职业启蒙教育的顺利开展为目的而选取的相对比较固定的场所。无论是职业启蒙教育专门课程的实施，还是学科课程职业启蒙教育的渗透，尤其是综合实践活动之职业体验教育的开展，都需要一定的实践基地予以支撑。但是，由于我国教育资源分配的不均衡现象，使一些学校和地方没有条件建立职业启蒙教育实践基地。而教育不一定非要拘囿在教室之中，校外、野外、大自然，乃至目之所及，都可以是无形的教育场所和教育资源[1]。在此，需要充分发挥中小学校内资源、职业学校资源和社会教育资源优势，构建立体式的职业启蒙教育平台。

（一）建设校内基地，提供职业体验虚拟环境

校内实训基地是最为直接、最为便捷的活动课程场地。不同的教育阶段、不同的活动课程所适用的实训场地不尽相同。例如，针对小学阶段的综合实践活动或劳动技术课程，为诱发小学生对科学、生命与成长的“好奇心”，可以在校园内开辟一块“小农场”，供孩子们春天耕作、夏天管理、秋天收获不同的农作物，使孩子们在劳动的过程中，不仅探索了“生命成长的奥秘”，还培养了“良好的劳动习惯”，甚至还可以在分享劳动的“果实”中体验“职业成功的幸福感”。针对初中的综合实践活动，一方面可以借助物理、化学、生物等科学实验室，让学生通过观察建筑结构、细胞繁殖、化学反应等自然现象，感受科学家的“工作性质”和“职业伦理”需要；另一方面需要结合学生初中后分流的需求，在校内建立基于工

[1] 凌宗伟. 好玩的教育：学校文化重建五讲［M］. 上海：华东师范大学出版社，2015：3.

程、技术、设计等元素的职业认知实训室，组织部分学生通过虚拟职业元素的感知，打消对职业教育的“恐惧”，激发他们成为技术工匠的热情和动力。针对高中的通用技术、信息技术课程等，可以建设金工实验室、科技长廊、3D打印室等，为学生提供电子元件组装、简易机器人制作、科学探索等活动空间。甚至还可以针对未来高考填报专业的需要，在可能的条件下，在校内实训楼建立汽车、电子、金融、医学、法学、师范、微电影、演讲与口才多种模拟实训室。通过多种类型实训场地的建设，可以为学生提供“多元”的职业体验环境，使其在多次尝试和相互对比中逐步发现自己的职业乐趣和趋向，进而为高三毕业后大学专业的选择奠定基础，铸就美好职业人生的起点。

（二）加强校校合作，借力职业启蒙专业资源

为克服中小学职业启蒙教育资源的有限性，建议普通中小学应加强与普通高等学校、职业院校的衔接与合作，引入专业的课程资源，依托专门的职业实训场地。例如，小学可以与当地的职业学校达成协议，让后者为学生量身定做“综合实践活动”系列职业体验项目，如手工制作、机械制造、趣味化学、装饰绘画、航模、汽车奥秘、趣味电子、网上开店、模拟企业经营等。在实施过程中，依托职业学校的实训场地和师资资源，学生只需在所有项目中选择一个职业项目即可，在集中2天左右的时间内完成一个产品或服务，并接受双方学校的评价。这些职业项目应体现趣味性、专业性、易懂性的特点，既能吸引学生初试体验职业的兴趣，又能以专业性的技术孕育他们早期职业理想的“种子”；同时还可以通过操作的过程培养他们精益求精的劳动精神。初中方面，特别是一些郊区的农民工子弟学校或者非重点高中，可结合学生普职分流的需求，请中职学校根据自身专业的优势，为其量身打造“专业导向”的特色课程，如《动画剪辑》《面点工艺》《模具制作》等，为学生升入相应领域的中职专业提供课程衔接服务。学生在活动式课程的参与中，感受职业的神奇，体验职业的成就感，为接下来专业的选择提供基础。高中方面，针对学生毕业后报考不同学科类别的需要，应分别与文学、法学、理学、工学、医学、农学、教育学、管理学、艺术学等不同学科见长的高校建立合作，从高一到高三渐进式地引进高校的课程资源，为高中生提供专业填报的生涯成长咨询服务，实现从基础教育到专业教育的顺利过渡。

（三）依托社会资源，拓展职业启蒙实践场域

目前社会上的儿童职业体验馆琳琅满目，尤其大城市近些年在悄然升起。例如上海的星期八小镇、北京的世界儿童职业体验馆、广州的碧桂园儿童职业体验中心等，但这毕竟是商业化的职业启蒙教育资源，由于缺乏专业的职业生涯导师引导，因此其“商业”意义大于“教育”意义，更多地适合学生个人去体验。为更好地帮助中小学以集体的名义使用社会职业启蒙教育资源，建议由地方政府组织成立职业体验中心或实践教育基地，执行公益性职业启蒙教育。例如，由江苏徐州市团委、少工委组织成立的“太阳花体验教育基地”，充分利用地方企业、场馆、爱国主义教育基地等社会资源，为辖区内少先队员定期开展“学工、学农、学商、学学、学军”主题体验活动。中小学校可以充分利用这一社会教育资源，与政府机构合作，做好对儿童职业意识的引导，使儿童通过参加手工制作、科技体验、社区服务、职业生活等活动，激发劳动热情，培养良好的劳动习惯和艰苦卓绝的意志品质。针对高中通用技术课程、职业技术课程开设短板的现象，可以借鉴美国区域生涯与技术教育中心的经验，在县区内建立独立的生涯教育中心，如南通如皋市的通用技术教育实验学校。辖区内高中可以充分利用这种学校提供的实训场地、校本课程和师资资源，为学生提供专业性的课程服务，实现对职业的初步感知。此外，中小学还可以借鉴发达国家“职业日”经验，利用“快乐星期五”社团活动等机会，邀请不同职业岗位的学生家长、企业精英，为学生分享相关职业的体验、技能需求和伦理需要，拉近学生与职业的距离。

二、组建职业启蒙教育师资队伍

随着基础教育的改革越发深入，学校越来越意识到，教师是学校得以成功运行的关键要素，教师队伍的建设关乎教育教学质量和效率的提高。[1]

[1] 郑洪雷．中学学习型教师团队建设研究［D］．曲阜：曲阜师范大学，2016.

团队工作模式是一种高效的工作形式，它能促进团队成员间更积极的人际关系和社会支持，也能更好地提高团队成员的心理健康水平，从而有效地达成目标，[1] 因此，需要建立一支专兼职相结合的职业启蒙教育师资队伍。

（一）专职教师为主

专职教师是职业启蒙教育顺利开展的主力军，学校所有教职工人员必须参与其中，分工协作，发挥教师团队的合作力量，实现团队共赢。每所学校至少配备一名专任教师，主要负责指导学生开展职业启蒙教育活动，同时与其他学科教师共同努力，使其他学科教师发挥自身学科的优势，开设多样的职业启蒙教育课程，共同担当指导任务，集思广益，建立协同共进的教师共同体。首先，由于缺乏对职业启蒙教育的正确认识，各所学校缺乏职业启蒙教育专业师资，因此有必要与各高校尤其是师范类高校联系沟通，在高校内开设职业体验教育相关的专业或课程，加强职业启蒙教育教师职前培养，为中小学职业启蒙教育输送专业化的师资力量。其次，为了鼓励更多的教师参与职业体验教育，必须深化教师管理体制机制改革，尤其是教师参与的职业启蒙教育课程需列入职称评聘等考核范围之内，将学生的实践能力划分到教师绩效考核标准中，同时对于知识经验不足的教师而言，设立专门的教师培训机构，有计划地进行职业启蒙教育师资培训活动，提高教师开展职业启蒙的能力。最后，为保障职业体验教师的合法权益，需将职业启蒙教育师资队伍置于与其他学科师资的同等地位，同时将其纳入当地教育师资管理体系，得到国家教师管理机构与社会的公平认可，促进教师队伍的专业发展。

（二）兼职人员为辅

既要发挥专职教师团队的主导作用，又要有兼职人员的全力辅助，探索建立专兼职结合的小学生职业启蒙教育师资队伍。首先，响应国家对工匠精神弘扬的需求，学校可聘请有丰富实践经验的能工巧匠进校园，为学生讲解有关制作流程方面的事宜，与学生分享职业成长的典型经验，吸引学生兴趣，激发学生的崇拜之情，为学生树立职业理想奠定基础，在学生

[1] 唐宗清．教师团队建设的四种途径［J］．思想·理论·教育，2004（12）：54－56.

心中种下职业无高低贵贱之分的种子。其次，相关企业的专业技术人员也可作为兼职人员，学校为企业事业单位和学生之间搭建一座桥梁，开展学生进企业的活动，通过师傅带徒弟的方式，给学生以视觉和听觉的冲击，增强学生的真切感受，发挥专业技术人员的优势。最后，学生家长也是作为兼职人员的一股力量，引导不同职业的家长进校园开展系列讲座，与学生沟通交流自己工作的趣闻轶事，丰富学生的真实感受。对于不同职业类型的兼职人员，学校还要建立健全兼职人员作为职业启蒙教育师资的定期培训机制，不断提高兼职人员的从教能力。

下篇　微观研究

第六章

小学语文教学渗透职业启蒙教育研究

第一节　小学语文教学渗透职业启蒙教育的基础考察

一、小学语文教学渗透职业启蒙教育的价值意蕴

（一）语文是学习生活的基础

《九年义务教育全日制初级中学语文教学大纲（2000 年版）》明确指出："语文是最重要的交际工具，是人类文化的重要组成部分，语文学科是一门基础学科，对于学生学好其他学科，今后工作和继续学习，对于弘扬民族优秀文化和吸收人类的进步文化，提高国民素质，都具有重要意义。"[1] 由此看来，语文作为一门兼具人文性和工具性的学科，是学生学习其他学科、健康快乐成长、在社会上立足的基础。

生活处处有语文，而生活也离不开语文，语文是我们认识世界、面向世界、改造世界的武器。[2] 语文能够培养学生一生中最重要的终身学习的

---

[1] 中华人民共和国教育部．九年义务教育全日制初级中学语文教学大纲（试用修订版）［S］．北京：人民教育出版社，2000.

[2] 傅学忠．语文课在日常生活中的重要性［J］．速读旬刊，2015（3）：84.

能力，使其能够很好地适应如今这个新知识、新技术飞速发展的时代。语文又能丰富学生的人文知识，提高人文素养，使学生的视野更加开阔，使其思维更具创造性，有助于今后的生活和工作获得更好的发展。语文还能够塑造一个人的修养与品格，学好语文能帮助学生将人际交往、处世之道修为一门艺术。

（二）语文是职位胜任的保障

语文是一门服务于其他专业课的基础课，也是伴随、影响一个人一生的一门学科，它可以提高人的理解能力、语言能力、交际能力以及鉴赏能力等。许多成功人士分析他们成功的秘诀，大部分都归功于学生时期学习某篇课文受到的教化和启迪，最终促使他们走向成功。

在语文阅读、交际等知识模块的教学中，教师带着学生一起讲读分析课文、合作与交流，教给了学生理解能力，使其将来能够准确地完成工作任务。课文的阅读和理解，语言文字的运用，赋予了学生语言能力，使其在生活工作中能说出有涵养的话语；口语交际和写作的训练，传授了学生交际的能力，使其在社会中具有良好的人际关系；文学作品的阅读和品析，馈赠了学生鉴赏能力，使其思维更具创造性……种种能力的综合便能塑造出一个能够处理好人际关系、胜任职业岗位、具有发展潜能的人才。

二、小学语文教学渗透职业启蒙教育的“标准”支撑

我国教育部于2001年启动基础教育课程改革，颁布了义务教育20个学科（小学8科，初中12科）课程标准（实验稿）。于2003年开始组织课程标准的修订，2011年3月基本完成修订，出台了《义务教育语文课程标准（2011年版）》（以下简称《标准》）。课程标准是国家基础教育课程质量的主要标志，它统领课程的管理、评价、督导与指导，具有一定的严肃性与正统性。与此同时，《标准》也为小学语文在教学中渗透职业启蒙教育提供了理念支撑和实践指导。

（一）《标准》对职业启蒙教育的理念支撑

《标准》的价值取向发生了改变，转向大众教育，重视学生发展，关注学生的综合素养和健全人格。虽然《标准》中并未明确指出职业启蒙教

育的理念，但在开篇就指出："语文致力于培养学生语言文字运用能力……为学生形成正确的世界观、人生观、价值观……打基础；为学生的全面发展和终身发展打下基础。"同时还指出："语言文字的运用，包括生活、工作和学习中的听说读写活动及文学活动，存在于人类社会的各个领域。"❶这些理念显然与职业启蒙教育的目的具有一定的契合性，在语文教学中使学生认识自我，积极发展自己的个性特点；培养学生在今后的工作中所必需的创新精神和合作精神；形成正确的人生观、价值观，其中价值观也应同时包含学生对职业的了解，形成正确的职业观。

（二）《标准》对职业启蒙教育的实践引导

《标准》从课程理念、课程目标、实施建议等多维度折射出对职业启蒙教育实践的意蕴。在课程基本理念中，《标准》指出，语文课程是实践性课程，"学习资源和实践机会无处不在、无时不有……应该让学生……在大量的语文实践中体会、把握运用语文的规律"；并认为"语文课程应该是开放而富有创新活力的……确立适应时代需要的课程目标"。在课程目标中，《标准》强调应"培养创新精神和合作精神，逐步形成积极的人生态度和正确的世界观、价值观"。在教学实施、资源开发的建议中，《标准》指出，应"充分利用学校、家庭、社区等教育资源，开展综合性学习活动"；在评价建议中，也要求"家长、社区、专业人员等"多元主体参与进来；在教材编写建议中，提出应体现"时代特点和现代意识"。❷可见，《标准》从课程学习资源的角度，为职业启蒙教育资源的引入提供了重要启示；从课程目标生成的视域，为职业启蒙教育价值的实现提供了可能性；从课程参与主体的视角，为职业启蒙教育多元力量的支持提供了策略建议；从教材编写的视角，为新时代职业要素的渗透提供了重要契机。

---

❶ 中华人民共和国教育部．义务教育语文课程标准（2011 版）［S］．北京：北京师范大学出版社，2011：1.

❷ 中华人民共和国教育部．义务教育语文课程标准（2011 版）［S］．北京：北京师范大学出版社，2011.

第二节 小学语文教学渗透职业启蒙教育的教材支持

小学语文教材是小学教学活动的依据，是教师展开语文教学、实现教学目标、完成教学任务的依据。学科教学的渗透，首先需要对学科教材内容进行分析，找到渗透的素材基础，以实现有针对性的渗透。在此，以苏教版小学语文教材为例进行分析。小学语文教师应在教材分析的基础上，引导学生对教材内容进行情感把握、分析归纳、模仿运用、研究拓展，实现对学生知识、能力、思想、方法、习惯等的教育。

《义务教育语文课程标准》将小学语文教学分为“识字与写字”“阅读”“写作”“口语交际”和“综合性学习”五大板块。其中，“识字与写字”主要针对第一学段的学生认字教学，主要培养学生基本的语文基础技能，为将来的阅读与写作打下基础。因此，本研究不针对这一教学素材进行分析。“综合性学习”与其他四个方面不在一个层面，主要体现为语文知识的综合运用、语文课程与其他课程的沟通、书本学习与生活实践的紧密结合，体现方式主要为课堂外的拓展，因此，本研究将这一方面放在后文的课外拓展活动中进行探究。

为此，笔者主要针对苏教版小学语文教材中“阅读”“习作”和“口语交际”三个板块的教材内容进行分析和研究，意图挖掘出教材中可以用于职业启蒙教育的素材。

一、阅读中的职业启蒙教育素材

阅读是语文课程极其重要的内容，阅读教学是小学语文教学的核心部分。苏教版小学语文 12 册教材共选入了 286 篇（以 2015 年修订版的目录为准）课文，以进行阅读教学。笔者对这 286 篇选文中能够运用于职业启蒙教育的素材进行了筛选与分析，主要分为两类：一类是能够运用于发展学生自我认知能力的选文，另一类是能够运用于培养学生职业认识和形成正确职业价值观的选文。经统计，苏教版小学语文课本选文中关注学生自我认知类的选文共有 11 篇，占总篇数的 3.8%；涉及职业认知的选文共 45

篇，占总篇数的15.7%（见图6-1，表6-1）。

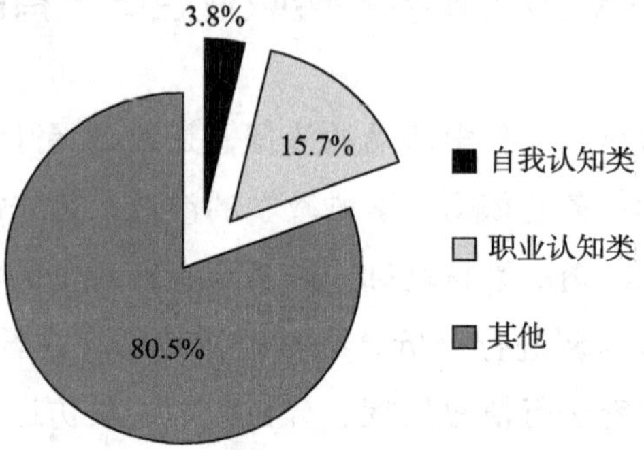

图6-1　阅读文本渗透职业要素类型比例

表6-1　阅读文本渗透职业要素具体分类统计

教材册次	自我认知类	职业认知类
一年级上册	《人有两个宝》	《我叫神舟号》
一年级下册	《小松树和大松树》《我是足球》《三个小伙伴》	《骑牛比赛》《吃水不忘挖井人》
二年级上册	《青蛙看海》	《一株紫丁香》《有趣的是发现》《梅兰芳学艺》《孔繁森》
二年级下册	《谁的本领大》	《“黑板”跑了》《晚上的“太阳”》《“闪光的金子”》
三年级上册	《掌声》	《世界上第一个听诊器》《石头书》《军神》
三年级下册	《我应该感到自豪才对》	《菩萨兵》《大作家的小老师》
四年级上册	《一路花香》	《老师，您好》《维生素C的故事》《徐悲鸿励志学画》《说勤奋》
四年级下册	《我不是最弱小的》	《最佳路径》《永远的白衣战士》《黄河的主人》
五年级上册	《海伦·凯勒》	《装满昆虫的布袋》《师恩难忘》《陶校长的演讲》《高尔基和他的儿子》
五年级下册		《天火之谜》《诺贝尔》《梦圆飞天》《爱因斯坦与小女孩》《大江保卫战》

续表

教材册次	自我认知类	职业认知类
六年级上册		《把我的心脏带回祖国》《船长》《小树和大树》《轮椅上的霍金》《钱学森》《詹天佑》《鞋匠的儿子》《学与问》
六年级下册		《夜晚的实验》《学会合作》《天游峰扫路人》《莫泊桑拜师》《理想的风筝》

从图 6－1、表 6－1 中可知，教材中所选的自我认知类的文章数量较少。自我认知类的文章着重在于帮助学生正确认识自己的特点、长处和本领，树立正确的人生观、价值观，正确地看待自己。例如《谁的本领大》等文章，教导学生每个人都有自己的长处与本领，应该正确看待自己；《一路花香》等文章则宣扬每个人都应正确看待自己的特点，树立正确的人生观、价值观。这些课文帮助学生探寻自身的特长与本领，并引导学生正确看待自己的特点与能力，使学生的自我认知得到有效的提升。

就渗透职业的种类而言，教材中不仅有平时常见的类型，如解放军、教师、医生、护士等，还有学生了解较少的职业如《石头书》等文章中提到的勘探员等特殊职业，这类教材能够帮助学生拓宽其职业种类认识的知识面。选文不仅涉及了国家领导人、作家、科学家等学生心中高尚伟大的职业，还有文章赞扬水电修理员、扫路人等普通职业岗位上的人物精神。例如《鞋匠的儿子》一文中提到美国总统林肯的父亲是一名鞋匠，从而宣扬人人平等、不分贵贱的正确观念，这同时也可以引导学生树立职业平等的正确价值观。《陶校长的演讲》一文明确指出，学生应从小树立正确的工作意识，为将来步入社会打下基础。遗憾的是，教材中选文多是在赞扬某职业岗位上的人物的崇高精神，而直接培养学生职业意识的选文是极少的。

二、写作中的职业启蒙教育素材

写作在小学语文教学中占有重要位置，是学生认识自我、认识世界、进行创造性表述的过程，是学生运用语言文字表达自我和与他人交流的重要方式。[1]《义务教育语文课程标准》将第一学段的写作教学定位于“写话”，第二学段定位于“习作”。第一学段的教材中并没有独立的写作专题，因此本部分将重点对第二学段的教材中的习作素材进行探究。

从小学三年级起，语文教材中的习作为每学年16次左右，即每单元一次习作的要求。每次习作教材中都会提出一个主题，要求学生根据教材的要求进行习作训练。经统计，发现三、四年级均有一次习作主题为自我认识方面的习作要求。三年级上册《我的自画像》以及四年级上册要求写自己本领和长处的习作都要求学生对自身的特点、优点、能力等方面有很好的了解，可以帮助学生更好地认识自己。

尽管小学语文教材中没有直接以职业为主题的习作，但笔者从教材的习作中却也挖掘出了可以用于职业启蒙教育的一些素材。例如，五年级下册中要求学生写一篇新闻报道，写作前学生需要进行信息的采集，然后编写报道，这可以让学生了解记者这一行业的工作内容，并能够初步体验记者工作，培养学生的职业兴趣。又例如，六年级上册中要求学生采访各行各业的名人完成一篇习作，这样的习作不仅能让学生直接接触各种职业类型，而且能让学生明白各种行业都可以有杰出人物，从而使学生形成正确的职业价值观。

三、口语交际中的职业启蒙教育素材

口语交际是运用自己的口头语言和适当的表达进行思想感情交流的一种语言活动。口语交际教学是义务教育语文课程的重要组成部分，苏教版小学语文12册教材中每一单元结尾都安排了口语交际的训练。笔者从中挖掘出了能够用于职业启蒙教育的素材，并将这些口语交际素材按照自我介绍式、情景创设式、角色体验式等类型进行归类，具体如表6-2所示。

[1] 王金华．小学作文教学中语言表达能力培养［J］．软件：教学，2015（8）：54.

表 6–2 口语交际文本渗透职业要素具体分类统计

教材册次	自我介绍式	情景创设式	角色体验式
一年级上册	自我介绍		
二年级上册	我长大了做……		
三年级上册		小小展销会	
四年级下册			学做节目主持人
五年级上册		小小新闻发布会	健康小顾问
五年级下册	畅想未来		
六年级上册			学习采访
六年级下册			我来当导游

根据笔者的深入分析，这些口语交际素材都不同程度地为学生的自我认知、职业认知的培养创造了很好的条件。例如，在介绍式口语交际方面，一年级上册中“介绍我自己”要求学生能够对自己的爱好、兴趣、能力等方面有很好的了解，有助于促进学生自我认识意识的提高。二年级上册中以“我长大以后想成为……”为主题的口语交际，要求学生说出自己的理想职业，这要求学生明确自己的职业兴趣，是对学生进行职业启蒙教育的直接素材。

而情景创设式以及角色体验式口语交际，则在小学语文口语交际教材职业渗透中占较大的比例，如“小小展销会”“学做节目主持人”等。对于这两种类型的教学，教师在实施过程中都应该给学生创设很好的口语交际情境，让学生扮演其中的各种角色，使学生进行口语交际训练的同时也能够体验职业角色，对一些职业有初步的了解，培养学生的职业兴趣，从小树立职业意识。

第三节 小学语文教学渗透职业启蒙教育的问题审视

研究使用访谈法和课堂观察法收集数据。其中，访谈能够与一线的小学教师有更深入的交流，笔者能够有机会走进教师的内心，了解他们对于职业启蒙教育真正的感受以及他们的思想观念。课堂观察是笔者带着明确的目的，走进真实的小学语文课堂，通过观察得到最真实的情况。小学低年级主要以识字教学为主，因此，笔者意图将职业启蒙教育渗透的研究重点放在小学中高年级。

为此，研究以江苏省苏州市 XK 中心小学为个案。首先通过访谈法，笔者分别与三名四年级以及三名六年级不同学历、教龄的小学语文教师探讨有关语文备课及上课等的问题，意图了解小学中高年级语文教师备课、上课时需要考虑的因素。而后，为了了解更加真实的小学语文课堂现状，笔者又分别走进小学四年级以及六年级的课堂，对小学中高年级语文课堂教学现状进行实地考察。通过对访谈和观察所得信息进行整理归纳，得出小学语文教学渗透职业启蒙教育的现状。

一、课前准备：职业启蒙素材挖掘不足

一节语文课从教师的备课开始，充分备课是上好课的首要前提。为了保证一节课的质量，使其得到良好的效果，教师必须在课前认真筹备和精心设计。总结六名教师的讲述内容发现，小学语文教师在备课时主要关注的内容基本相似：第一，教材本身所蕴含的知识，如课文中的生字词、课文主要内容与结构、写作特点，以及文章所表达的情感态度、价值观等；第二，学生的特点，如学生本身现有的知识水平、兴趣爱好等；第三，教师教学的计划，如一节课的教学目的、教学内容、教学手段等。随着年级的增长，教学方式必定会发生变化，主要是因为学生知识水平以及身心发展的变化产生，教师会根据学生的变化，对教学方式做出相应的改变。

通过与教师访谈交流，发现教师在备课过程中一般只注重语文基础知识与技能的教学，对于文本的解读往往只浮于教材表面，缺乏从新的角度挖掘课文中其他知识素材的创新意识，例如对职业知识、职业价值观等方面的解读。

此外，教师本身的职业启蒙教育的意识是浅薄的。经调查，教师在职前及职后的培训中都未涉及过对学生进行职业启蒙教育的理念，因此几乎没有教师会有意识地在语文课中提及职业知识。

二、课堂教学：职业启蒙素材引导缺位

小学中高年级的语文常规课文一般分为两到三个课时：第一课时主要解决最基本的学习生字词和朗读课文这类基本的语文基础知识；第二、三课时解决文章的主题思想，及其所表达的情感态度、价值观，这是一节课的重点与难点。作为一名有经验的教师，在课堂上正确灵活地引导学生把握住课文的中心思想，透彻地理解文章情感不是一件难事，然而教师往往缺乏从独特的角度尤其职业的视角去分析课文的意识。

以苏教版小学语文四年级下册中的一篇课文《永远的白衣战士》为例，这篇课文赞扬了护士叶欣在抗击“非典”时期所表现出来的舍己为人、无私奉献的崇高精神品质。从笔者的课堂观察发现，教师仅仅只是结合着课文中的内容，分析叶欣的高尚形象，赞扬她的高尚品质。然而却忽略了叶欣本身的职业，脱离了护士这一职业本身的职责去分析，也没有关注学生对该职业的认识和了解程度，更没有关心是否有学生对这一职业感兴趣，因而错失了可以向学生进行职业启蒙教育的机会。与此同时，笔者通过课堂观察还发现，如今小学语文课堂教学缺乏课本知识与现实生活实际多方面知识的联系，没有将课文中出现的职业角色放入学生的生活中去探讨交流。由于教师没有对课文的多角度挖掘，语文课堂往往错失引导学生掌握基本的职业知识的最有效时机。

三、课外拓展：职业启蒙素材延伸缺失

语文教学不仅限于课堂教学，如今还提倡综合性学习，这要求语文教师能够组织一些与语文教学内容有关的课外教学活动，例如让学生排演话剧、组织一些有意义的公益活动，等等。然而根据笔者的观察，尽管教师在课外教学中组织了语文教学活动，但在活动的组织及进行过程中并没有利用好机会有意识地渗透职业启蒙意识。

例如在笔者以实习教师身份参与的一次六年级学生排演课本话剧的活动中，学生主动要求当导演，但其语文老师仅仅关注的是饰演语文课本中人物的学生的排演情况，完全没有关注到导演这个角色，学生也不知道导

演应该有哪些具体的职责，最后导致的结果就是这个学生在排演过程中完全没有起到任何作用。其实，如果教师能够重视学生扮演的导演这个角色，正好迎合学生的兴趣，帮助学生了解这个职业，通过体验了解该职业的职责，感受该职业意义，这也是对学生进行职业启蒙教育很好的机会。

学生课外知识的拓展方式还有很多种，例如教师会让学生在课外查阅一些与课堂教学内容有关的资料，包括文章作者的背景，课文中提到的一些新技术、新知识等信息，但是教师几乎没有让学生去查找过有关某些职业信息的资料。此外，一些有心的教师会每周安排一节阅读课，学生可以自带一些自己喜欢的书籍来看，以增长课外知识。教师一般会推荐学生看一些作文书或者一些名著，但学生所看的书籍是否适合学生，学生应该如何选择和阅读书籍，教师并没有做详细的指导。教师能够积极地组织课外教学活动，但并不能真正有效地使这些活动起到很好的作用，不免让人感到遗憾。

第四节　小学语文教学渗透职业启蒙教育的路径选择

实施小学生职业启蒙教育的重要前提是小学教师有较强的职业启蒙教育意识。首先，教师应该明确教育的最终目标是使学生更好地走进社会、适应社会，教师应该认清教育与职业的关系。其次，教师应该明确职业启蒙教育的重要性，以及实施职业启蒙教育的必要性，从而实施有效的职业启蒙教育。笔者将针对我国职业启蒙教育的实施现状，提出一些在小学语文教学中渗透职业启蒙教育的有效途径。

一、课前设计：职业启蒙素材的深度挖掘

教师和学生一样都是一名普通的读者，但是与学生相比较而言，教师受过专门的训练，并且有着丰富的阅读经验与文化积累，因此教师是一名更为熟练的读者。为了在小学语文课堂中渗透职业启蒙教育，需要教师更新陈旧观念，从不同的角度去分析解读教材，挖掘出适合对学生进行职业启蒙教育的素材，然后进行有效的教学设计。

（一）贯穿教材文本，循序渗透职业启蒙教育

小学语文教师除了阅读所教年级教材以外，还应阅读其他年级的语文教材，从宏观的角度去把握语文教材，以此对在语文教学中渗透职业启蒙教育有一个有序、整体的设计，明确在每个学段、每一册教材中学生所要达到的认知目标，使各个学段之间有较好的衔接与过渡。

例如，在自我认知方面，在一年级上册口语交际“自我介绍”中要求学生对自己的兴趣爱好有初步了解，在二、三年级的课文《谁的本领大》《我应该感到自豪才对》等文章中教会学生发现自身的特长和本领，在四年级《一路花香》等课文以及习作《自己的长处》中帮助学生正确地看待自己的能力以及树立正确的人生观，使学生在成长过程中循序渐进地认识自我，从而形成自我认知能力，形成正确的人生观、价值观。

（二）挖掘职业要素，设计职业渗透教学环节

小学生的语文能力及综合素质在很大程度上都依赖于语文教师的培养，要想保证小学语文的教学质量就必须进行科学合理的备课。有效地在语文课堂中渗透职业启蒙教育依赖于教师课前对文本的解读和课堂教学环节的设计。首先，教师应深入挖掘文中的职业要素；然后，教师应设计通过这些职业要素培养学生的什么素养。

例如，《梦圆飞天》中宇航员是许多学生向往的职业，但学生对该职业的了解甚浅。教师首先应充分挖掘素材，在课文中找出宇航员的职责，以及一名合格的宇航员应该具备的职业精神，并思考在教学中需要引导学生学习宇航员的哪些职业精神。设计教学环节要循序渐进，首先让学生在课前查阅更多有关宇航员的资料加深职业认识；接着，在学生了解宇航员职业以及其职责后，结合自身的特点，了解自身是否具备宇航员所需的职业素养；然后，教师可以有意识地引导学生朝着这个方向发展，培养学生具备宇航员所必需的精神，让学生能够更有目标性地提升自己。

二、课堂渗透：职业启蒙教育的教学融合

要使小学语文课堂成为小学生职业启蒙教育的阵地，小学语文教师必须有意识、有目的地在语文课堂教学中组织有关职业启蒙教育的教学活

动。笔者在本论文中将语文课堂教学分为三大板块，分别提出了有效的渗透职业启蒙教育的途径。

（一）阅读教学渗透

1. 强化语言文字的理解运用，实施自我认知教育

苏教版教材中有关自我认知的课文比较少，其培养学生自我认知能力的意图也都潜藏在课文的字里行间，因此需要教师在教学中抓准字、词、句，结合听、说、读、写的训练，借助扎实有效的语言文字教学活动，在语言文字的理解和运用中进行自我认知教育。读是阅读教学中最重要的训练，教师应抓住文中重点的词、句、段落引导学生读课文，让学生在读中体会作者字里行间所表达的思想感情。

例如教学《我应该感到自豪才对》这篇课文，可采取以读为主的方法，要求学生在读中理解、感悟。在读的过程中都要有明确的要求，有感情地朗读，带有思考地默读，在读中悟出文章想要表达的思想：每个人都有自己的长处和本领，一定要全面地认识自己，从而培养学生的自我认知能力，使其对自己产生更详尽、更正确的认识。

2. 语文课堂联系学生实际，渗透职业认知教育

在语文课堂教学中，教师要充分利用教材中的职业启蒙素材，找准职业启蒙的切入点，结合学生原有的知识水平和学生兴趣特长等，渗透职业认知教育。

第一，结合学生原有的知识水平渗透。当课文中涉及学生所熟知的职业类型如教师、医生等时，教师可以引导学生结合生活实际相互交流自己对该职业和该职业工作职责的认识等在此过程中或许能够引出学生对某一种职业的兴趣。例如，《世界上第一个听诊器》一文中涉及了医生这一职业，学生对其有一定的认识，教师可以让学生谈谈自己对医生这一职业的初步认知，然后再结合文中医生的职业精神，渗透职业启蒙教育，加深学生对医生职业和职责的了解。对于学生接触较少的职业，教师可以安排学生课前查阅相关资料，进而通过课上师生共同交流的方式，进行职业认知教育。

第二，结合学生自身的兴趣特长渗透。在课文教学中，教师可以请对

文中职业有兴趣、了解较多的学生，结合文章内容，在班级中倾吐出自身的感受，说说该职业的意义，以培养全体学生的职业价值观，增强学生的职业向往。《师恩难忘》《理想的风筝》都表达了作者对教师的敬佩之情以及教师的伟大职业精神，教师可以在课堂中设计让学生结合生活中对教师职业的认识，畅谈对教师职业的了解，表达对教师精神的赞美之情，使对教师职业有兴趣的学生对此职业有更强的职业向往。

（二）写作与口语交际教学渗透

语言有两种形态，即口头语言和书面语言。口语交际与写作这两种表达与交流方式是小学语文教学的重点内容，也是小学生认识自己、认识世界的两种重要途径。

1. 写作前指导，充分利用职业启蒙教育机会

在写作教学中渗透职业启蒙教育主要可以安排在写作前的指导上，而为了体现学生写作的自主性，写作前的指导可以建立在口头语言表达的基础上，让学生在交流写作思路、写作素材的过程中，产生自我认知，增强职业认知。

例如，就三年级习作“自己的长处”的写作前指导，教师可以组织一个口语交际活动——班级交流会，让学生先说说自己的长处，然后同学之间相互说说对方的长处，使学生在自我评价和相互评价中发现自己的长处，对自己产生正确、深入的了解。这不仅能使学生写作内容更加充实，还能帮助学生自我认识，正确地看待自己，产生正确的人生观、价值观。

2. 创设情境，在口语交际中进行职业体验

让学生带着生活经验与感受走入语文课堂，带着语文课堂的收获与感悟走向社会生活，最有效的方法是创设教学情境。[1] 口语交际中情境创设类、角色体验类训练，能够直接应用于职业启蒙教育，让学生对某些职业直接地体验，加深学生对职业的认识。教师应该充分利用口语交际的题材，为学生创设良好的情境，组织学生进行口语交际训练，增加学生进行职业体验的机会。

---

[1] 杨丽娟. 创设情境在小学语文教学中的作用［J］. 学生之友：小学版，2012（1）：72.

例如三年级上册中《小小展销会》的教学，教师可以先与学生交流认识推销员这一职业以及其工作职责，然后在班级内组织一个小小的展销会，让学生扮演推销员，使学生能够体会展销员工作的职责，体验活动结束后可以让学生谈一谈对这一职业产生的新认识、新感受等，从而感悟这一职业的意义。这一类教学方式，不仅能够帮助学生更好地认识职业类型，同时也能培养学生的职业价值观。

三、课外拓展：职业启蒙教育的效果强化

语文教学不仅限于课堂上教师的教授，课外拓展更是学生巩固知识、升华知识的重要途径，因此，小学语文教师同样可以在语文的课外拓展中进行职业启蒙教育的强化。此处，研究将课外拓展分为课外阅读和语文课外活动两大部分，在其中渗透职业启蒙教育。

（一）拓宽阅读，延伸职业启蒙素材

课外阅读是小学语文教学中实施职业启蒙教育的途径之一。学生的课外阅读是一个由一系列心智活动和行为，如感知、思考、推理、想象等共同参与的过程，此外，还需要有学生的阅读需求动机、兴趣和态度等各种意向的渗透。由此看来，课外阅读对学生意志、性格、特征的发展也有一定的帮助。教师应该积极开展内容丰富、形式多样的语文课外阅读活动，结合不同学生的年龄特征、兴趣爱好等实际情况，向他们推荐适合的读物，并且进行有效的阅读指导，使每个学生都能在阅读中获得知识、提高能力、促进自身发展。

例如，我国第一本指导孩子职业规划的书《给孩子的趣味职业书》从孩子不同的个性特点和特长出发筛选了五大类80种职业，教师可以指导学生根据自己的不同特点进行阅读，这是课堂之外渗透职业启蒙教育不错的选择。

（二）开展活动，促进职业意识内化

语文课外活动是语文教育组成部分，将课堂内外职业启蒙教育做到有机结合，对学生进行职业启蒙教育会起到事半功倍的效果。语文课外活动丰富多样，例如举办演讲会、辩论会等，这些活动形式生动活泼，很受学

生的欢迎，在其中穿插职业知识内容，能够有效地丰富学生的职业知识。

课外活动的设计需要贴近学生生活。例如，可以组织事业成功名人调查访问活动，让学生小组合作，选择学生自己认为在事业上有成就的人士，对他们进行采访，了解他们的工作、成功的经历。通过此类活动，让学生能够更深入地了解一种职业及其职责，以及只要付出努力就能在任何职业中都能获得成功的正确职业价值观。通过这些活动渗透职业启蒙教育，把语文能力训练与职业意识培养有机结合起来，使学生能够进一步了解不同职业类型和职责以及该职业存在的意义，从而形成正确的职业价值观。

第七章

小学数学教学渗透职业启蒙教育研究

第一节　小学数学教学渗透职业启蒙教育的基础考察

一、小学数学教学渗透职业启蒙教育的价值意蕴

（一）生活问题解决需要数学知识

数学是人们生活、劳动不可或缺的工具，数学源于生活，同时又服务于生活，我们生活在一个数字的社会中，生活处处离不开数学。马克思曾说过："一切科学只有在成功地运用数学时，才算达到真正完善的地步。"❶数学作为一种科学语言，它能够帮助人们收集、整理、描述信息，从而有利于解决实际问题，不断丰富我们的生活，为人类社会创造最大价值。

生活中有大量问题需要数学提供解决方案，正如华罗庚所说："数学是一切科学得力的助手和工具。宇宙之大，粒子之微，火箭之速，化工之巧，地球之变，生物之谜，日用之繁，无处不用数学。"❷ 当数学介入经济学，使得经济学发生了翻天覆地的变革，1969~1990 年获得诺贝尔奖的 27

---

❶ ［法］保尔·拉法格．回忆马克思恩格斯［M］．马集，译．北京：人民出版社，1973：7.
❷ 王元，陈德泉．华罗庚科普著作选集［M］．上海：上海教育出版社，1984：337.

位经济学家，其中14位获此殊荣是因为提出和应用数学方法于经济分析之中[1]，这说明数学知识确实能帮助我们解决很多难题。当然不仅仅经济学会应用到数学知识，在日常生活中，当我们购物的时候，数学知识无形中在帮助我们做出最佳选择。例如，当经营者为了达到宣传的效果时，往往会提供多种促销方式或付款方式，这时我们就要三思而后行，运用自己脑海中的数学知识做出明智的决定。小学生平常或多或少接触真实社会，我们通过数学的教学，使得学生将知识用于实践，体会数学“从生活中来，到生活中去”，从而打破数学与生活的界线，增加学生学习数学的兴趣。

（二）职业岗位胜任需要数学素养

进入21世纪以来，特别是科学技术的迅速发展不仅对人才的数量、规模提出需求，而且对人才的结构、质量、素质以及能力不断提出新的要求，按照过去的标准来衡量，学生已经无法满足社会的要求了，这就需要教育立足于学生的长远发展，不断提高学生将来工作所需的各方面素养。

数学是一切重大技术发展的基础，离开数学人们几乎寸步难行。人的素质与数学教育也是息息相关的，数学教育影响着学生的素质，数学不仅是一门科学，也是一种文化、一种素质。数学在培养学生的问题意识、应用意识、创新意识，以及提高人的推理能力、抽象能力、想象力、创造力等方面都有着独特的作用，[2] 这些都是职场所需的素养。数学不仅仅培养我们的计算能力，数学的理论、方法也包含很多哲理，比如，解题后代入验证可以培养学生做事严谨的作风；反证法可以教会学生看待问题从不同视角出发；归纳法可以告诉学生解决问题的推论方式，这些隐性内容，在无形中影响着学生的思维，培养着学生的能力。学生在学校学习的时间是有限的，我们不能期望他们的学习内容越来越多，只有精选出满足学生需要、促进学生未来发展的内容。或许当学生走出校门、踏入社会后，随着时间的推移，在校时所学的数学公式、定理会慢慢忘记，但是通过数学训练培养出来的特殊素养，诸如数学思想、方法、逻辑思维能力，都能够在

---

[1] 肖川．义务教育数学课程标准（2011年版）解读［M］．武汉：湖北教育出版社，2012：20.

[2] 詹国梁．论数学精神及其教育价值［J］．教育发展研究，2001（11）：74－76.

工作中发挥重要的作用，保证学生日后的学习、生活、工作，依然可以受益于校园里培养出的能力。此外，学生日后遇到任何问题，尝试从数学角度分析，通过严密的逻辑推理、周密的思考，处理问题条理会更加清晰，思考问题会更加严密，这对促进一个人综合素质的提高起着决定性的作用。同时，数学严谨、求真的特点对于塑造学生认真、正直、追求真理、实事求是的品格有着不可小觑的推动作用。

二、小学数学教学渗透职业启蒙教育的“标准”支撑

21 世纪的今天，课程的学习不再是单纯的知识传递，学生综合能力的培养变得越来越重要，重视、关注学生的现实需要和未来发展是每一个教育者、每一门课程都要做到的，小学数学课程同样希望满足学生未来的发展。

课程标准的确立不仅与数学有关，而且与社会文化、学生发展的需要、科学技术发展的水平等有着密切的联系。[1] 同时，课程标准也越来越适应社会对数学知识和数学素养的需求。2001 年 7 月，《全日制义务教育数学课程标准（实验稿）》的颁布拉开了基础教育课程改革的序幕，我国全新的数学教育理念应运而生。基础教育数学课程历经十余年的改革，引起了无数专家、学者、教研员、教师、学生乃至社会各界的关注、思考，在听取各界意见之后，凝结了无数人心血与智慧的《义务教育数学课程标准（2011 年版）》（以下简称《标准》）终于在 2011 年出台了。依附新版的数学课程标准，为我们在数学课程教学中渗透职业启蒙教育提供了支撑和指导，更有利于开启职业启蒙教育的大门。

（一）《标准》对职业启蒙教育的理念支撑

《标准》较之《全日制义务教育数学课程标准（实验稿）》在教育教学理念上发生了巨大的变化，从课程目标、课程内容、实施建议等方面做了具体阐述。《标准》中对于职业启蒙教育虽然没有明确的提出，但是它的基本理念支持了职业启蒙教育的开展。正如《标准》中在阐明数学课程

[1] 马云鹏．小学数学教学论［M］．北京：人民教育出版社，2012：38.

性质时明确指出，“义务教育阶段的数学课程是培养公民素质的基础课程……能为学生未来生活、工作和学习奠定重要的基础”，❶ 这个理念与职业启蒙教育的最终目的不谋而合，“数学与人类发展和社会进步息息相关，它广泛地应用于社会生产和日常生活的各个方面”，这也是职业启蒙教育有必要在小学数学中开展的原因之一，并且《标准》中要求课程内容不仅要反映数学的特点，也要反映社会的需要，只有当我们的努力能够切实地帮助学生成为幸福人生的创造者，美好社会的建设者，教育才真正体现其价值追求。

数学课程的基本理念是致力于“人人都能获得良好的数学教育，不同的人在数学上得到不同的发展”。❷ 我们应该如何全面地理解这个基本理念呢？首先，学习数学课程的主体是“人人”，即所有学生，而不仅仅是少数学生；其次，数学教育应该在符合学生身心发展规律的基础上，使得学生接收的知识既满足未来社会发展，又满足个人发展；最后，数学课程要适应每个学生的个性发展，也就是说数学课程在培养全体学生基本数学素养的同时，也要给学生的发展留有一定的空间，满足他们不同的生活背景、兴趣爱好、发展需求。我们在追求数学教育价值最大化的过程中，需要做的不是评判数学中哪些知识具有价值，而是去思考和选择对于学生发展来说更有价值的知识，以利于他们今后的学习、工作。❸

《标准》建议学习评价不仅要关注学生数学学习的水平，也要重视学生在数学活动中表现出来的情感与态度，帮助学生认识自我。❹ 正如“人心不同，各如其面”，每个学生都有自己特点，然而学生是否可以清楚认识到自己的特点？这是个简单而又复杂的问题，因为每个学生都有四个自我，即生理自我，如性别、相貌；心理自我，如性格、兴趣、爱好、能力

❶ 中华人民共和国教育部．义务教育数学课程标准（2011 年版）［S］．北京：北京师范大学出版社，2011：1.

❷ 中华人民共和国教育部．义务教育数学课程标准（2011 年版）［S］．北京：北京师范大学出版社，2011：2.

❸ 雷玲．小学数学名师教学艺术［M］．北京：华东师范大学出版社，2012：203－204.

❹ 中华人民共和国教育部．义务教育数学课程标准（2011 年版）［S］．北京：北京师范大学出版社，2011：2.

等；理性自我，如思维方式、道德水平等；社会自我，如在社会中扮演的角色，在社会的责任、义务等。❶ 学生正确地认识自我是职业意识的基础，职业启蒙教育目的就是通过启发学生职业意识，在了解职业的过程中不断增加对自己的认识，以便更好地为职业规划奠定基础。

（二）《标准》目标要求与职业启蒙教育的契合点

数学课程目标更多的是立足学生的发展，从学生日后步入社会的实际需要出发，既要适应学生的发展水平，也要通过数学学习促进学生的发展。《标准》将义务教育阶段数学课程目标从知识技能、数学思考、问题解决、情感态度等四方面具体阐述了数学的内涵和外延。《标准》的总目标中提出，希望通过义务教育阶段的数学学习，学生可以有以下三方面的提高：①获得适应社会生活和进一步发展所必需的数学基础知识、基本技能、基本思想、基本活动经验；②体会数学知识之间、数学与其他学科之间、数学与生活之间的联系，运用数学的思维方式进行思考，增强发现和提出问题的能力、分析和解决问题的能力；③了解数学的价值，提高学习数学的兴趣，增强学好数学的信心，养成良好的学习习惯，具有初步的创新意识和实事求是的科学态度。❷ 从本质上来说，这三方面与职业启蒙教育思想都有着千丝万缕的联系。

未来职业的选择是生活和人生取得进一步发展的重要途径之一。小学教育处于人生教育旅程中的初级阶段，小学生的知识建构还未成型，对于自己人生的职业规划还处于起点阶段，数学中蕴涵的这些知识、技能、思想、经验都将有利于学生未来的社会生活以及职场发展。相比《数学课程标准（实验稿）》的基础知识、基本技能，“双基”调整为“四基”是此次课程标准对数学教育的思考和实践不断走向深入和成熟的标志之一。“双基”只重视基础知识和基本技能的传授，片面追求基础知识的记忆与掌握、基本技能的操演与熟练，无法完全体现出指导学生工作、生活的数

❶ 方莉．生涯规划在高中政治课教学中的渗透探究［J］．中学政治教学参考，2011（Z1）：121－122.

❷ 中华人民共和国教育部．义务教育数学课程标准（2011 年版）［S］．北京：北京师范大学出版社，2011：7.

学价值观。学生一边获得知识、技能，一边在“做中学”，通过参与数学活动，培养发现、分析、解决问题的能力，这都是职场中必不可少的能力。再者，学生创新能力、实事求是态度的培养，这些都在观念层面上反映了职业启蒙教育的必要。创新能力是一个民族不断发展、不断进步的灵魂，是国家兴旺发达的不竭动力，实事求是是职业态度应有的基本准则，这些能力的建设都潜移默化地为小学生将来职业选择、职业规划等方面打下了坚实基础，对于学生未来职业发展有着重要意义。“四基”在为学生可持续发展奠定基础的同时，无形中也对教师提出了更高的要求。

渗透于小学数学的职业启蒙教育需要明确的目标，否则就成为难以企及的“理想”。小学阶段只是迈进数学大厦的第一层阶梯，小学数学的学习毕竟不是以职业启蒙为目的，之所以将职业启蒙渗透到数学中来，关键是它的思想对小学生了解、掌握数学知识，形成数学兴趣，明晓学习数学的意义至关重要。在勾画职业启蒙教育的目标时，小学数学中的职业启蒙目标不宜定位太高，应根据学生的发展水平设立不同层次的目标，把握合适的度。

第二节　小学数学教学渗透职业启蒙教育的教材支持

教材有广义和狭义之分。广义的教材是指教师在教学中所使用的教科书和配套的练习册、活动手册、教师用书、相关读物以及各种教学实物等。狭义的教材主要是指教科书。本研究中所指的是狭义概念上的教材，即教科书。教材内容是国家意志力、文化传承、学科发展水平的重要表现，作为数学教与学内容的基本载体，数学教材在数学教学中具有不可替代的重要功能，小学数学教材的地位与作用尤为突出，小学师生对其具有很强的依赖性[1]。教材通常以《标准》规定的课程目标和教学要求为依据编写而成，它是实施课程标准的重要载体，同时也是教师教学和学生学习

[1] 邝孔秀，宋乃庆．新课程背景下的小学数学双基教学：现状与反思——基于“国培计划”小学数学骨干教师研修班的调查［J］．课程·教材·教法，2013（2）：66－70.

的重要内容与手段，在实际教学中占据着不可忽视的重要作用。因此职业启蒙教育的学科渗透离不开对教材的依托，通过对数学教材中职业启蒙素材的挖掘，可以为职业启蒙教育的开展提供一定的现实基础。

根据课程标准的要求，小学数学教材按“数与代数”“图形与几何”“统计与概率”“综合与实践”四个板块由易到难、由简单到复杂进行安排。本研究以苏教版教材为例，选取苏教版1～6年级小学数学教材共12册，旨在通过文本分析法，梳理出职业启蒙素材的整体分布与具体分布情况，进而为教师在数学教学中渗透职业启蒙教育奠定基础。苏教版小学数学教材版式新颖，风格活泼，色彩明丽，采用图文并茂的设计，给人以感官上的刺激，能够充分引起学生的注意，激发学生的兴趣，调动学生的积极性，教材中许多教学内容贴近社会现实和学生生活实际，都蕴含丰富的职业启蒙教育素材。

一、职业启蒙教育素材整体分布

在统计教材蕴含职业要素的素材时，主要从职业主体、职业动词、职业场域、职业对象四个维度着手。职业主体即职业角色，根据《中华人民共和国职业分类大典》将我国职业归为8个大类，66个中类，413个小类，1838个细类，研究中整理的职业主体都符合分类标准，如医生、营业员、运动员、数学家、农民、银行职员、建筑工人、银行员工、养殖业人员、交警等；职业动词是表示有关职业的动作、行为、心理等，如买、种、拔、看（病）、搬、做（衣服）、制造；职业场域是指实践的社会空间，是参与社会工作的主要场所，如商场、菜园、果园、商店、超市等；职业对象是指职业的核心工具、手段或产品，如水果、蔬菜、文具盒、树苗、金牌、玻璃杯、热水瓶、书本等。在统计过程中，并不是所有出现以上词语的都进行整理，例如一年级下册第四页的蜡烛，虽然作为职业对象，但它只是用于生日的，不是出现在卖蜡烛或是制造蜡烛的职业场域，对其就不进行统计。

（一）学段分布

《义务教育数学课程标准（2011年版）》将小学数学分为两个阶段，

即第一学段（1～3年级），第二学段（4～6年级）。每个学段教材中职业启蒙教育素材以及不同年级的素材数量统计结果如表7－1、图7－1所示。

表7－1　各学段职业启蒙教育素材统计

学段	册数	小计1	小计2	百分比
第一学段	第一册	17	2.79%	47.38%
	第二册	51	8.36%	
	第三册	50	8.20%	
	第四册	43	7.04%	
	第五册	75	12.30%	
	第六册	53	8.69%	
第二学段	第七册	65	10.66%	52.62%
	第八册	42	6.89%	
	第九册	69	11.31%	
	第十册	23	3.77%	
	第十一册	60	9.83%	
	第十二册	62	10.16%	

注：小计1为每一册中涉及职业启蒙教育的素材数量，小计2为每一册中职业启蒙教育素材占全部数量的比例，百分比为第一学段（1～3年级）、第二学段（4～6年级）占全部数量的比例。

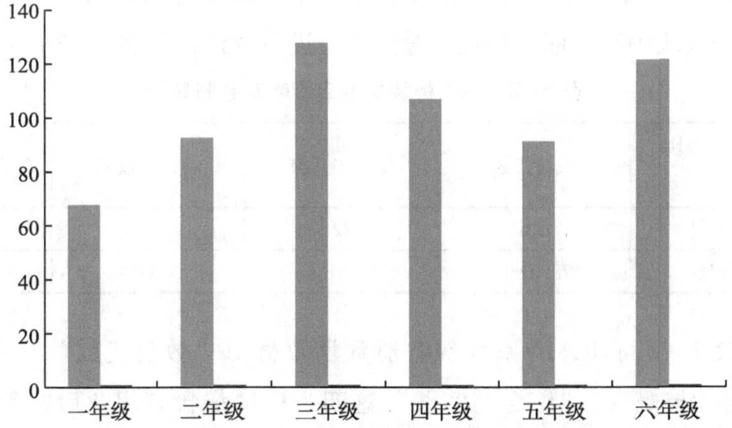

图7－1　各年级职业启蒙素材数量统计情况

从表7－1可知，小学1～6年级数学教材中都蕴藏有关职业启蒙教育的素材，这些都为教师在教学中开启职业启蒙教育之门提供了可能，教学中教师的因势利导也可以找到支撑的基石。从整体来看，两个学段的职业启蒙素材的数量相对平均，其中第一学段（1～3 年级）所占比例为 47.38%，第二学段（4～6 年级）为 52.62%，两者仅相差 5.24%。此外，根据图 7－1 可以看出，六个年级数量可观的素材不仅可供教师教学开展职业启蒙教育，而且学生也多了一些思考、学习职业知识的机会。其中一年级可用于职业启蒙教育素材的数量为 68 个，其他年级依次为 93 个、128 个、107 个、92 个、122 个，六个年级总量为 610 个，除了一年级 11.15% 的比例相对较少，二年级到六年级所占比例分别为 15.25%、20.98%、17.54%、15.08%、20%，这五个年级所占比例相对均衡。值得一提的是，职业启蒙教育是一个连续的过程，它应服务于每个发展阶段的学生，发展中的学生不可能在短时间内轻松地熟悉职业的相关知识，也不可能轻易在头脑中树立职业意识，在学生全面发展的过程中，这些丰富的职业启蒙教育素材满足了不同学段的学生循序渐进的感悟、领会职业信息，教师应该在每个阶段根据其心理发展特征开展职业启蒙教育。

（二）内容分布

前文提到小学数学教材是按“数与代数”“图形与几何”“统计与概率”“综合与实践”四个板块由易到难、由简单到复杂进行安排的，本研究将四个板块中涉及职业启蒙教育的素材进行统计，如表 7－2 所示。

表 7－2　不同板块职业启蒙教育素材统计

板块 项目	数与代数	图形与几何	统计与概率	综合与实践
数量小计	476	72	21	41
百分比	78.03%	11.81%	3.44%	6.72%

从表 7－2 可知，1～6 年级各册数学教材中“数与代数”“图形与几何”“统计与概率”“综合与实践”这四个板块都含有职业启蒙教育的素材，教师在教学过程中都可以运用这些素材不间断地开展职业启蒙教育。同时，显而易见的是这四个板块的内容中，“数与代数”这部分有关职业启蒙教育的素材占了非常大的比例，为 78.03%，明显高于其他三部分，

甚至其他三个板块中职业启蒙教育素材之和也不及“数与代数”的一半，可见四个板块中职业启蒙教育素材的分布存在着明显的不均衡，并且差别比较大，其中图形与几何、统计与概率、综合与实践的所占比例分别为11.81%、3.44%、6.72%，这三部分比例总和仅为21.97%。造成这种现象的原因之一是由于不同的板块内容关注点有所不同。再者，数学是研究数量关系和空间形式的科学，❶ 数与代数是小学数学课程中的经典内容，是义务教育阶段最基本、最主要的课程之一，在小学数学教材中所占比重比较大。

（三）编排分布

职业启蒙教育素材在小学数学教材的编排设计上，按照出现的不同位置，将职业启蒙教育素材在教材中的呈现方式分为三种：例题、巩固习题、课后习题，如表7－3、图7－2所示。

表7－3　各个年级职业启蒙教育素材编排统计

编排分布 / 年级	例题	巩固习题	课后习题
一年级	10	32	26
二年级	15	32	46
三年级	11	70	47
四年级	20	62	25
五年级	22	20	50
六年级	22	21	79
小计	100	237	273

根据表7－3、图7－2可知，一年级到六年级的教材中，无论是例题、巩固习题，还是课后习题都蕴涵着大量的职业启蒙教育素材。其中在两个学段中例题呈现的职业启蒙素材数量为100个，巩固习题中职业素材数量为237个，课后习题中职业素材数量为273个。一年级、二年级、三年级的职业素材在例题中出现的数量差不多，相比之下，四年级、五年级、六

❶ 顾文娟．对“数学课程标准”的四点认识［J］．数学通报，2003（10）：37－39.

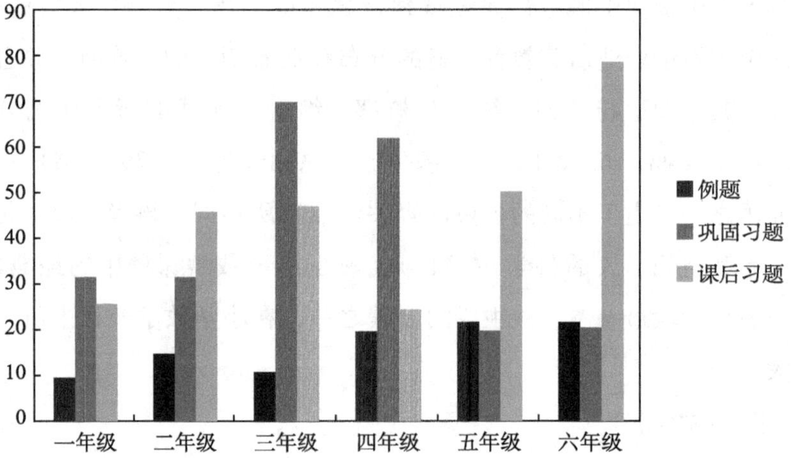

图 7－2　各个年级职业启蒙教育素材的编排分布

年级例题中出现的职业素材较多，呈现递增的趋势；巩固习题出现的数量三年级居于榜首，四年级次之，一年级、二年级、五年级、六年级相对较少；随着学生年龄的增长，学习能力的提高，五年级、六年级课后习题出现职业启蒙教育的素材数量较多，此外，很明显地可以看出六年级课后习题中出现职业相关信息的数量远远超过其他五个年级。

二、职业启蒙教育素材具体分布

职业主体、职业动词、职业场域、职业对象中最能直观地体现出职业信息的是职业主体，本研究以职业主体为例分别与学段分布、内容分布、编排分布进行交叉分析，归纳职业主体在教材中的分布特点，并且整理出频率出现相对较高的职业主体。

整理结果如下：苏教版小学数学教材中出现的职业主体中售货员、运输工、装配工、养殖业人员、农民、运动员、建筑工人出现频率最高，出现频率较高的有银行人员、科学家、图书管理员、车站工作人员、公司员工、纺织工人，相对来说，其他职业主体出现次数就寥寥无几，如教师、艺术家、天气预报员、宇航员、剪纸人员、建筑师、摄影师、数学家、医生、园艺工作者、交警等。

（一）学段分布

从图7－3、图7－4可以看出不同学段、不同年级出现频率最高的职业主体不尽相同。共同之处是在这繁多的职业主体中，六个年级中频繁出现的都是售货员，并且频率都特别高，不同之处是第一学段的一年级、二年级、三年级出现频率较高的职业主体较单一、简单，大都以售货员和养殖业人员为主，而第二学段的四年级、五年级、六年级出现频率较高的职业主体比较丰富，除了售货员，其他职业主体基本不重复，如养殖业人

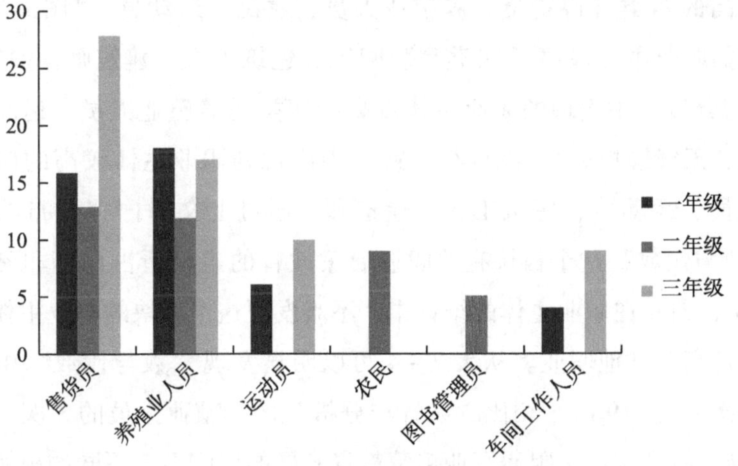

图7－3　第一学段中出现频率较高的职业主体分布

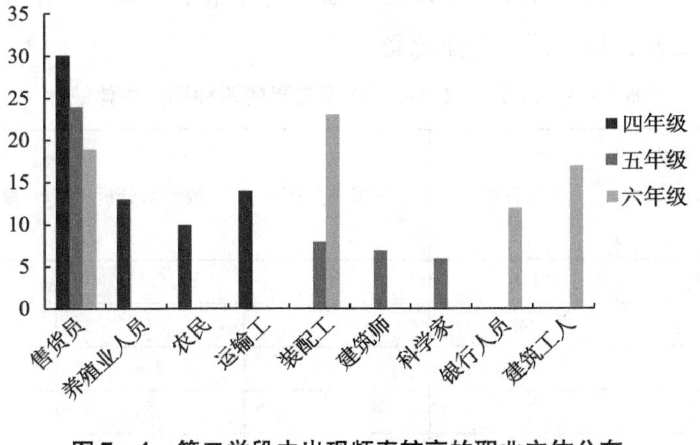

图7－4　第二学段中出现频率较高的职业主体分布

员、农民、运输工、装配工、科学家、银行人员、建筑师、建筑工人。这些素材都为教师在教学中开启职业启蒙教育之门提供了便利，第一学段的孩子由于认知水平的限制，激发他们职业意识的行为可以相对保守，不需要种类繁多的职业信息，到了第二学段，学生的认知水平不断发展，教师可以利用这些丰富多彩的职业素材不断地进行启蒙教育。

（二）内容分布

根据表7-4、图7-5的统计，可以看出“数与代数”中出现的职业主体较高的四类有售货员、养殖业人员、农民、运动员，“图形与几何”中出现的职业主体较高的四类是装配工、建筑工人、建筑师、剪纸人员，“统计与分析”中出现的职业主体较高的四类是养殖业人员、运动员、建筑工人、天气预报员，“综合与实践”中出现的职业主体较高的四类有养殖业人员、运动员、建筑工人、建筑师。通过上文对内容分布的统计得知，“数与代数”这个板块有关职业启蒙教育的素材所占比例非常大，为78.03%，因此在职业主体的统计中，不难发现这个板块的职业主体出现的频率远远高于其他职业。从表7-4可以明显发现“数与代数”中出现的售货员次数为119次，相比“统计与分析”的养殖业人员的3次，将近高达40倍，但是这不是阻碍职业启蒙教育开展的绊脚石，不同的板块有它更加适合开展的职业素材，例如“图形与几何”极易联系现实生活背景，让学生在做中学，进而在体验与理解、思考与探索中不断引导学生获得建筑师、建筑工人、设计师等职业感受。

表7-4　四个板块中出现频率较高的四种职业主体统计

板块 次数 职业主体	数与代数	图形与几何	统计与分析	综合与实践
售货员	119			
养殖业人员	68		3	6
农民	40			
运动员	25		7	5
装配工		27		

续表

板块 / 次数 / 职业主体	数与代数	图形与几何	统计与分析	综合与实践
建筑工人		15	7	6
建筑师		12		11
剪纸人员		9		
天气预报员			4	

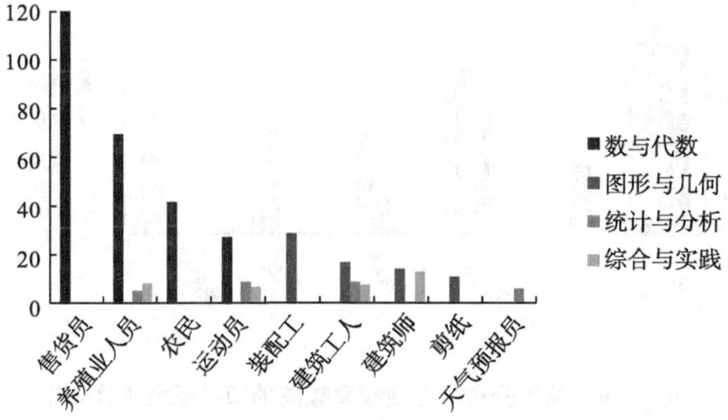

图 7－5　四个板块中出现频率较高的四种职业主体分布

（三）编排分布

根据表 7－5 和图 7－6 可以看出，教材的编排上出现频率较高的职业主体比较集中，它们分别是售货员、运动员、养殖业人员、建筑师、农民、装配工，其中售货员和养殖业人员在例题、巩固习题、课后习题中出现的频率都特别高，其他职业相对来说出现的频率就不是很高，这一定程度上说明苏教版小学数学教材的编排还存在一些不合理性，素材过多的重复容易导致学生“审美疲劳”，出现和学习积极性下降厌烦情绪，那么我们教师就应该恰当地利用教材中出现的其他职业素材，更加合理地开展职业启蒙教育。

表 7-5　编排分布中出现频率较高的四种职业主体统计

职业主体 / 次数 / 编排分布	售货员	运动员	养殖业人员	建筑师	农民	装配工
例题	30	11	19	10		
巩固习题	45		27	19	18	
课后习题	44		33		22	34

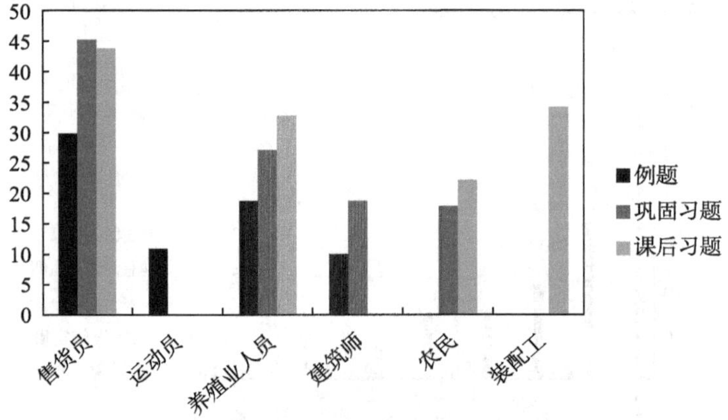

图 7-6　编排分布中出现频率较高的四种职业主体分布

第三节　小学数学教学渗透职业启蒙教育的问题审视

本研究以徐州市 TS 小学为个案，采用观察法和访谈法，从定量、定性两方面对小学数学课程教学渗透职业启蒙教育的现状进行考察。首先，通过对小学教师的课堂教学进行观察，初步了解一线教师职业启蒙教育渗透的现状；在确定好访谈提纲后，选取 9 名教师进行深入访谈，为了确保调查的全面性和准确性，这 9 名教师涵盖了 1-6 年级，并且根据伯利纳的“教师能力发展阶段理论”，这 9 名教师中有 3 名工作年限为 3 年以内，3 名工作年限在 4~10 年，3 名工作年限是 10 年以上，访谈内容包括教师对小学数学课程教学渗透职业启蒙教育的看法，备课、课堂引导、课后拓展是否涉及职业启蒙教育，在小学数学课程渗透职业启蒙教育存在的困难以及建议。通过对观察与访谈结果的整理与分析，发现当前小学数学课程教学在渗透职业启蒙教育中存在着较为严重的问题。

一、课前准备意识的缺失

（一）钻研止于教材表面，缺乏职业素材的挖掘

教材是教师向学生系统、全面地传授知识、开展教学活动的主要依据，同时也是学生学习、掌握知识的基本工具。若想达到最佳的教学效果，前提之一是教师要吃透教材，用心感悟文本，以及能够在尊重教材、质疑教材的基础上，做到升华教材、超越教材，使教材中表达的精神内化成为自己的思想，从而达到构建一个个性化、创造性教材的目的。然而，访谈的结果并不令人非常满意，教学准备过程中很多青年教师由于缺乏经验，过分拘泥于教材，过分依赖教参的指导，甚至准备拿着教参进入班级上课，访谈时有的年轻教师提出目前课堂上能够将教学内容传授给学生已经很仓促了，如果再添加职业启蒙教育内容，那么教学任务的完成就会更加困难，并且在教材的整合、加工过程中，由于缺乏充分活化教材的能力，有时不能很好地抓住教材中的知识与生活、工作的完美结合点。这种缺乏独立自主的解读教材样态，导致他们很少能够真正走入教材，只能局限于并停留在教材内容的表面，无法深入、全面思考隐含的教学目标、教学素材，缺乏拓展和创新，仅仅做到关注教材的表面知识。此外，有经验的教师也吐露心声，即使备课时有意识将教学内容与学生的生活联系在一起，但是由于自身能力的限制，还是无法形成系统职业启蒙教育的意识，他们无法充分利用自己的知识储备对教材的内容进行重组，教材中的内容只好止步于静态知识，无法很好地在新知识教学中渗透与学生未知且密切相关的职业信息。

（二）关注学生诉求缺失，忽略职业兴趣的分析

相比教材，教师对于“学生”的课前准备更加困难，因为教材是固定的，只要多下功夫、用心钻研就不难掌握。学生的相关准备与教材截然不同，每一个学生都是鲜活的，他们有着不同的认知特征、不同的兴趣爱好、不同的创造潜能，甚至已有的知识基础、生活经验也不尽相同。通过

课堂观察笔者发现，一些学生学习存在严重的依赖心理，被动地接受老师传授的知识，参与课堂教学活动的积极性明显不高，极易出现不听讲、走神的现象。小学阶段的学生拥有一颗对万物好奇的心，极强的求知欲是他们探索一切的动力，倘若教师只看到他们的成绩，就会大大限制他们的发展。通过访谈得知，教师在课堂之外与学生交流多是因为他们的学习成绩出现浮动，因此聊天内容大都是和学生学习相关，很少涉及他们的理想，也不会与学生沟通生活中对什么感兴趣、对什么职业存在好奇等。然而，新课程标准强调了学生作为学习的主体，一切教学活动都是围绕学生而进行的，我们的教育应该立足于学生的进步。随着社会日新月异的进步，习得教材知识仅仅是学生学习的一部分，他们也不再满足于有限的教材知识，对于促进他们终身发展而言，教师要是能够了解学生的职业兴趣，并以此来激发学生的学习动机，并不断渗透利于他们日后生活、工作的职业素材内容，不仅可以提高教学效果，而且使得学生更加全面发展。当前，教师“只见物，不见人”的闭门造车式课前准备，只关心教材内容，以及如何教，而对于不同层次、不同性格特点的学生缺少全方位的思考，教师对学生关注的缺失，造成影响他们终身发展的职业兴趣被遗忘角落。这种对学生视而不见的失衡做法，或者是浅尝辄止的准备，其实是忽略了学生素质发展的真正诉求，教师没有教给适应学生发展和社会发展需要的内容，就无法使每个学生在各自的基础上最大化成长。小学教育阶段进行的职业启蒙教育在学生终身的职业生涯发展中扮演着重要的角色，忽视学生职业兴趣的分析就将错失这个阶段的教育良机。

二、课堂引导行为的缺位

（一）例题讲授照本宣科，职业素材提取不足

数学教材的组成部分之一就是例题，它是代表性、示范性数学知识的重要载体，对于数学教学起着举足轻重的作用。在教学过程中，例题担负着把知识向能力转化的使命，它是一条将知识、技能、思想和方法联系起来的纽带，它带领学生了解、掌握知识，并且作为学以致用必不可少的环

节，教师一般花在分析例题的时间差不多占课时的三分之一以上[1]，因此，要想提高教学效益必定通过优化数学例题的教学。

例题肩负传递知识的使命，同时蕴含很多丰富的职业素材。通过前面对教材的统计，每一册教材在例题中都有职业启蒙教育的素材，大部分例题结构简单，算理也不算复杂，倘若教师在例题讲解过程中，加以“点睛之语”，将题目中有关职业的信息简单拎出，让学生循序渐进地了解，这样在加强学生学习数学兴趣的同时，也丰富学生的职业视野。然而，笔者通过课堂观察发现在例题讲授中新手教师基本没有将知识生活化，他们看到的仅仅是题目的本身，他们过多地关注对学生知识的传授和技能的培养，例题中可拓展的职业素材基本没有提炼出来，更谈不上将职业信息渗透给学生；有经验的教师在教学中会有意识地联系现实生活向学生讲解相关信息，在他们看来存在的最大问题是他们的职业渗透并不是有意识、有目的的，缺乏系统性、目的性。长此以往，教学过程教师照本宣科，仅仅传授教材内容，没有做到活用例题资源，错失了将例题的隐性素材潜移默化渗透在知识学习中，即没有将有关职业启蒙教育素材的延展点显现出来。

（二）课堂练习颠来倒去，职业兴趣激发欠缺

学生对知识的掌握不是一蹴而就的，需要通过练习才能熟练地掌握，学习内容中的练习题就是课堂教学一个重要环节，它利于学生进一步深入理解知识、掌握技能，并促进学生深层次发展，因此，职业启蒙教育也要重视此部分题目中的素材的利用。通过课堂观察，笔者发现小学数学课堂的教学氛围活泼、愉快，基本上形成“以学生为本”的环境。但是，与此同时依旧存在一些问题。首先，教师得认真思考一个问题，那就是在单调的、简单的重复再重复中，学生是真的加深了对知识的理解吗？有时候教师为了让学生透彻地理解一个知识点，往往会反复多次地练习，然而这样反复的过程中，容易造成已经学会的学生产生厌烦的情绪，学不会的学生只会机械地模仿；其次，课堂进行的练习都是教师指定安排好的，既定的

---

[1] 王建磐．中国数学教育：传统与现实［M］．南京：江苏教育出版社，2009：67.

内容无法完全激发学生学习的积极性、主动性。有研究表明随着习题的增加，学生的注意力会逐渐减小[1]，在这样的练习过程中，教师仅仅关注学生学科知识的学习、理解，学生的主体性没有完全发挥，此时，倘若加入“新鲜的血液”，学生的学习兴趣会被重新点燃。我们都说“兴趣是最好的老师”，数学与学生日后的生活、工作息息相关，职业兴趣的激发同样会提高学生学习数学的欲望。同样，欠缺对职业兴趣的激发很难让学生切身体会到数学与生活、工作的联系，也无法从内心深处意识到数学学习的重要性。

（三）课后习题索然寡味，职业感受路径缺失

在课程改革的推动下，越来越多的教师开始意识到课堂教学的改革与创新的重要性，并致力于让学生获得更好的发展。这本是一件好事，但是在实际教学中教师往往只聚焦课堂，忽略了有效的课后习题也是提高学生成绩、提高学生能力的途径。教师的忽视不仅仅造成课堂练习是固定的，学生的课后练习索然寡味，观察中笔者发现一个严重的问题，教师布置的作业都要以书面形式呈现，基本上没有引导学生将所学知识运用于生活中，学生课后学习严重缺乏在做中学、在实践中体会的环节。访谈中教师提到学校有明确的学生作业量，并且这些作业都要被领导检查，有时不得不应付检查而布置一些不必要的作业，单一的、固定的作业不仅让学生厌烦，老师也会感到头疼。

教材中很多以动态形式存在的知识，不仅便于学生在动手操作中掌握，而且能够在探究中理解职业相关信息，索然寡味的书面作业形式代替了实践形式的练习，学生在职业感受中增加对知识理解的机会就轻易流失了；此外，教师布置的习题多重视知识巩固，忽略了学生思想、情感的培养。事实上，学生学习的形式可以是多样的，即使教材是以文字、图片等静态形式展现知识，教师布置这些课后习题依旧可以更多让学生在积累生活经验中思考与其未来发展相关的职业信息。据前文统计，1 ~ 6 年级教材中课后习题有关职业启蒙教育的素材高达 273 个，而且职业种类繁多，倘

---

[1] Tapson Frank. Games in the Learning of Mathematics [J]. Mathematics in School, 1997 (1): 22.

若教师利用这些素材，必定能真正利于促进学生未来的全面发展。

三、课后拓展方式的缺乏

（一）忽视综合实践，职业活动拓展不足

数学教学渗透职业启蒙教育最容易结合的就是数学教材中综合性、实践性学习，它的最直接表现形式就是教材中的综合实践活动，新课改着重强调对学生创新意识和实践能力的培养，因此小学数学教材也专门设置了“综合与实践”板块内容，其目的是更多地为学生提供自主探索、合作交流的机会，并使得学生在此过程中理解、掌握基本的数学知识和技能，同时发展他们的综合实践能力，促进他们的经验积累。

可喜的是，为了响应新课程改革的号召，学校的课程设置也随之变动，数学课不再是以往传统意义的数学课，现在学校的课程设置特地增加了“数学综合课”，这样一来，新的数学课程就变得具有一定的弹性和开放性，教师的教学也可以更加灵活。然而，通过观察，笔者发现这样的课程设置并没有改变学生的学习方式，这种弹性的数学课程并没有真正发挥其特殊的价值，很多老师都将其当作普通的数学课，无论讲解新内容或者是让学生自己做练习，完全没有转换学生学习方式、拓展学生的学习环境。访谈中教师坦言现在的教学任务非常繁重，而且班级之间的竞争比较厉害，他们更多的是抓学生的学习成绩。这样一来，教师没有把教学问题引向实践，学生无法带着问题走出教室、走向实践，类似于“你知道吗”“测定方向”等实践性知识，因为一般不作为考查的知识点，在实际教学中常被一带而过，甚至被忽略，这样它所肩负的教育价值就无法落实，数学与生活的联系就这样被切断，造成职业启蒙教育的契机丢失。

（二）无视学科联系，职业素材关联缺失

世界万物都是相互关联的，它们之间本身就存在密不可分的联系，况且我们的生活世界不是以单一学科的形式出现，而是一个整体的、综合的社会现象，因为生产和生活的需要导致研究侧重方向有所不同，进而演化出不同分类的学科体系。

基础教育课程改革后小学阶段以综合课程为主，一方面有利于减轻小

学生的负担，另一方面有利于提升学生综合利用知识解决实际问题的能力。为何我们小学数学教学不可以借鉴综合课程的思想呢？软化学科的界限，利用不同学科中的职业素材共同培养学生职业意识不失为一个好方法。通过观察笔者发现学校中同一学科的教师之间多多少少会有一些交流，然而不同学科的教师之间交流甚少，甚至毫无交流，这样教师就不能很好地知道其他学科的教学内容以及进度，极易造成不同学科之间知识由于沟通不畅不能很好地融合，也就是说数学老师不知道学生在语文课学了什么，不知道科学课学生接触了什么知识，不知道信息技术课掌握了什么，等等，这样无论是传授数学知识还是开展职业启蒙教育都不能将其他学科当作一个很好的辅助工具，相关联的职业素材无法完美结合，就很难达到“1+1>2”的效果。如果不同学科之间的教师能够及时做好沟通，数学中的职业素材与其他学科中的职业素材丰富、融合在一起，这样学生在理解职业信息时就可以更加全面、深入，培养学生职业意识的工作就能事半功倍。

第四节　小学数学教学渗透职业启蒙教育的路径选择

学科教学中渗透职业启蒙教育不同于专门的职业启蒙课程、生涯讲座等，因此，在小学数学课程教学中渗透职业启蒙教育要注重一些策略与方法，要想潜移默化地渗透离不开教师的用心设计，那么教师在教学过程中要把握一些原则。首先，职业启蒙教育应循序渐进，应该在遵循社会发展、学生发展规律的基础上逐步前进，不可一蹴而就。其次，职业启蒙教育切勿为了渗透而渗透，这种流于形式的“作秀”难免效果适得其反，浪费宝贵的教学时间。最后，教师在渗透过程中应持有公正的态度，不带有任何个人色彩。教师在教学中通过对教材内容中某个形象的赞美，或无意流露的不满，都极有可能改变某个孩子对这种职业的倾向性。基于这些原则，结合学生的发展需要、课程标准理念的支撑以及现有教材文本的职业素材，并针对现实中存在的相关问题，现尝试为小学数学课程教学中渗透职业启蒙教育提出可行的路径。

一、课前设计：树立职业启蒙教育理念

（一）立足教材，深度挖掘职业启蒙素材

教材是万木之本，苏教版数学教材在编排上设计合理，联系紧密。教师在课前设计这一环节，应在研读《义务教育数学课程标准（2011 版）》基础上，了解每个领域、每个单元、每一章节的主要内容，包括他们之间的联系，同时还要思考不同领域内容的特点、学生认识不同问题的特征，认真思考如何有的放矢地采取有效方法、手段，潜移默化地渗透职业启蒙素材，构建有益于学生生活意义的课程内容。

首先，教师要树立“用教材”的观念。教材是动态的而非静态的，由于传统过于“尊重”教材，造成课程资源的浪费，严重限制学生发挥、成长的空间。在“用教材”的观念指导下，教材不仅仅是至关重要的教学载体，更起到“跳板”的作用，基础知识、基本技能的获得不是学生学习的全部任务，教师也要注重引导学生学会学习、合作、生存、做人，将沟通、团结、相互理解等职场所需的素质告诉学生。其次，教师也可以思考结合本校、本班的资源，充分挖掘、拓展和完善数学教材内容，将隐性的职业素材通过“二次开发”合理地渗透于数学课程，在丰富课程资源的同时，培养他们的职业兴趣，帮助学生了解职业信息，启蒙职业意识。

例如，以四年级上册《解决问题的策略》为例，本节内容是让学生在解决实际生活问题的过程中，初步学会用列表的方法整理相关信息，体会从已知条件或所求问题角度分析数量关系，寻求解决问题的有效方法。教材通过设置生活常见的文具商店购物情境，使用学生喜闻乐见的图片为载体来呈现相关信息，教师在和学生沟通和讨论制列表、看列表、用列表的过程中，要挖掘出隐藏的职业启蒙教育素材，可以借助图片向学生介绍文具商店工作人员的角色及其职业素养要求，这样学生不仅掌握到解决问题的相关策略，也了解一些与他们联系密切的职业信息。

再如，学习《平行与相交》这节内容时，教师在介绍“距离”这一概念时，可以凭借“你知道吗”栏目以文字、图片的形式呈现建筑工人砌墙时使用铅锤来检验墙与地面是否垂直，学生不仅在脑海中巩固了“距离”

的概念，通过教师的介绍也了解了建筑工人的工作性质，并尊重他们的辛苦劳动。

（二）以生为本，全面了解学生职业潜质

改变传统单纯注重知识的传递，转向关注学生"全人"的发展是新课程改革的具体目标之一。教育的真谛不是在于呈现一张张令人满意的考卷，而是塑造一个个富有个性、创造性的人，我们的追求应该是每一个学生的主动、健康、全面的发展，因此，在师生交往中，教师应该花时间去深入了解学生，真正走进学生的生活。其中了解学生的方式、形式是多彩的，教师可采用观察、访谈、问卷等，了解多样的内容，包括学生对数学课程的情感态度、学生的起始能力、学生的学习风格、学生的生活环境、学生的自我认知、学生的困惑、学生的理想、学生的一般特征，如兴趣、爱好、特长等。教师也可以与学生家长交谈，共同进一步认识孩子，更加了解他们的生活环境、心理变化等。基于学生的实际需求，适时调整教学的内容和教学方法，不断培养学生的兴趣，保护学生的好奇心，尊重学生、理解学生，创造和谐的环境来调动学生学习的主动性、积极性，达到最高效的教学效果。

为全面了解学生职业潜质，良好的沟通是必不可少的。正所谓"亲其师则信其道"，当学生热爱、尊重教师，才会真心听从老师的教导，相信老师，愿意和教师深入交谈自己内心的想法。为了建立学生信赖的师生关系，教师至少应做到以下三方面：首先，民主平等地对待学生，真心地关心每一个学生。教师的一言一行无形中都在影响着学生，作为教师，要将自己的爱分给班级里的每一个孩子，不可忽视那些学习不理想的学生，要始终关注、关心他们。其次，交谈中让学生感受到情感。著名教育家陶行知说过："真的教育是心心相印的活动，唯独从心发出来，才能打动到心的深处。"❶ 当学生感受到教师的情感，学生一定会更加喜爱、信任教师，更加愿意与教师沟通。最后，以恰当的方式批评学生，保护学生的自尊。教师的表扬与鼓励是学生学习的动力，当学生犯错，不是让教师忽略他们

❶ 何国华．陶行知教育学［M］．广州：广东高等教育出版社，2002：148.

的错误，而是采用委婉的语言，考虑到学生的心理承受能力，运用恰当的批评技巧，维护他们的自尊。

二、课堂偶联：增强职业启蒙教育行为

（一）以新知识为切入点，引导职业联想

在前文中，笔者详细列出了苏教版小学数学教材的各个部分内容，主要由四大块构成，分别是“数与代数”“图形与几何”“统计与概率”“综合与实践”。这四个部分将小学数学的知识体系和价值情感都包含其中，通过这些知识的学习，学生不仅可以有一个系统、全面的数学认识，而且有利于他们认识生活。为了促进学生生活认知，就要求教师在讲解数学知识过程中学会辐射，引导学生的职业联想。

在新知识的学习中，教师可以有针对性地引导学生，如三年级下册“乘法”例题“一份牛奶全月 28 元，订一份一年要花多少钱”。这一道例题向学生展示具体的情境，使学生经历探索两位数乘以两位数方法的过程，并提高解决实际问题的能力。但是，教师所做的不应该仅仅是引导学生使用什么样的公式去解题，还应该引导学生对待订奶工职业形成一种最基本的价值判断，可以告诉学生现代社会很多商品就是通过这种流水线进行生产的，让他们对这种职业有一个大致的印象，了解这种工作的辛苦，从心中萌发对这一职业的尊重。

需要说明的是，合理的导入新课对于教学而言是一个至关重要的环节，一个好的课堂导入，教师深入浅出的引导有利于学生对知识进行整体把握，能够激发学生对新知识的学习兴趣，此时，倘若将新知识内容和职业启蒙教育有机结合，将会收到事半功倍的效果。一般新知识导入的方式有两种：

1. 直接导入法

选择直接导入法时教师往往担任的是“主讲人”的角色，这需要教师在课前进行充分的备课，将职业启蒙教育素材恰如其分地引入到课程的导入部分，但是切忌出现两种情况，一是过于生搬硬套，和教材知识完全不相符合，让学生难以理解和接受；二是过分地追求职业启蒙教育，忽视了

对知识的讲解，也就是说教师在引入的过程中要把握一个度。

在对教材中有关“多边形面积的计算”这一章节的讲解时，可以设计类似这样的导入词：“同学们，你们看见过我们生活的周围有很多漂亮的花坪吗？这都是我们敬业的园艺工人辛苦打造出来的，在世界各地，有各种各样的花坪被修剪出来，供我们观赏，大家说是不是一种视觉上的享受呢？”此外，教师可以向学生展示一些漂亮的园艺设计和相关的小视频，通过这些让学生感受到园艺之美，体会到园艺工人的职业价值，从而在情感和价值观上产生共鸣。紧接着，教师可以对新知识进行导入：“当然，这些园艺师创造的这些漂亮的花坪靠的不仅仅是想象力，还需要掌握一定的数学知识，怎样裁剪才最好看，每个部分要占多大面积才最协调，在修剪之前都是要经过周密计算的，大家想掌握这个本领吗？这就是我们今天学习的章节——多边形的计算。”通过这样的开场，既激发了学生们对接下来学习的兴趣，也很好地融入了职业启蒙教育的智慧，让学生乐于接受知识的同时，了解了一种职业的基本信息，重要的是使其从价值观上认同“从事一种职业需要掌握相关知识”。

2. 间接导入法

这种导入方式相对来说比较容易操作，教师此时主要充当的是“引导者”的角色，能够将职业启蒙教育素材以“润物细无声”的形式渗透在课程中。例如，六年级在学习“长方体和正方体”的时候，教师就可以先让学生去寻找一些生活中长方体和正方体，通过生活中的实物，学生不仅认识了长方体、正方体，找出其中可以与职业要素相挂钩的部分，比如有学生找出“砖”这种长方体时，教师此时可以有意识地告诉学生：“砖就是一种生活中常见的长方体，我们的城市就是通过建筑工人们的勤劳双手用一块块砖建造起来的，建筑工人们都是值得我们尊重的。”这时既可以起到鼓励学生的目的，也很好地渗透了职业素材。

（二）以课堂练习为契机，模拟职业体验

小学数学新课改呼唤教学由科学世界走向生活世界，我们不难发现教材中有很多可做文章的地方，教师需要努力创设学习情境，进行适时灵活的渗透，即习题不应被单纯地看作是对学生课本所学知识掌握程度的考察工具，教师应该有意识在具体实施中进行疏导，实现教学的双重目的，即掌握学科知识，开展职业启蒙教育活动。职业启蒙教育情境的创设对于学生的学习特别是小学生的数学学习是非常有利的，由于小学生课堂上保持注意力时间有限，情境中教学不仅使得教材的知识立体化，而且可以吸引学生的注意力和视线，学生对知识的理解也更加形象化。

我们不难想象小学生在重复的单调的运算中，学生的学习欲望会逐渐降低，倘若将练习放在生活情境中，加上丰富的职业启蒙教育素材，学生面对有趣的职业角色扮演活动，心中肯定充满欣喜。比如学习“数与代数”这一板块内容时，教师可以创造菜市场、超市等模拟环境。在学生掌握知识的基础上，从他们的生活经验出发，引导他们关注生活以及基本的职业信息。通过构建的一个“小菜市场”“小超市”，让一些学生扮演卖家，一些学生扮演买家，通过双方的交流、互动以及交易和计算，在进一步增强学生计算能力的同时，让学生们更加形象化地体验到一些新鲜的职业状态。不过这一看似简单的形象构建要求我们所创设的职业启蒙教学情境应该是感性的，一种可见的、摸得着的，不能过于抽象，能有效地丰富学生感性认识的东西，不能超过小学生的理解范畴，否则将会成为一种无形的负担——学生接受不了却又必须按照老师说的去做，就会显得非常被动。又如在学习“图形与几何”内容时，教师在教授如何计算面积单位时，完全可以发散思维，使相关知识与城市规划者、工程师相结合起来，让学生了解这些职业的基本信息，同时也可以培养学生爱护城市的意识。

在模拟活动中，对于教材知识的全局性的掌握是重要前提和保证，情境的创设不能千篇一律，活动的节点要富有趣味性，应该根据教学内容的相关设置，把握渗透和融入的方式达到“踏雪无痕”的境界，使得课堂渗透启蒙教育自然而又顺理成章，不要一味地追求教学任务的完成牵强附会或者太过于注重启蒙教育情境的创设造成“喧宾夺主”的现象。

（三）以开放作业为基石，拓展启蒙路径

教材中课后习题的设计是为了检验学生对于课堂教学知识的掌握情况，以及巩固、充实学生对知识的理解，完善他们的认知结构，进一步将知识与现实生活联系在一起。数学源于生活，必定要回归于生活，课后作业可以多种多样的形式展开，其中不可缺少的就是开放型的作业。开放型的作业形式不同于书面作业，它更多是以实践的形式，更易于和生活、职业联系，教师在布置这些作业时要让学生走进生活、踏入职业，在探究的过程中增强职业感受。

当学生走近农民，可以在农民伯伯的带领下，在不同的季节了解不同农作物，倾听每一个季节的风声，满足他们对于生活中一切食物的好奇心，并且在农业劳动中了解农作物生长的过程，体会劳动的乐趣与辛苦，增加对农民的了解，加深对“粒粒皆辛苦”的理解。当学生走进当地的就业指导中心、人才交流市场、劳动局等，工作人员向他们介绍五花八门的职业类别，讲解不同的职业信息以及当前社会各行各业的需求情况，满足他们对陌生职业的求知欲，同时让他们了解到社会的竞争压力，及早树立职业目标；当学生满心欢喜地当一个义工，积极地投身到快餐店当服务员，超市、商场当推销员，在菜市场卖东西，工作人员可以提供及时的帮助，让他们切实了解工作内容、工作流程，通过这些真实的工作，学生感受着数学、感受着生活、深化着职业体验，进一步了解职业世界。

三、课后拓展：强化职业启蒙教育体验

（一）把握综合与实践板块，增强职业感受

“综合与实践”板块是《标准》中明确增设的部分，它改变了传统教学模式中以掌握知识为主要目的的学习方式，更多的是以问题为依托，以学生为主体，引导学生综合运用数与代数、图形与几何、统计与概率知识解决实际生活问题。不同于教师的教学渗透，综合与实践环节更充满实践性、创造性、教育性、趣味性，它是课堂教学内容的延伸，作为数学活动经验的重要载体，为学生开启了一个丰富多彩的世界，这样更易于激发学生的积极性。与此同时，学生在将书本理论知识应用于实践过程中，学以致用，获得切实的职业感受。

统计显示，综合与实践板块占所有内容的6.72%，因此这部分内容是不容忽视的，教师应该重视并思考如何有效利用这些内容促进学生的全面发展，为他们日后踏入社会画上浓墨重彩的一笔。首先，确定研究问题。

教师要根据教学内容，结合学生的身心发展，确定学生关注生活实践的研究问题，并向学生介绍这部分内容可以结合的职业，让他们了解职业特点；其次，设计与实施。这是实践活动的核心环节，学生可以小组、群体、个体的形式进行活动，活动形式不限，模拟相关职业所从事的工作内容，并发现实践中的数学问题，不断实践尝试；最后，成果交流与反思。学生完成实践活动后，教师一定要引导他们交流自己的收获，反思自己活动的不足，使其意识到工作过程中知识的重要性，培养他们的职业素质，这也是职场中不断完善自己的途径。

以五年级下册综合与实践内容“奇妙的图形密铺”为例。教材以观察与理解、思考与操作、欣赏与设计三部分呈现知识，因此可以此为契机，通过学生喜闻乐见的图片为载体，增强学生对职业元素的感知与理解，了解地面或墙面有的是正方形、长方形或六边形，初步了解密铺的含义，即无论什么图形，如果既无缝隙，也不重叠，这种铺法就叫密铺；通过思考与操作环节以小组合作的方式探索、推理、验证哪些图形能够密铺，哪些图形不能密铺，进一步发展学生的推理能力；通过欣赏与设计环节以班级交流的方式欣赏、设计不同的图形完成密铺的任务。通过一层一层地深入理解，学生感受到生活中许多物体、建筑都是由平面图形构成的，进而向学生渗透设计师这一职业，并且突出设计师在设计时认真的工作态度是值得每个人学习的。

（二）加强学科间横向渗透，丰富启蒙素材

合作在当今社会一直被不间断地大力提倡，就教学而言，合作不仅仅是教师与教师之间的合作，也包括学科与学科之间的合作。职业的复杂性决定了职业不可能独立于某一学科中，不同学科展现的职业信息也不可能完全相同，因此，数学教学要注重与生活实际以及其他课程的联系，积极开发各个学科中职业资源，加强它们之间的联系，形成教育合力，补充与完善职业资源。

学科的横向渗透分为三种形式：一是承前联系，即联系其他学科中已经学过的知识和内容；二是同步联系，即联系其他学科正在教学的内容；

三是超前联系，即联系其他学科中即将教学的内容。[1] 教师在教学过程中可以选择一种横向渗透方法，也可以选择两种甚至三种。一种职业通过多个角度、多种学科进行理解，在给学生丰富职业素材的同时，也会让学生逐渐意识到做好一个工作需要全面掌握多个学科的知识。加强学科之间的联系，丰富职业素材无形中对教师提出了新要求。首先，教师要转变原有观念，挖掘职业素材不能只盯着数学教材，还要加强学科横向渗透；此外，教师不仅要吃透本学科教材知识，还要对其他学科教材知识做相应的了解。

有关学科间横向渗透，笔者就小学数学三年级下册的内容与其他学科进行联系。如“这瓶药可以吃多少天?”是“除法”部分内容的巩固习题，学生在探索两三位数除以一位数的计算方法时，可以进一步感受数学与实际生活的联系。很明显通过这道题我们可以向学生渗透“医生”这一职业，让学生理解医生是一个神圣职业，他肩负着我们生命健康的重担，并体会医生工作的严谨是值得我们学习的。同时其他学科中也出现医生这一职业，如小学语文三年级下册中的《世界上第一个听诊器》，课文讲述了医生雷奈克看到病人的离去特别心痛，整日思考如何及早发现病人体内疾病的变化，一次偶然的发现，他从小朋友玩的跷跷板中获得灵感，经过不懈的努力终于发明了世界上第一个听诊器，造福于人类。这篇课文用朴实的语言将医生的伟大和辛苦描述得淋漓尽致，学生很容易理解医生的辛苦。当数学与语文加强学科间的渗透，学生可以全面地明白医生的重要性、工作的严谨和艰辛，从而系统地理解医生这一个职业，升华对医生的敬佩之情。

---

[1] 黄志清．浅析历史学科与相关学科交叉渗透的理论探讨［D］．福州：福建师范大学，2003.

第八章

小学英语教学渗透职业启蒙教育研究

第一节　小学英语教学渗透职业启蒙教育的基础考察

一、小学英语教学渗透职业启蒙教育的价值意蕴

（一）培养国际交流能力

随着人类命运共同体的构建以及“一带一路”倡议的推进，社会各行各业都朝着国际化的方向迈进，国际交流能力的提升就显得格外重要，它已成为新时代各国进行交往、合作的重要桥梁和纽带。在新时代下，大部分职业岗位的胜任也都离不开跨语言交际能力，尤其是和职业相关的外语常识迫切需要。可以说，当下人们如若不懂外语，在一定程度上就等于是新时代的“文盲”。

英语作为使用范围最为广泛的国际通用语言，自然而然成为新时代各个国家甚至每个个体发展必不可少的交际工具。因此，在义务教育阶段开设英语课程具有深远的意义，于国家而言，培养具有国际交流能力的人才能够很大程度上提高我国的国民素养以及整个国家的国际竞争力；于个体而言，英语与人们的日常生活、学习及工作等有着紧密联系，尤

其对于个体未来求职以及职业岗位的胜任上发挥着不可忽视的作用。掌握英语有利于个体汲取人类世界的文明成果、学习外国先进的理念与技术等，从而帮助个体更好地胜任岗位要求，甚至为他们提供更多的职业发展机会。

小学阶段的孩子正处于意识发展的关键期，倘若在该阶段对学生进行适当的意识启蒙，让他们知道国际交流能力是当今时代发展的必然要求，同时也是个体未来发展所必须具备的能力之一，则有助于学生明白英语学习的目的及意义所在，激发其学习英语的内在动力，化被动学习为主动学习。另外，在义务教育阶段开设的英语课程要想使学生的跨语言交际能力得到真正的培养，需让学生在活动中反复体验，感受真实的语境。这恰好与职业启蒙教育所倡导的理念有共通之处。

（二）培育国际理解精神

自21世纪全球化速度加快以来，世界各国的经济飞速发展，国与国之间的交往与合作日益增强。与此同时，也伴随着各种国际矛盾和冲突的产生。可以说，全球化时代迫切需要增进不同个体间的理解，加强合作精神的培养以及批判反思意识的唤醒，进而推进国际协调与合作。这使得国际理解教育被提上日程，而英语学习对于人们国际理解能力的培养发挥着不可忽视的作用。我国课改后的英语课程标准也体现了对国际理解教育的注重。如《义务教育英语课程标准（2011年版）》指出，英语课程是工具性与人文性的统一。[1] 其“人文性”体现在注重对学生思维能力、个性品质、人文素养以及意志情操等方面的培养。这恰好与国际理解教育所强调的“增进不同国家及个体间的了解与宽容，加强彼此间的相互合作，协同解决人类社会的重大共同问题”[2] 的内容不谋而合。事实上，英语学习在帮助学生更好地了解世界，学习先进的科学文化知识，传播中国文化，增进与各国青少年的相互沟通和理解的同时，还能帮助他们形成开放、包容的

[1] 中华人民共和国教育部．义务教育英语课程标准（2011年版）［S］．北京：北京师范大学出版社，2012：1.

[2] ［法］雅克·德洛尔．教育——财富蕴藏其中［M］．联合国教科文组织总部中文科，译．北京：教育科学出版社，1996：34.

性格，发展跨文化交流的意识与能力，促进思维发展，形成正确的人生观、价值观和良好的人文素养，增强学生的国际理解能力，进而为他们未来更好地适应世界多极化、经济全球化、文化多样化以及社会信息化奠定基础。

二、小学英语教学渗透职业启蒙教育的“标准”支撑

课程标准实质上是国家课程的纲领性文件，是由国家提出的对基础教育阶段课程的基本规范和要求，同时也是对基础教育阶段学生预期学习效果的规定。它主要描述学生在学习某门具体学科时应该知道什么以及能够做到什么的信息，通常课程标准中所提出的目标是最低、最基本的课程目标，是所有接受学校教育的学生都应该达到的目标。因此，在我国无论是教材的编写还是教学的实施和评价均须以课程标准为基准，即一方面要有标准意识，另一方面要在理解标准的基础上，基于标准去行动。同理，职业启蒙教育的学科渗透路径也必须基于具体学科的课程标准来开展。教育部于 2011 年制定的《义务教育英语课程标准（2011 年版）》（以下简称《标准》）为职业启蒙教育的开展提供了理念支持，同时其课程目标在某些方面也与职业启蒙教育存在契合点。

（一）《标准》对职业启蒙教育的理念支撑

《标准》主要从课程性质、课程理念、课程目标以及实施建议等几个方面对英语课程做了具体的阐释，其中虽未明确提出渗透职业启蒙教育的思想，但其基本的课程理念在某种程度上还是为英语教学中渗透职业启蒙教育提供了一定的支持。

《标准》指出，“义务教育阶段的英语课程具有工具性和人文性双重性质”，它不仅承担着培养学生基本英语素养和发展英语思维能力的“工具性”任务，还肩负着提高学生综合人文素养的“人文性”任务，即学生通过英语课程能够开阔视野，丰富生活经历，形成跨文化意识，增强爱国主义精神，发展创新能力，形成良好的品格和正确的人生观与价值观。同时《标准》还强调英语课程只有将其工具性与人文性统一起来，才能真正为

学生的终身发展奠定良好的基础。[1] 这其中所提到的开阔学生视野，丰富其生活经历，以及发展学生的创新能力，培养其正确的人生观、价值观等恰好与职业启蒙教育的目标相契合。并且《标准》中所强调的促进个体终身发展的目标同样也是职业启蒙教育所追求的。

英语课程的基本理念还强调“课程需面向全体学生，关注语言学习者的不同特点和个体差异”。[2] 具体而言，教师在教授英语课程时要突出学生的主体性，积极引导学生主动去构建语言知识体系、发展相关技能，让学生有意识地去开阔自身视野、提升思维活跃度。与此同时，教师还应尽可能地借助英语课程为学生提供一个发现自我、展现个性的平台，以最大限度地满足每个学生个体的发展需求。这就要求教师的日常教学不能仅仅按部就班地完成教材知识的传授，而是要认真思考并筛选出真正符合学生需要，能够促进学生当下以及未来发展的知识。同时在具体的教学过程中要尽可能为学生营造一个平等、民主、安全、和谐的教学气氛，鼓励学生通过动手、动脑、动口以及亲身体验等方式积极主动地参与到英语教学的全过程，以激发学生的主体意识，培养学生的主体人格，促进学生真正意义上的成长。而这在一定程度上也与职业启蒙教育的理念不谋而合。

《标准》中的英语课程理念还包括“课程要强调学习过程，重视语言学习的实践性和应用性”，主张学生在语境中感受和理解语言的真实内涵，并在此基础上学会正确地使用语言。也就是说，英语教师要善于开发教材内容，灵活开展各种教学活动，以便尽可能多地为学生创设真实的语言情境，让其在亲身体验和师生互动中理解语言的内涵，掌握语言的规律。这就为职业启蒙的学科渗透路径创造了开展条件。此外，英语课程基本理念还强调课程资源要尽可能地丰富，鼓励教师多开发贴近现实生活的英语学习资源。同时还强调教师需优化对学生的评价方式，以促进学生健康人格

---

[1] 中华人民共和国教育部. 义务教育英语课程标准（2011 年版）[S]. 北京：北京师范大学出版社，2012：1.

[2] 中华人民共和国教育部. 义务教育英语课程标准（2011 年版）[S]. 北京：北京师范大学出版社，2012：3.

以及综合能力的发展为根本。[1] 这些内容正是职业启蒙教育所追求的，能够为职业启蒙教育的开展提供理念上的支持。综上所述，可以说在英语教学中融入职业启蒙教育符合《标准》中提到的义务教育英语课程理念，同时该渗透在一定程度上也能够促进英语课程基本理念的实现。

（二）《标准》目标要求与职业启蒙教育的契合点

《标准》中指出义务教育阶段英语课程的总目标为“通过英语学习使学生形成初步的综合语言运用能力，促进心智发展，提高综合人文素养”。这一课程总目标主要由语言知识、语言技能、情感态度、学习策略以及文化意识五大方面共同组成，充分体现了英语是一门兼具工具性与人文性的课程。该目标的制定要求教师一方面要通过英语教学促进学生语言运用能力和思维能力的发展，另一方面还要尽可能全面地提高学生的综合人文素养。具体而言，《标准》在语言知识方面要求小学阶段的学生能够理解和运用多种日常交际所需的语言表达方式以及有关个人情况、家庭与朋友、身体与健康、学校与日常生活、文体活动、节假日、饮食、服装、季节与天气、颜色、动物等话题的语言表达形式；在语言技能方面指出学生应该在大量参与专项及综合性语言实践活动的基础上，能够逐步具有综合语言运用能力；在情感态度方面要求英语教师在日常教学中有意识地让学生感受到语言学习的快乐，以便提高其学习英语的兴趣和动力，接着逐步引导学生将兴趣转化为稳定的学习动机，并帮助孩子学会分析自身学习上的优势和劣势，培养他们迎难而上的意志力、强大的自信心、乐于合作的能力以及健康向上的品格；在学习策略方面提出教师在英语课程实施中应有意识地培养学生自主学习的能力，以便为其终身可持续性学习奠定基础；最后就文化意识方面指出教师对于在教学中涉及的外国文化知识应与学生的学习和生活密切相关。[2] 通过对《标准》的解读可以看出，小学英语课程各个维度的目标与职业启蒙教育所追寻的职业取向、生活取向、实践取向

[1] 中华人民共和国教育部．义务教育英语课程标准（2011 年版）［S］．北京：北京师范大学出版社，2012：4.

[2] 中华人民共和国教育部．义务教育英语课程标准（2011 年版）［S］．北京：北京师范大学出版社，2012：24.

等价值理念等存在一定共通性，这也就为小学英语教学中渗透职业启蒙教育提供了支持。

第二节　小学英语教学渗透职业启蒙教育的教材支持

本研究选取的是由人民教育出版社出版的小学英语教材。该教材由课程教材研究所、英语课程教材研究开发中心及加拿大灵通教育有限公司合作编著而成，编写者皆为外语教育领域的资深专家，教材相对更具有科学性和权威性；并且该教材使用范围广泛，被多省选为小学英语阶段的教科书。因此，挖掘人教版小学英语教材中的职业启蒙教育素材更具有普适性。

人教版小学英语教材共有 8 册，覆盖 3 ~6 年级。每册教材设置 6 个单元的内容，并且每三个单元之后会有一节复习课（Recycle），同时各单元又具体分为 part A、part B 和 part C 三个版块，每个版块均有各自固定的内容设置。人教版小学英语教材内容多贴近社会现实及学生的实际生活，设计图文并茂，包含大量鲜艳多彩的人物图像和情境插图，蕴含丰富的职业启蒙教育素材。由于每单元教学内容不同，职业启蒙教育素材呈现的方式也有所差异，教材中不仅蕴含大量直接素材，也包含一定的间接素材。以下从总体概况、直接素材、间接素材三个维度对小学英语教材中的职业启蒙素材进行挖掘分析。

一、职业启蒙教育素材的整体分布

本研究依据《中华人民共和国职业分类大典（2015 年版）》的标准，对 3 ~6 年级共 8 册人教版英语教材中明确出现职业类英文单词及人物图片的素材进行统计分析，得出教材中共出现 40 种职业，具体情况见表 8 -1。

表 8 -1　职业类别及单元数

职业类别	单元数量	职业类别	单元数量
餐厅服务员	9	商人/企业家	1
教师	12	售货员	1

续表

职业类别	单元数量	职业类别	单元数量
医生	4	杂技魔术演员	3
农民	5	导游	1
摊商	6	摄影师	1
白领	3	保卫管理员	1
糕点装饰师	1	厨师	1
电影电视女演员	1	司机	5
运动员	5	军人	1
护士	2	天气预报员	1
画家	1	售票员	1
播音员	1	清洁工	1
飞行员	1	作家	1
渔民	1	歌唱演员	1
船夫	1	舞蹈演员	1
邮递员	1	工人	1
警察	2	粉刷工	1
交警	1	教练员	1
科学家	1	消防员	1
冲印师	1	旅店服务员	1

通过分析发现，人教版小学英语教材中出现频率较高的职业依次为教师、餐厅服务员、摊商、运动员、司机、农民及医生，另外白领、杂技魔术演员、护士和警察的出现频率其次，剩余的其他职业如消防员、清洁工、歌唱演员、教练员、天气预报员、作家等出现的单元数基本上为一个。出现频率较高的职业分布见图 8－1。

二、职业启蒙教育直接素材的呈现

所谓直接素材，即教材中已设置的，可直接用于渗透职业启蒙教育的相关内容或活动。结合小学阶段职业启蒙教育的侧重点，本研究主要从职业认知、职业能力及自我认识三个方面分析教材中的直接素材。

第一，职业认知素材。主要从职业角色、职业体验两个维度进行分

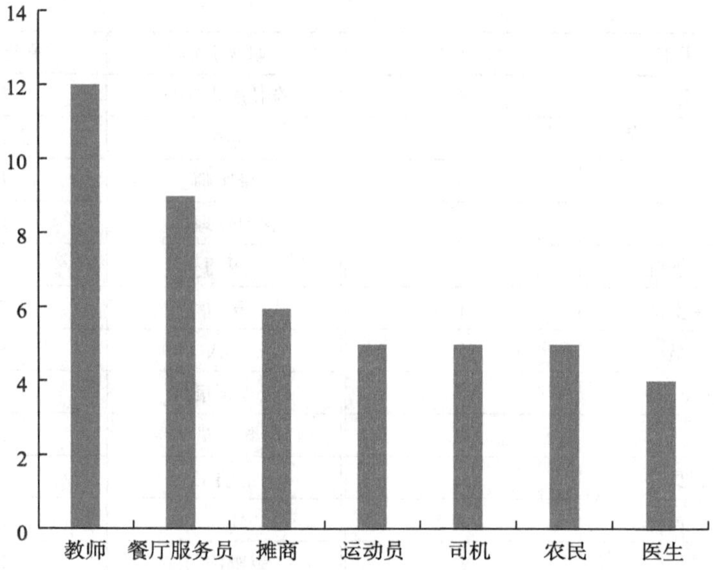

图 8－1　频率较高的职业分布统计

析。就职业角色而言，教材中共包含 40 种职业角色。依据《中华人民共和国职业分类大典（2015 年版）》的分类标准，这 40 种职业角色共涉及七大职业类别。可见教材中包含的职业角色涉及面较广，这有助于拓宽学生对社会职业的认识。但是教材中职业角色的整体分布不够均衡，大部分职业主要集中在专业技术人员和商业、服务业人员这两种与学生日常生活最为接近、学生最为熟悉的类别上。具体见表 8－2。

表 8－2　职业角色分类统计

职业类别	职业角色
党的机关、国家机关、群众团体和社会政治、企事业单位负责人	商人/企业家
专业技术人员	文学作家、教师、运动员、杂技魔术演员、歌唱演员、播音员、舞蹈演员、电影电视演员、画家、医生、护士（护理人员）、飞行员、教练员、科学家、天气预报员
办事人员和有关人员	消防员、警察、交警、白领

续表

职业类别	职业角色
商业、服务业人员	摄影师、冲印师、导游、保卫管理员/保安员、餐厅服务员、旅店服务员、邮递员（邮政投递员）、摊商、售货员（商品营业员）、售票员、船夫、司机
农、林、牧、渔业生产及辅助人员	农民、渔民
生产制造及有关人员	糕点装饰师、工人、清洁工、粉刷工、厨师
军人	军人

就职业体验而言，人教版英语教材中包含大量的职业体验素材。除六年级下册外，每册英语教材中大概有2～4个单元包含现成的职业体验素材。通过文本分析可发现三年级的职业体验素材以日常消费为主，涉及餐厅、蛋糕店及摊商等学生熟悉的情境，这符合初次接触第二语言的小学生的学习特点。自四年级开始，教材中涉及的情境相对更加丰富，内容难度明显较三年级有所提升，如涉及失物招领、天气预报、上课及导游等情境。另外，有些与学生日常生活密切相关的情境在不同年级教材中会重复出现，但内容均较之前有所丰富，难度也根据学生英语水平适当地提高，这类职业体验主要集中在餐饮以及购物类情境中。具体情况见表8－3。

表8－3 职业体验素材统计

册数	单元数	职业体验
三年级上册	Unit5	餐厅情境对话（Let's learn/Story time）
	Unit6	蛋糕店情境对话（Let's talk）
三年级下册	Unit5	自助餐厅情境对话（Story time）
	Unit6	摊商情境对话（Let's learn）
四年级上册	Unit1	师生上课情境对话（Story time）
	Unit2	学校失物招领处情境对话（Let's talk）
	Unit5	餐厅情境对话（Let's learn/Let's play/Story time）
四年级下册	Unit3	天气预报情境（Let's learn）
	Unit4	农场情境对话（Let's talk/Let's learn）
	Unit5	体育课情境对话（Let's talk）
	Unit6	购物情境对话（Let's learn/Let's talk/Story time）

续表

册数	单元数	职业体验
五年级上册	Unit1	体育课情境对话（Story time）
	Unit3	餐厅情境对话（Role – play）
	Unit4	武术课情境对话（Let's talk）
	Unit6	照相馆情境对话（Story time）
五年级下册	Unit1	职业角色扮演活动（Role – play）购物情境对话（Let's talk）
	Unit4	上课情境对话（Story time）
	Unit6	餐厅情境对话（导页）
六年级上册	Unit1	导游角色扮演活动（Be a tour guide）
	Unit3	书店情境对话（Role – play）

第二，职业能力素材。教材中一些活动的设置恰好可以培养学生一定的职业能力，如社会交往能力、思维能力、合作及调查能力、观察能力等。事实上通过一项活动往往可同时锻炼学生的多种能力，而非仅仅局限在某一种能力的培养上，比如顺利完成一项调查活动，学生不仅要懂得礼貌交流，同时还需要学会小组合作，分工完成任务，这样通过一项调查活动学生既能提升社交能力，也能提高合作意识与能力。另外通过整理可以看出教材中对学生能力的培养是循序渐进的，三年级更多地侧重社交能力的培养，四、五年级主要培养学生的合作能力、调查能力以及观察能力等，而像策划和问题解决能力的培养则更多地集中在六年级。详情见表 8 – 4。

表 8 – 4　职业能力培养素材统计

职业能力	教材活动
社交能力	三年级上册 Unit1（涉及初次见面问好、自我介绍等相关社交礼仪）
	三年级上册 Unit2（涉及介绍他人姓名的社交礼仪）
	三年级上册 Unit3（涉及日常问候的社交礼仪）
	三年级下册 Unit1（涉及介绍他人社会角色的社交礼仪）
逻辑思维能力	三年级下册 Unit2 Let's learn（涉及家庭成员及关系的思维导图）
合作及调查能力	三年级下册 Unit5 Start to read（调查朋友对水果的喜好）
	三年级下册 Unit6 Let's find out（调查同学有多少学习用品）
	四年级上册 Unit5 Let's survey（调查同学的晚餐喜好）
	五年级上册 Unit3 Let's talk（调查朋友最喜欢的食物和饮料）

续表

职业能力	教材活动
合作及调查能力	五年级上册 Unit4 Do a survey（调查同学的特长）
	五年级下册 Unit1 Do a survey（调查同学周末做什么）
	六年级上册 Unit2 Do a survey（调查同学的上学方式）
	六年级上册 Unit3 Let's talk（调查同学下周打算去哪儿）
	六年级上册 Unit4 Do a survey（调查同学的兴趣爱好）
	六年级下册 Unit1 Do a survey（调查同学的年龄和身高）
	六年级下册 Unit2 Do a survey（调查同学的周末活动）
观察能力	三年级上册 Unit1 Let's find out（从图画中找英文字母）
	三年级下册 Unit6 Find and count（用英文数数图画中有多少鸟） start to read（观察植物生长过程，用英文记录植物开花数量）
	四年级上册 Unit6 Let's count（观察树上结了多少苹果）
	五年级上册 Unit5 Find and say（观察并描述图画中物体的方位）
策划能力	五年级下册 Unit3 Read and write（你会怎么策划自己的生日派对）
	六年级上册 Unit4 Let's find out（完成烹饪社团的纳新广告）
动手操作能力	六年级上册 Unit2 Make a poster（制作一个建议海报，帮朋友解决问题）
规划能力	六年级上册 Unit3 Make a plan（制作一张详细的周六日程表）
问题解决能力	六年级上册 Unit6 Play card games（对卡片上的不良情绪，给予建议） Act with your friends（给予朋友解决问题的建议）

第三，自我认识素材。教材中设置了多种多样的活动环节，每个单元固定设置有 Let's chant、Let's sing 以及 Story time 等版块，另外还会结合每单元具体内容有针对性地设置绘画、表演、手工等丰富多样的活动，可以为学生提供大量尝试不同领域活动的机会，使学生能够在参与中逐渐发现自己的特长及兴趣所在，帮助学生更加了解自己，详见表 8－5。

表 8－5 自我认识素材统计

活动	具体内容
唱歌	每单元均有 Let's chant、Let's sing（学习与单元内容相关的英文歌谣）
手影	三年级上册 Unit4 Let's talk、Let's play、Let's learn（通过手影学单词）
手作	三年级下册 Unit3 Make a monster（在手作中掌握动物身体部位的单词）
	六年级上册 Unit1 Make a map and talk（制作一张地图，并做对话练习）

续表

活动	具体内容
绘画	三年级上册 Unit2 Draw and say（绘制一幅教师画像，并做介绍）
	三年级下册 Unit1 Let's learn（要求学生画出一位老师，并做介绍）
	三年级下册 Unit3 Draw and say（绘画动物，并做介绍）
	四年级上册 Unit1 Colour and say（涂色并介绍我的教室）
	四年级上册 Unit2 Draw and say（画出书包中的学习用品，并介绍）
	四年级上册 Unit3 Say and draw（按照指示画朋友）
	四年级上册 Unit6 Let's play（在手指上画家人，并介绍） Draw and say（绘制家人的画像，并介绍其职业）
	四年级下册 Unit4 Draw and say（画农场）
	四年级下册 Unit5 Let's find out（选择并填色）
	五年级上册 Unit6 Draw and say（画一个自然公园）
	六年级下册 Unit4 Draw and talk（画出五年前和现在的学校）
表演	三年级上册 Unit4 Let's do（模仿动物表演）
	四年级上册 Unit6 Let's play（表演各种职业角色）
	四年级下册 Unit4 Let's play（模仿动物）
	四年级下册 Unit6 Let's act（角色扮演购物情境）
	五年级上册 Unit3 Role－play（角色扮演点餐情境）
	五年级下册 Unit6 Match say and act（情境表演）
	六年级上册 Unit2 Role－play（角色扮演交警和路人）

三、职业启蒙教育间接素材的呈现

作为研究者，在挖掘教材时不能只对教材中所呈现的直接相关专栏内容进行分析，更重要的是挖掘教材中潜在的职业启蒙教育间接素材。通过对教材中每一节内容的认真分析，收集其与职业启蒙教育相关的内容，以启发教师科学合理地将职业启蒙教育渗透到英语课堂之中。对于教材中的职业启蒙教育间接素材，没有固定的开发模式，教师可自主设计开发。如教师可以依据学生的身心发展规律及学习特点，将单元内容与实际生活中的相关情境以导入或巩固练习的方式巧妙结合。本研究中的间接素材主要指教材中虽未明确涉及职业名词、图片或情境，但其话题或教学内容同样

适合创设一定的职业情境、开展角色扮演活动的部分。这里仅列举部分实例以供借鉴，详见表 8－6。

表 8－6　职业启蒙教育间接素材

册数	单元	间接素材
三年级上	Unit1	了解与英语相关职业，如翻译家……；启发学生思考为什么学习英语
	Unit2	可结合颜色这一主题，设计绘画大赛、画展等情境
	Unit6	针对 Let's play 的内容可创设职场面试的情境
三年级下	Unit3	可结合本单元“动物园”这一主题，创设讲解员这一职业角色，请学生扮演
四年级上	Unit1	价值观教育：爱护公物、保持公共卫生，团结合作
	Unit2	Story time 价值观教育：养成好习惯，提前准备好所需用品
	Unit3	Story time 价值观教育：朋友的意义，如学会合作、互帮互助
	Unit4	结合房间这一主题，请学生扮演室内装饰设计师，设计自己的房子
四年级下	Unit2	结合主题，可让学生做一天的日程安排，培养其规划能力
	Unit5	结合主题，创设“服装设计人员”这一职业角色，请学生设计服装
五年级上	Unit2	Make a schedule 让学生制订一周学习计划，培养规划能力
	Unit4	可结合主题，创设“文化艺术节招募志愿者”的情境，让学生在体验招聘中掌握本课内容，同时更深入地了解自己特长所在
	Unit6	结合主题，可创设旅游这一情境，增加学生对旅游业的了解
五年级下	Unit1	Read and write 可让学生表演《鲁宾孙漂流记》中的情节，同时介绍“作家”职业
	Unit2	可启发学生思考不同职业的人，对季节有不同的喜好等

第三节　小学英语教学渗透职业启蒙教育的问题审视

本研究以山东省曲阜市 QSF 小学为个案研究对象，运用观察法和访谈法了解当前小学英语教学渗透职业启蒙教育的真实现状。研究首先采取观察法对小学英语课堂教学进行深入观察与分析，以获取职业启蒙教育在小学英语学科当中的渗透情况，同时了解当前小学英语教师在教学中存在的不足与可取之处。该校目前共有 6 名英语教师负责全校 3 ~6 年级的英语教学工作。在职称上，小学二级、一级和高级职称教师各2名；在学历方面，大专和硕士学历教师各1名，其余4名教师均为本科学历；就工作年限而言，有2名教师工作年限在3年以内，2名工作年限在4～10年之间，2名工作年限为10年以上。鉴于该校英语教师数量较少，因此6名英语教师均纳入到研究中。经过课堂观察初步了解到小学英语教学渗透职业启蒙教育的现状后，运用访谈法对6名英语教师进行深入访谈，访谈内容涉及小学英语教师是否有职业启蒙教育的意识，是否有意愿通过学科渗透的方式进行职业启蒙教育，以及当前通过小学英语学科渗透职业启蒙教育的困难和建议等。另外又对3名教学管理人员进行访谈，了解他们对于在英语学科中渗透职业启蒙教育的态度、认识及建议等。综合对课堂观察记录和相关访谈资料的整理分析，可以看出当前在小学英语教学中渗透职业启蒙教育存在着诸多问题。

一、职业启蒙意识缺失，关照学生发展不足

（一）职业启蒙教育理念淡薄

经过对一线英语课堂的观察以及对教师的访谈，笔者了解到当前小学英语教师自身存在的最大问题是缺少职业启蒙教育意识。无论是在课前备课阶段、课堂教学阶段还是课后反思阶段，均未发现教师有渗透职业启蒙教育的理念。即使有个别教师在课堂中偶尔创设一些适合渗透职业启蒙教育的条件，但其主要目的在于帮助学生巩固练习新学单词、句型等具体知识点，并非有意识地为学生提供认识自我的机会或提高学生对社会职业的了解，所以这些无意中开发的职业启蒙教育素材通常不能发挥其深层的教育价值。同时笔者了解到不少教师对于职业启蒙教育这一概念的认识也存在偏差，不能真正理解其内涵。该问题的存在究其原因，一方面是教师主观因素，主要表现为教师自身没有具备终身学习的思想，未能有意识地通过自学或者其他途径不断地提升自己的教育理念，与此同时教师的副课意识较为严重，这也在一定程度上阻碍了其思维和格局的提升。此外大多数教师在工作中缺少教学反思，再加上个人的时间、精力有限，导致教师提升教育理念、树立职业启蒙意识困难重重。另一方面是外在的客观环境所

致，首当其冲的是教育部门对职业启蒙教育缺少自上而下的宣传和推广，并且学校现行的教育管理制度也未给教师提供相关的鼓励和支持。

（二）学生发展需求关注不足

当前小学英语教师对学生的了解程度基本上停留在能够对不同年级、不同年龄阶段学生的身心特点有一个客观把握的水平。比如教师普遍认为小学三年级的学生活泼好动，专注力不高且思维中具体形象的成分占优势，更适合采用游戏的教学方法；小学五六年级学生的专注力、认知力均高于低年级儿童，并且逻辑思维能力也有所发展，因此适合向他们教授更多的学习策略。但是教师对于每个年级或每个年龄阶段中不同学习层次、不同性格特点学生的内在需求则缺少一定的了解。至于对每一位学生的关注，从当前了解到的现状来看，更是一种奢望。总体而言，小学英语教师对于学生的关注较为缺失。究其原因，一方面是教师的副课意识较为严重，他们通常认为对每位学生的关注和了解应该是班主任的职责，副课教师只要把所带学科教好足矣；另一方面，外界条件所致，教师反映尽管小学没有所谓的升学压力，但学校及家长还是非常在意学生的学习成绩，教师只能把主要精力放在提升学生成绩上。另外英语教师一周至多给学生上2～3次课，与学生接触的机会较少，再加上所带班级数量较多，年级跨度又大，很难做到了解和关注每一位学生。

二、启蒙素材挖掘不够，课堂教学渗透不佳

（一）职业启蒙素材挖掘不够

通过对多名教师的访谈，笔者了解到当前英语教师课堂教学的内容基本上与教材保持一致，同时会在教材原有内容的基础上适当进行整合与加工。相对来说，资深教师对教材的把控更为灵活，而新手教师由于教学经验少，不够熟悉教学内容等原因，对教材的把握稍微逊色一些。但整体来看，教师们普遍缺少对教材中职业启蒙教育素材的挖掘，对教材的加工更多的是从课程内容的衔接性、趣味性以及操练性方面考虑。即使偶尔将所教内容与学生的实际生活联系在一起，也并无渗透职业启蒙教育的想法。在课堂教学中，教师常常忽略教材中较为明显且多次出现的相关素材，对

于较为隐含的职业启蒙教育素材则更难以注意到。教师普遍对于教材中隐含的职业启蒙教育素材不够敏感，除非真的涉及职业类的单词、句型等才会引起教师的重视，更多的只是关注职业类单词本身的发音和汉语意思。究其原因，一方面是教师没有树立一定的职业启蒙教育意识，并且自身能力有限，无法做到科学挖掘、合理利用职业启蒙素材，更无法保证对学生进行系统地职业启蒙教育渗透；另一方面外部的管理制度使得教师的教学任务繁重，没有更多的精力拓展教育内容，同时也缺少关于职业启蒙教育的相关指导与培训。

（二）课堂教学职业渗透不佳

人教版小学英语教材中包含大量的职业启蒙教育素材，如 Let's sing、Draw 等各种活动能够提高学生的自我认识，Role - play 能够加深学生对社会职业的了解，Do a survey 则能够锻炼学生的综合能力。课堂教学中一些教师会结合单元知识适当地拓展一些内容，这些内容有时恰恰是很好的职业启蒙教育素材。如 L 老师在教授五年级上册 Unit 4 What can you do！中 Let's learn 的内容时，以文化艺术节招聘志愿者这一情境导入新知，该情境与教学内容十分吻合，同时也是一个特别适合渗透职业启蒙教育的契机。如果正确地加以利用，学生不仅能够掌握本单元知识点，同时也能够学会看懂招聘启事、体验招聘过程、加深对自我的认识等。但通常情况下教师往往会忽视这些职业启蒙素材，忽略情感态度与价值观方面的教育，而仅仅关注学生对英语知识点的掌握。另外教师普遍不够重视小组合作学习及课堂评价对学生的教育影响。在实际教学中，教师缺乏对小组合作学习的科学指导，同时对于学生的评价也过于单一和形式化，未能充分利用教学评价帮助学生认识自己的优点与不足，不能促进学生健康发展。究其原因，在于教师自身教学理念有待提升，没有树立职业启蒙教育意识，进而缺少对职业启蒙素材的敏感性，课堂教学中也往往会忽视对职业启蒙教育的渗透。

三、作业延伸设计不足，课后活动拓展困乏

（一）作业潜在意义延伸不够

通过课堂观察，笔者发现英语教师的作业设计普遍难度适中、内容新

颖，其中有些作业设计一定程度上具有潜在的职业启蒙教育意义。如 L 老师针对人教版小学英语 Book 5（五年级上册）Unit 4 What can you do? 的单元内容设计了让学生填写自我评价表（Self - assessment）这一作业。如果教师能够恰当地把握该作业的职业启蒙教育作用，不仅可以帮助学生在掌握英语知识的同时更好地认识自己，并且也能在一定程度上帮助教师加深对学生的了解。但经访谈了解到，在实际教学中，学生的作业落实不到位是一个非常普遍的现象，绝大多数英语教师事实上并不太关注学生作业的完成情况，在他们看来作业的主要作用在于督促学生复习巩固所学知识，即使关注，其关注点也主要集中在学生是否完成作业以及学生对具体知识点的掌握情况，并未有意识去深化作业潜在的职业启蒙意义，未借此增进对学生的了解和帮助学生加深对自我的认识，从而导致作业这一潜在的职业启蒙教育资源没有得到很好的开发和利用。究其原因，归根结底还是教师自身没有树立职业启蒙教育意识，同时也没有得到相关的理论指导与培训。

（二）课外综合实践拓展缺少

《标准》中强调现代外语教育要重视语言学习的实践性，鼓励英语教师在教学中应尽可能多地为学生提供一些在真实的语言情境中理解和运用相关语言表达的机会，使学生在参与的过程中掌握所学知识、提升综合能力以及调整情感态度等。但实际上笔者通过访谈得知，绝大多数教师在课堂外很少主动引导或组织学生开展与英语相关的实践活动，一般仅根据上级指示，每年举办一次 CCTV 杯英语演讲选拔大赛。由此可以看出当前小学英语教学存在课外综合实践拓展不足的现象。即使有个别教师主动组织了一定的活动，但据观察这些活动的开展效果并不理想。如 X 老师通常会在自己所带班级内部组织一些活动，要求三、四年级的学生对每单元最后的 Story time 板块内容进行角色扮演，五、六年级的学生则需在每学完三个单元后根据所学内容以四人小组为单位编排一个 5 分钟的英语课本剧。以五、六年级的课本剧为例，笔者认为这是一项非常新颖且能够激发学生创造力、提升其综合能力的活动，但通过访谈了解到 X 老师组织该活动的主要目的在于帮助学生巩固复习前三个单元所学内容，她认为以表演的形式进行对话练习，相对来说更容易激发学生的兴趣，并未考虑过借此提升学生的综合能力。另外据观察，该活动实际的开展效果并不佳，学生均为本色出演，且基本上是以按部就班的对话操练为主，内容和形式都没有太多的创新，比较单一枯燥，台上学生表演激情不高，台下学生参与兴趣不足，常常思想开小差，需要教师多次强调纪律，可以说这样的表演更像是轮流上台完成对话练习任务，并未真正发挥出课本剧的教育魅力。究其原因，一方面教师自身教育理念和专业素养有待提升；另一方面学校的评价和管理制度也不利于激发教师开展综合实践活动的积极性。

第四节 小学英语教学渗透职业启蒙教育的路径选择

对于英语学科渗透而言，通过文本分析可知，英语学科具备职业启蒙教育渗透的基础与条件。另外小学阶段英语学习的主要目标是培养学生学习英语的兴趣，帮助学生形成初步的综合语言运用能力以及提高学生的综合人文素养等，职业启蒙教育的渗透务有必要围绕该学科目标来开展。在严格落实国家课程标准的基础上，将职业启蒙教育与小学英语学科相结合，在把握好渗透原则及注意事项的前提下，可以达到两全其美的效果。但通过实际调查了解到，当前在小学英语教学中渗透职业启蒙教育存在着一定的阻碍，具体而言，最大的阻碍在于英语学科教师本身缺少一定的职业启蒙教育意识，并且副课意识严重。针对这些问题，笔者提出了有针对性的实施策略。

一、基于学生需求，增强职业启蒙意识

（一）以学生为中心，全面了解学生内在需求

全面了解学生不仅是班主任的职责所在，同样也是每一位学科教师开展教学工作的必要前提。教师只有对学生有所了解，其教学才能真正满足学生的内在需求，才能激发学生的学习兴趣以及内在动力，进而促进学生健康、全面发展。作为肩负着教书育人职责的英语教师，应该尊重学生、热爱学生，同时怀有善意的期望，坚信每一位学生都有向上发展的可能

性，并在此基础上用心认识每个学生，全面了解他们的内在需求。具体而言，教师一方面可以通过课堂观察了解学生学习英语的兴趣、学习方法以及认知水平等；通过课下交流以及课外活动广泛了解学生的兴趣爱好、性格特征以及他们与同伴之间的关系等；此外教师还可以充分利用现有的专业测试以进一步把握学生的智力水平和认知方式等。另一方面应加强与班主任、主科教师以及家长的沟通交流，以便对学生有一个更加全面客观的认识。在对学生有一定认识的情况下，英语教师要学会根据学生的实际发展需求灵活调整课堂教学内容和具体的教学方法，以便提高学生学习英语的积极性，使其逐步形成主动学习的能力，真正促进学生终身可持续发展。

（二）提升教育理念，增强职业启蒙意识

教育理念是教师在长期的教育实践过程中逐渐形成的对教育本质、教育规律的认识和观点。它贯穿于教师教学过程的始终，影响着教师教学能力的发挥，进而也影响着人才培养的质量。面对当前社会经济迅速发展的现状，教师应顺应时代发展要求，提升教育理念，树立职业启蒙教育意识。尤其对于英语学科教师来说，在树立职业启蒙教育意识的同时要消除副课意识。具体而言，一方面英语教师可通过自学或参加相关培训，领悟职业启蒙教育的意义，明晰职业启蒙教育的目标，更新关于职业启蒙教育的观念，了解在英语教学中渗透职业启蒙教育内容，并不一定是为了让学生毕业后从事与英语相关的职业或过早地引导学生进行职业定位或规划，而是为了让学生尽早了解学科与生活的联系，体会英语的价值，同时在学习英语的过程中逐渐增加对自我的认识等；另一方面教师要在日常教学中学会反思，要转变观念，提高自觉反思的意识，而且要多从教学中的具体问题着手进行反思，并且反思后要有实际行动的跟进。另外学校也需为教师成长提供必要的鼓励和帮助。

二、基于启蒙素材，创设职业体验情境

（一）以教材为依据，深入挖掘职业启蒙素材

众所周知，教材是教师完成教学任务、实现课程目标的重要媒介。因

此，职业启蒙教育的渗透在英语学科中的渗透也需以教材为依托，要求英语教师重视对教材的解读，深入挖掘教材中隐含的职业启蒙教育素材。具体而言，首先，鉴于课程标准是教师进行教学的重要依据，英语教师个人应充分研读《义务教育英语课程标准（2011 版）》，准确把握英语课程的性质、目标以及基本理念；其次，教师应树立“活用教材”的观念，主动做教材的二次开发者，在宏观把握教材的基础上深挖其背后隐含的职业启蒙素材，并结合学科特色、学生特点以及社会生活实际，对教材内容进行恰到好处的重组或整合，同时选择合适的教学方式将职业启蒙教育潜移默化地渗透于英语课堂教学中，让学生在课堂中不仅收获具体的英语语言知识，还能认识自己、了解社会，提高学习兴趣以及未来发展所需的交流合作、思考探究、解决问题等能力；最后，教师还可以借助现有的教研组或自发组织相关研讨小组以合作的方式共同研究、开发教材中丰富的职业启蒙素材，依靠集体智慧来构建真正对学生当下以及未来发展有价值的教育内容。

（二）以课堂为契机，创设职业体验情境

英语教师渗透职业启蒙教育的主要阵地在课堂。因此对于教师而言，首先要善于利用英语教材中现成的职业启蒙教育素材，结合学科知识合理地创设职业体验情境。如人教版小学英语 Book 4（四年级下册）Unit 3 Weather 这一单元的主要内容是掌握描述天气状况的单词和句型，同时教材中多次出现天气预报员这一人物，教师可创设相关职业情境，让学生扮演天气预报员，在较为真实的语言情境中学习英语，体验职业。英语教师在真实的语言情境中教学，不仅能明显提高小学生学习英语的兴趣，帮助他们更好地理解和掌握英语知识，还能增加学生对社会职业的了解，促进学生综合能力的发展。但是教师要明白学科渗透重在适当地将所学知识与实际生活联系，拓展职业启蒙教育的路径，使启蒙教育不要过于刻意，过于局限于某门课程甚至某几个学时/学段。另外要注意并不是所有教学内容都可以进行渗透，例如音标教学更注重的是发音方面的教学，而非释义，因此难以渗透且不适合。总之，教师要把握学科渗透的“度”，渗透不应生搬硬套，而要恰如其分。另外课堂中教师应充分利用小组合作活动，给予学生适当的指导使小组合作发挥真正的教育价值，而非走马观花、流于形式。并且教师还应提升学生评价能力，充分发挥评价的诊断功能，着眼于学生的成长与进步，帮助学生更好地认识自己，进而促进每一个学生健康全面地发展。

三、开拓启蒙思路，丰富职业体验平台

（一）巧设开放作业，渗入多元评价

除了正规的课堂教学外，作业也是渗透职业启蒙教育的一种途径。作业设计得合理恰当，不仅能够增加学生对自我的认识，提升学生的综合能力，同时还可以帮助教师增进对学生的了解，以便教师及时调整教学方案，因材施教，促进学生的全面发展。每一位教师尤其是副课教师应以开放作业为基石，拓展职业启蒙路径。具体而言，教师一方面要尽可能多地设计类型丰富的开放式作业。首先，作业的布置要从学生的角度出发，针对不同学生的发展水平，对作业的数量以及难易程度做出适当的调整，使学困生和学优生都能得到提升。其次，多将学生的作业与解决实际问题相结合，强调在一定情境中完成，以便提高学生的知识运用能力、动手能力及创新能力。教师还可多设计不同形式的作业，将作业融入绘画、表演、制作、调查、游戏等活动中，借此开阔学生视野，让学生通过接触不同领域的东西，逐渐认识自己，发现自己的兴趣所在。最后，教师还可设计“日记作业”，旨在帮助学生了解自己，同时增进师生间的情感交流，“合作作业”则旨在培养学生的交流能力、合作能力等多方面素养。总之，作业形式、内容不限，教师可以把作业设计与学生的日常生活、各科学习结合起来，甚至还可以让学生自己设计作业、自己选择作业，把做作业的主动权交给学生；❶ 另一方面，教师要切实保证作业落实到位，把握学生作业的质量，充分发挥其潜在的教育意义。

（二）把握综合实践，创生职业感受

新课改后的英语课程强调教学要从学生出发，鼓励教师在依托学生的

---

❶ 宋广文，康红芹．教师布置作业的形式与学生学习关系的反思［J］．课程·教材·教法，2009（12）：35－40.

学习特点和认知规律的基础上，采用多样的教学方式，创设多彩的教学活动，使学生尽可能多地通过亲身体验提高自身综合语言能力。《标准》指出小学英语教学重在培养和提高学生学习英语的兴趣，再结合小学生的特点来看，综合实践活动是不容忽视的一种教学途径。它注重学科内容的扩展和深化，突出强调学生的主体意识，对于培养学生的创新意识和实践能力具有重要意义。经分析，人教版小学英语教材内容丰富多彩，贴近现实生活，并且包含各种各样的活动模块，因此教师可以深化对教材的解读，充分利用现成的版块开展实践活动，如教材中每单元最后都有一个“Story time”版块，教师可积极开发这一模块深层的教育意义，要求学生分组将小故事表演出来，每组学生利用课余时间，自己分工、准备道具，同时小组成员之间还需要互相帮助等。在表演的过程中，学生不仅掌握了课堂中所学的知识，同时还懂得了如何将其应用于实际的生活交际中。教师还可以根据单元内容以及学生身心特点，自主开发相关的实践活动。如 X 老师要求学生在每学完 3 个单元内容后，以小组合作的形式自行整合所学内容，编排一个课本剧，教师可充分激发学生的想象力和创造力，鼓励学生创设不同的情境进行课本剧表演，改变一成不变的学生角色，结合所学内容及个人特质适当地扮演各种不同的社会角色，使课本剧更加生动、贴近真实生活。这里需要强调的是教师在开展综合实践活动时要以学生的直接体验为基础，注重与学生实际生活的联系，同时有意识地培养学生的合作交流能力，使其在实践中学会互帮互助，另外要鼓励学生自主创新，为学生的个性发展提供成长的空间。

第九章

小学科学教学渗透职业启蒙教育研究

第一节　小学科学教学渗透职业启蒙教育的基础考察

一、小学科学教学渗透职业启蒙教育的价值意蕴

（一）职业认知的启蒙

1. 激发职业兴趣

人们做自己感兴趣的事往往灵感迭起、思维敏锐，付出再多的精力也无怨无悔，而职业兴趣即指人们对某一类工作或职业所抱态度的积极性。[1]可以说，兴趣是人们职业选择的最好老师。学生在未来进行职业选择时必然是需要以丰富多彩的学科知识为基础的，对不同学科知识的学习兴趣在不知不觉中能够激发着职业兴趣的产生。小学科学课程的学习主要为学生掌握科学家、工程师等职业人员的相关职业常识打下基础。小学生对于未来职业的兴趣往往是由对教材中职业人物的欣赏崇拜而引起的。例如学生会因为崇拜李时珍编写《本草纲目》从而产生对医学的兴趣，立志想要成

[1] 柳建营，许德宽，郭宝亮．职业生涯规划与指导［M］．北京：北京工业大学出版社，2004：36.

为医生；因为佩服牛顿发现万有引力定律而衍生出对物理的喜爱，想成为和他比肩的物理学家；等等。小学生在小学科学课程学习的过程中，了解了各种职业取向及其特征，为其未来可能从事的职业储备基本常识，这时常常会产生许许多多不稳定的兴趣点，对此教师要注意引导，利用学生的学习兴趣推动其职业兴趣的生成，调动他们的积极性和主动性，使职业启蒙教育达到事半功倍的效果。

2. 了解职业要求

职业选择有时会在一定程度上决定我们的进取方向，并可能改变一个人的整个命运。特定的职业往往意味着不同的发展机会和空间，也决定着不同的生活方式。[1] 教材中各行各业形形色色的职业人物层出不穷，他们都有着各自的职业角色和独特的个人魅力。毫无疑问，这为个人个性与职业选择之间的联系提供了借鉴方向。美国霍普金斯大学著名心理学教授约翰·霍兰德提出了“人业匹配理论”，[2] 把人的性格分为对物敏感的实际型、对人敏感的社会型、对过程敏感的艺术型、对结果敏感的企业型、对信息敏感的探索型、对规矩敏感的常见型这六种。不同类型的性格适合从事的职业种类亦截然不同。[3] 如若根据这个理论来看小学科学教材中的人物，显而易见，鲁班这类工匠是典型的实际型的人，设计师是艺术型的人，天文学家、气象学家这些科学家们则是偏向探索型的人。性格气质类型不仅是人们选择职业的重要因素，也是人们事业成功的基础。如若一个人的性格气质与他所从事的职业很吻合，那么他的职业生涯就更容易成功；反之，则从业者会是苦恼不堪，导致失败。[4] 因此，以教材中人物个性特点为参照物，有助于学生了解有关的职业要求，并有意识地引导学生

---

[1] 柳建营，许德宽，郭宝亮．职业生涯规划与指导［M］．北京：北京工业大学出版社，2004：28.

[2] 谢守成，郎东鹏．大学生职业生涯发展与规划［M］．武汉：华中师范大学出版社，2009：92－94.

[3] ［美］罗伯特·里尔登，等．职业生涯发展与规划［M］．侯志瑾，等，译．北京：中国人民大学出版社，2016：12.

[4] 柳建营，许德宽，郭宝亮．职业生涯规划与指导［M］．北京：北京工业大学出版社，2004：35.

总结反思自己的性格类型，进而结合自己的性格类型逐步培养较为稳定的职业倾向。

（二）职业精神的培育

1. 激励职业精神

科学课程教学中存在着大量的职业角色和职业行为，这些职业素材中凸显着认真敬业、坚韧严谨、持之以恒的职业精神，它是人们在职业活动中表现出的内在精神力量。职业精神通常与人们的职业活动密切联系，从事职业活动应该具有职业精神与道德操守，应该具备这种职业的能力、自觉和精神。在职业实践中，主要体现在爱岗敬业、诚实奉献、勤奋卓越和干一行爱一行、干一行钻一行等方面。通过科学课程学习可以不断树立小学生的职业精神，从而赋予极大的精神动力，增强小学生对日后工作的积极性、责任感和自信心，增强勇于挑战和克服困难的勇气，为实现自己的既定目标而努力奋斗。随着中国社会主义市场经济的发展和日益激烈的国际市场竞争，人才的需求不仅是那些只懂知识和技术的人才，还需要技术精湛、结构合理、质量优良、实力雄厚的人才队伍。许多公司已经意识到员工的职业精神对公司的经营业绩有很大的影响，它的核心竞争力不仅是在资本和技术方面，而且体现在其员工的专业素质和职业精神上。良好的工作心态和职业精神成为当前科技人才的重要隐含特征，成为各家公司招聘员工的重要参考标准之一。

2. 提升职业品质

职业品质是个人对社会职业了解与适应能力的一种综合体现，在国家经济和文化软实力的发展上具有较大的助推作用，而且对学生未来的可持续发展也有所帮助。思想素质是学生职业素质的前提，即要培养和树立端正合理的职业品质。职业品质体现了学生的精神追求和对未来职业的直观认知。高素质的职业品质的作用是巨大的，一方面可以激发学生的进取精神，有助于充分准备个人的未来事业；另一方面可以促进学生综合素质的全面发展。通过小学科学课程学习，小学生可以逐步培养起对职业的热爱、职业团队的归属感、职业合作意识、公平合理的竞争意识以及精益求精的尽责意识，进而促进小学生对职业的认知，激发小学生的进取精神，追求创新精神，培养良好的工作作风，养成诚实守信的职业品质。

（三）职业技能的初育

1. 培养职业基本技能

在科学课程教学过程中，要让学生经历和体验科学探究的基本过程，进而培养和发展学生的思维能力、创新能力、实践能力和学习能力，以及用科学语言与他人交流和沟通的能力。小学生通过一系列动手又动脑的探究活动，不仅踏入了科学的大门，了解了手工的世界，而且通过亲自实践和研究锻炼了自身的基本技能。在佛罗里达州立大学的生涯档案系统中，列出了九种能转化到任何特定工作中的一般技能，如沟通、批判性思维、创造力、团队合作、技术或科学，等等。这些宽泛的技能是人们从事职业时必备的能力。[1] 当小学生在教师指导下观察具体现象与事物时，他们便锻炼了自己的观察能力和发现问题的能力；当小学生在教师引导下制订科学计划时，他们便逐渐增强了自己的规划能力和目的意识；当小学生尝试用多种感官或简单工具进行观察和研究时，他们便提高了自身运用工具的本领并且发展了身体各方面的协调能力；当小学生努力用语言初步表述实验信息时，他们便提高了自身的分析概括与交流表达的能力……而这些能力的培养与提高，都是他们日后走向职业岗位时必须具备的基本技能，因此，科学学科的这种实践性与综合性，就决定着其本身包含着职业启蒙教育的意蕴与价值。

2. 提升职业核心能力

探究能力是未来从事任何职业都必须具备的核心能力之一。科学课程的教学有助于提升小学生的科学探究能力，为小学生今后从事相关专业领域打下坚实的基础。科学课程教学的核心是探究，亲身经历以探究为主的学习活动是学生学习科学的主要途径。小学科学课程教学中的科学探究活动主要经历以下八个过程：提出问题→做出假设→制订计划→搜集证据→

---

[1] ［美］罗伯特·里尔登，等．职业生涯发展与规划［M］．侯志瑾，等，译．北京：中国人民大学出版社，2016：30.

处理信息→得出结论→表达交流→反思评价，[1] 小学生在像科学家那样不断进行研究活动的过程中，开发了大脑和思维，培养了创新思维和创新能力，提升了自身的科学探究能力，这些能力是他们日后从事理工科领域研究工作时必备的职业技巧。

二、小学科学教学渗透职业启蒙教育的“标准”支撑

小学科学课程对小学生科学素养的培养起着至关重要的作用。课程标准作为教学指导性文件，规定了学科的课程性质、目标和内容。本章以教育部《义务教育小学科学课程标准（2017 年版）》（以下简称《标准》）为文本分析对象，探寻课程标准中课程目标、课程内容以及课程实施建议三部分中隐含的职业启蒙教育理念。

小学科学课程承担着向小学生进行科学启蒙教育的任务。作为向小学生进行科学启蒙教育的小学科学课程，它具有儿童性、科学性和启蒙性三个特点。[2] 其中的启蒙性即指启蒙教育是基础教育和入门教育，具有培养兴趣、引领进门、打好基础、指明方向、找对路径的作用，其对象是对某个领域的无知或知之甚少的人。因此，小学科学课程的教学目的是让小学生初步了解科学，掌握一些最基本的、最浅显的科学知识；学习一些最基本的科学方法，在科学探究活动中初步体验科学，逐步学会科学地思考问题、研究问题；培养学生的创新和批判意识、环保意识、合作意识以及社会责任感，为小学生未来的学习、生活和终身发展奠定良好的基础。科学课程的性质决定着其具有进行职业启蒙教育的作用和功能，科学课程标准中丰富的内容值得我们进行深入挖掘和分析。

（一）“课程目标”对职业启蒙教育的理念引导

课程标准指出，小学科学课程的总体目标是培养学生的科学素养，并且为他们继续学习、成为合格公民和未来终身发展奠定良好的基础。一般

[1] 中华人民共和国教育部．义务教育小学科学课程标准［S］．北京：北京师范大学出版社，2017：1.

[2] 中华人民共和国教育部．义务教育小学科学课程标准［S］．北京：北京师范大学出版社，2017：1.

而言，科学素养是指利用基本的科学知识和技能、进行科学探究所需的科学思维和方法以及人类与自然和谐相处的生活态度来理解自身和周围世界的能力。[1] 它必然包括科学的职业素养，例如合作精神、严谨的态度；个人的终身发展也必然包括职业生涯发展，这是毋庸置疑的。小学科学课程的核心理念是全面提高每一位学生的科学素养，是一门兼具基础性、实践性、综合性的学科课程。[2] 其中，基础性表现为“早期的科学教育在人类科学素养的形成中起着非常重要的作用”。科学素养当然包括科学的职业素养。易言之，早期的科学教育对一个人科学职业素养的形成具有十分重要的作用，这反映了科学课程职业启蒙教育的基础性。实践性具体表现在“探究活动是小学生学习科学的重要方式”。学生通过动手动脑和个人体验等实践活动，在各方面加强学习能力，培养良好的科学态度，突出了职业启蒙教育的灵魂——实践性。综合性表现为“强调科学课程与数学、语文等课程是相互渗透的”。它还包括科学课程与职业启蒙教育课程的相互渗透。显而易见，小学科学课程标准在性质理念方面处处渗透着职业启蒙教育的特性。

（二）“课程内容”对职业启蒙教育的内容意蕴

根据课程标准的叙述，小学科学课程内容包含 4 个领域：生命科学、物质科学、技术与工程、地球与宇宙科学，其中适合小学生学习的主要科学概念共有 18 个。各个领域主要概念的学习都与现实生活环境紧密联系，包括自然生活环境和社会生活环境，体现了该课程的社会性，为职业启蒙教育要素的渗透创造了合适的语境。针对不同年级在不同的领域内容具有不同的要求，知识难度由浅入深、循序渐进，课程内容安排体现出了阶段性、层次性、连续性的特点。物质科学领域的学习有助于学生养成尊重事实、乐于观察、勇于探索的职业品质；生命科学领域的学习有助于发展学生对大自然的热爱，提高环境保护的意识，培养学生的绿色职业伦理品

---

[1] 中华人民共和国教育部．义务教育小学科学课程标准［S］．北京：北京师范大学出版社，2017：1.

[2] 中华人民共和国教育部．义务教育小学科学课程标准［S］．北京：北京师范大学出版社，2017：1.

质；地球与宇宙科学领域的学习有助于发展学生的空间想象、模型思维、逻辑推理能力，为未来有关职业能力的发展奠定基础；技术与工程领域的学习将会使学生体会到科技对生产生活的影响，了解工程师和科学家一丝不苟、精益求精的职业态度。通过围绕相关课程模块开展的实践活动，在“做”中学到以精益、专注、创新为内涵的工匠精神，从而帮助学生树立正确的职业观，消除职业偏见。

（三）“实施建议”对职业启蒙教育的教学支持

课程标准主要从教学目标、教材使用、教学活动、学习场所、学科关联、教学媒体六个方面为小学科学课程的教学实施提出建议。[1] 这六个方面对职业启蒙教育的渗透都有着重要的实践指引价值。其中，在教学目标方面，指出“科学素养的形成是长期的，只有通过连贯、进阶的科学学习与躬行实践才能达成”，这与职业启蒙教育的潜移默化具有高度的适切性，也为职业启蒙教育的渗透提供了契机。在教材使用方面，指出教材不仅包括教科书和教师教学用书，还包括学生活动手册和教学具，并建议教师要“创造性地使用教材”，这为职业启蒙教育素材的渗透提供了可能的载体。在教学活动方面，强调要“突出学生的主体地位”，引导学生“动手动脑做科学”和“开展探究式学习”，尤其在“动手”方面，诸如模型制作、种植饲养、观察测量等活动充溢着职业启蒙教育的色彩。在学习场所方面，建议要在教室、实验室外拓展更为广阔的学习空间，包括家庭、社区、公园、科技馆、博物馆等，这些场所中潜藏有不同类别的职业角色，对培养学生的职业认知具有重要的价值，尤其标准提出的“任务清单”式教学法，更是充分利用了这些场所中的职业角色和职业任务的启蒙教育价值。在学科关联方面，建议要与“综合实践活动”关联，而《中小学综合实践活动课程指导纲要》将“职业体验”作为“综合实践活动”的重要内容之一，为职业启蒙教育的开展提供了绝佳机会。在教学媒体方面，建议既要充分利用先进的现代媒体，又不能忽视真实情境的教学，这为职业

---

[1] 中华人民共和国教育部．义务教育小学科学课程标准［S］．北京：北京师范大学出版社，2017：59－64.

虚拟仿真和职场真实情境的教学提供各自的资源平台。

第二节　小学科学教学渗透职业启蒙教育的教材支持

教材是课程的核心载体。小学科学教材不仅可以帮助学生提高科学素养，而且是学生了解社会、了解各行各业的重要途径。教材中的教育内容丰富多彩，包括了许多富有启发性的职业要素，为把职业启蒙教育渗透到学科教学中创造了合适的条件。

本研究选取教科版小学科学教材作为分析对象。教科版科学教材有新旧两个版本，2001 年初审通过版《科学》教科书只有 3 ~ 6 年级共 8 册，2017 教育部审定版于 2017 年 9 月开始实行，增加了 1 ~ 2 年级的《科学》教材。本研究为了保持科学教材的连贯性，将对新旧两版教科书进行整合性梳理和分析，争取涵盖六个年级的科学教材，但由于二年级下册的新教材在本研究写作过程中并未发行，因此缺少二年级下册的《科学》教科书，特此说明。

一、职业启蒙教育素材的整体分布

（一）小学科学教材的整体概览

2001 版《科学》教科书共 8 册，覆盖三至六年级，每册均安排 4 个教学单元，三年级和四年级的每个单元包含 7 个教学活动，五年级和六年级的每个单元包含 8 个教学活动，教学内容划分为三大部分，即物质科学、生命科学、地球与宇宙科学。2017 版《科学》教科书共 3 册，每册均安排 2 个教学单元，每个单元包含 6 ~ 7 个教学活动，并且新版教科书首次将“工程和技术”内容列入科学课程之中，这样，科学课程的主要教学活动内容由原来的三部分扩充为四大部分，即“物质科学”“生命科学”“地球与宇宙科学”“技术与工程”。教科书采用科学概念和科学探究两条主线并行发展进行设计和编排，构建了自己的整体结构，如表 9 – 1 所示。

表 9-1　《科学》教科书具体教学活动一览

<table>
<tr><th>年级</th><th>上册</th><th>下册</th></tr>
<tr><td>一年级</td><td>植物
比较与测量</td><td>我们周围的物体
动物</td></tr>
<tr><td>二年级</td><td>我们的地球家园
材料</td><td></td></tr>
<tr><td rowspan="4">三年级</td><td>植物</td><td>植物的生长</td></tr>
<tr><td>动物</td><td>动物的生命周期</td></tr>
<tr><td>我们周围的材料</td><td>温度和水的变化</td></tr>
<tr><td>水和空气</td><td>磁铁</td></tr>
<tr><td rowspan="4">四年级</td><td>天气</td><td>电</td></tr>
<tr><td>溶解</td><td>新的生命</td></tr>
<tr><td>声音</td><td>食物</td></tr>
<tr><td>我们的身体</td><td>岩石和矿物</td></tr>
<tr><td rowspan="4">五年级</td><td>生物与环境</td><td>沉和浮</td></tr>
<tr><td>光</td><td>热</td></tr>
<tr><td>地球表面及其变化</td><td>时间的测量</td></tr>
<tr><td>运动和力</td><td>地球的运动</td></tr>
<tr><td rowspan="4">六年级</td><td>工具和机械</td><td>微小世界</td></tr>
<tr><td>形状与结构</td><td>物质的变化</td></tr>
<tr><td>能量</td><td>宇宙</td></tr>
<tr><td>生物的多样性</td><td>环境和我们</td></tr>
</table>

从科学教科书的教学活动安排上我们不难看出，科学作为向小学生进行科学启蒙教育的课程，蕴含了大量的科学知识、科学探究方法和科学启蒙素材。

（二）职业启蒙教育素材的整体分布

2015 年《中华人民共和国职业分类大典》将统计指标分为八类，包括：①国家机关、党群组织、企业和事业单位的人员；②办事和有关人员；③商业和服务业从事人员；④农业、牧业、林业、渔业和水利业人员；⑤军人；⑥专业技术人员；⑦生产和运输设备操作人员及相关职业人员；⑧其他不便分类的人员。本研究通过对小学科学 11 册教科书进行深入阅读，采用二分法对教材中出现的30多种社会角色进行梳理，仔细分析不同角色间的身份差异，最终得到教科版小学科学教材中渗透职业启蒙要素的总体分布情况，如表9－2所示。

表9－2　小学科学教材各类职业角色渗透情况统计

职业种类	出现次数（次）	百分比（%）
国家机关、党群组织、企业和事业单位的人员	0	0
专业技术人员	112	95.73
办事和有关人员	0	0
商业和服务业从事人员	0	0
农业、牧业、林业、渔业和水利业人员	4	3.42
生产和运输设备操作人员及相关职业人员	1	0.85
军人	0	0
其他不便分类的人员	0	0
合计	117	100

通过表9－2可知，小学科学11册教材中共计出现117次职业角色，其中专业技术人员共112次，占总次数的95.73%，在八类职业中所占的比例最高。这显然与小学科学课程标准中课程内容的安排相吻合，例如物质科学领域中出现的气象学家，生命科学领域的生物学家，地球和宇宙空间科学领域的宇航员，技术和工程领域的工程师。这些都是各个领域中具有代表性的优势职业，所以出现频次较高。其余几类职业角色所占比例均未超过5%，甚至第一、第二、第四、第七和第八大类都没有出现过职业，所占比例为0。这是因为小学科学课程旨在培养学生的科学素养，其核心理念是全面提高每一位学生的科学素养，而这五大类职业与小学科学课程的总目标相关性程度较低。

二、职业启蒙教育素材的学段分布

本部分研究主要分学段和年级对新旧两版《科学》教科书中蕴含的职业启蒙素材进行整理，从“职业角色”“职业场所”“职业工具”以及“职业动词”四个角度进行列举和总结。各学段和年级的科学教材渗透职业启蒙要素的情况分析概括如下。

（一）低学段渗透职业启蒙教育素材分析

1. 一年级《科学》教材渗透职业启蒙教育的素材分析（见表9－3）

表9－3 一年级《科学》教材渗透职业启蒙教育素材统计

单元	职业角色	职业场所	职业工具	职业动词
上册	科学家、生理学家、医学家	草地、校园、大自然、原始森林、田径场	记录夹、恐龙模型、测量工具、回形针、小立方体、尺子、卷尺、软尺、测距车、卡尺、折叠尺、体重计、电子秤、便携秤、体温计、电子体温枪、气温计和湿度计	观察、种植物、照顾、探索、画画、展示、收集、拍照片、采摘、建造房屋、提取、治疗、比较、研讨、跳远比赛、测量
下册	科学家、清洁工	市场、校园、泳池、动物园、工厂	乒乓球、天平、螺丝帽、棉签、放大镜、导盲犬、鱼的化石	分类、整理、探索、描述、记录、观察、预测、掂一掂、称一称、称量、装盒、扇闻、搅拌、溶解、给小动物建家、收集、传递物品、喂食

从“职业角色”维度分析，新版《科学》教材中多次出现了十分典型的职业角色。例如在教学活动前面有“科学家这样做”的模块，一年级上册教材中提到“珍妮·古道尔在非洲的原始森林对黑猩猩进行了38年的观察”，并配有这位女科学家观察黑猩猩的照片，这样的图文介绍符合小学生的年龄特点和认知规律，让小学生学习像科学家那样认识和看待自然世界。

从“职业工具”维度分析，在新版《科学》教材中每个教学单元后都有“科学阅读”模块，这里是关于本单元教学知识的延伸资料，比如一年级下册教材中在第一单元“我们周围的物体”后介绍到“空气本是无色、无味的，但是由于污染，我们吸入的空气有时候有些刺鼻”“关注空气和水的健康，就是关注地球和我们的健康”，这些科学阅读资料介绍了相关的科学背景知识，并且与学生的各项学习活动连接成了一个紧密联系、不断推进的整体，为教师渗透职业启蒙教育提供了丰富的素材和可扩展的空间。

2. 二年级《科学》教材渗透职业启蒙教育的素材分析（见表9－4）

表9－4　二年级《科学》教材渗透职业启蒙教育素材统计

单元	职业角色	职业场所	职业工具	职业动词
上册	科学家、地质学家	中国科学院、中国科学院地质与地球物理研究所、校园、田野、发电站、高楼、车船、植物园	野外记录手稿、防水胶、木条、有机玻璃、观察盒、家电、金属、塑料、玻璃、橡胶、纤维、回形针、放大镜、钉子、餐具、订书机、瓦楞状纸、金属门把手、黏土、钢材、纺织品、吸水树脂、纳米材料	观察、画画、发现、记录、统计、描述、辨别、查阅资料、喂食小鸟、制作鸟巢、制造人工世界、分类、造纸、装订成册、做帽子、开展示会、画草图、设计、测量、循环利用

表9－4是对二年级《科学》教材渗透职业启蒙教育素材的统计情况。从“职业场所”维度分析，在新版《科学》二年级上册“科学家这样做”模块中，介绍了中国科学院院士、地质学家刘东生研究黄土高原的事迹，并且提到了中国科学院地质与地球物理研究所，这些机构都属于职业场所的范畴。作为中国自然科学最高学术机构、最高科技咨询机构以及自然科学与高技术综合研发中心，中国科学院无疑会让学生们产生好奇、崇敬甚至向往的心情，科学教师结合教材中杰出科学家的介绍和科学机构资料的延伸，可以给小学生提供了丰富多彩的科学背景知识，为他们打开科学的大门。

从“职业动词”维度分析，教材中涉及了非常多丰富而有趣的操作动词，例如二年级上册的在地球家园上画一画、观察校园花坛里的动植物、在操场上辨认方位和方向、观察和记录月相、收集有关四季的资料、给小鸟建一个家、将物品按材料进行分类、做一本简易的书装订成册、把纸折成瓦楞状并进行探究、设计制作一顶帽子并举行帽子展示会，等等。这些科学操作活动不仅实践性强，能够促进小学生的身心发展和对科学知识的理解，而且与今后的职业世界有着千丝万缕的联系，这些活动可以培养他们的动手实践能力，发展他们的基本操作技能，为今后从事各种各样的职业活动奠定良好的基础。

（二）中学段渗透职业启蒙教育的素材分析

1. 三年级《科学》教材渗透职业启蒙教育的素材分析（见表 9－5）

表 9－5 三年级《科学》教材渗透职业启蒙教育素材统计

单元	职业角色	职业场所	职业工具	职业动词
上册	科学家、科学工作者、生物学家、化学家	校园、植物园、实验室、菜园、池塘、野外、矿区、铝厂、冷轧厂、工厂	气泵、拓片、水槽、锉刀、饲养箱、放大镜、广口瓶、滴管、人工培育、红色食用色素、生物角、铝罐、塑料制品、汽车、飞机、锄头、铁锤、插座、水管、模子、循环利用、陶器、瓷器、黏土、橡胶、聚乙烯、聚丙烯、聚氯乙烯、聚苯乙烯、有机玻璃、复合材料、量筒、玻璃筒、活塞、注射器、打气筒	观察、记录、拓印树皮图案、收集、画简图、比较、测量、烘烤、种植、寻访、调查、饲养、调制、实验、刻画、烘干、涂层、上漆、回收、运输、熔炼、运输、制造（飞机）、注射
下册	科学家、物理学家、劳动人民、医生、科技人员	食品加工厂、实验室、冷冻室、铁矿、运动场	种子、放大镜、玻璃杯、试管、烧杯、养料、生命周期、折线统计图、流程图、杀虫剂、牙齿、乳牙、恒牙、电水壶、水银温度计、保温杯、不锈钢、试管、长柄汤勺、华氏温度计、摄氏温度计、体温计、磁铁、磁性白板、门吸、电冰箱、小钢珠、指南针、司南、铜盘、罗盘、扬声器、电话机、耳机、麦克风、磁悬浮列车、GPS 全球定位系统、地磁测量技术	孵化、播种、栽培、选种、盆栽、浇水、管理、观察、记录、研究、拍照、收集数据、统计、稀释、饲养、建造、画图、测量温度、制作标本、养蚕、抽取蚕丝、密封、实验、航海、安装

从“职业场所”维度分析，三年级《科学》教材涉及的职业场所亦有很多（见表9－5）。教材第3页的上半部分中有一句话“从图上看大树，我看到了什么?”，下面配有6幅关于树的图片，通过观察和交流引起学生对比：即使是以前无意中看到的大树，内容也比照片上更丰富，由此引发出学生的实地观察，大自然、校园、公园、田野、植物园、菜园、池塘、野外等，都是学生们可以进行观察和发现的地方，这样极大地调动了小学生科学学习和探究的积极性，同时也为学生们的科学学习提供了广阔的空间，这些观察和发现的场所同样是社会职业的场所和场地，小学生在观察过程中也在不断地接触社会中形形色色的职业，为教师开展职业启蒙教育提供了丰富的素材和广阔的背景。

从“职业动词”维度分析，《科学》教材中出现了很多职业色彩浓烈的行为动词。例如，在三年级上册科学教科书“植物”教学活动中，强调教师应引导学生观察和比较对生活在他们周围的不同植物，通过比较陆生植物（大树、草）和水生植物（水葫芦、金鱼藻）的不同特征，以及观察植物的生长和变化，形成对植物共同特征的初步了解。将植物作为开篇，符合小学生对植物的天然好奇心，可以引起他们主动学习科学的兴趣。其实，观察不只是一种探究能力，也是一种职业行为，任何一个行业的优秀工作者也必须是一个善于观察的人，因此，科学活动本身就具备职业启蒙的意蕴。小学生从不同植物的个体中了解植物具有的相同生命特征。同时，教材通过让小学生画维恩图的方式记录观察结果。维恩图是一种非常有用的工具，用于选择、分类和比较信息，两个圆中呈现的信息不同，比如只有陆生植物的特征和只有水生植物的特征应分别记在一个圆圈里，他们的共同特征则应算入两个圆圈的交叉部分。经过这样的分析过程不仅锻炼了他们的观察能力、表达能力，而且发展了他们的抽象概括能力和理性思维，引领小学生走进科学的大门，让他们见识到了全新的可探索的世界，初步培养了他们的科学素养，不断树立科学思想，崇尚科学精神，为他们的继续学习和终身发展奠定基础。

2. 四年级《科学》教材渗透职业启蒙教育的素材分析（见表9-6）

表9-6 四年级《科学》教材渗透职业启蒙教育素材统计

单元	职业角色	职业场所	职业工具	职业动词
上册	科学家、气象学家、气象工作者、艺术家	气象台、气象观测站、国家气象中心、实验室、盐田、矿泉水厂、图书馆、电影院、医院	探测仪器、卫星技术、天气符号、风向标、指南针、风速仪、风速风向仪、示速器、雨量器、天气雷达、气象卫星、气象科学、气温统计图、降水量柱状图、玻璃棒、漏斗、滤纸、烧杯、高锰酸钾、试管、蒸发皿、三脚架、酒精灯、石棉网、注射器、放大镜、油罐、燃气、机油、过滤装置、抽水设施、音叉、尼龙绳、无线电设备、便携式视频、音频播放器、助听器、电子扩音器、洗耳球、哑铃、吊车、人体解剖标本	观察、记录、天气预报、记录数据、测量温度、自制雨量器、观测、绘制柱状图、溶解、搅拌、过滤、推拉注射器、消毒、防腐、分离、敲击、弹拨、测肺活量
下册	科技工作者、胚胎学家、医学家、营养学家、科学家、医生、岩石学家、地质学家	发电厂、变电所、农业生产、食品加工厂、实验室、矿山、采石场、博物馆、自然保护区、岩石矿物商店、中药店	电路、电器元件、电源、电视机、电冰箱、电灯、缆车、导线、电池、发电机、电路检测器、接线盒、导体、绝缘体、电气设备、手电筒、电气开关、避雷针、避雷带、电热取暖器、高压电线、架线铁塔、花蕾、种子、显微镜、放大镜、棉签、水族箱、动物哺乳、人工种子、快速繁殖技术、农业生物技术研究、克隆、生物技术、淀粉、碘酒、微生物、真空包装、膨松剂、乳化剂、龋齿、岩石、稀盐酸、石英、长石、云母、石墨、矿物、无釉瓷板、激光器、建筑、珠宝、雕塑	静电实验、摩擦、画电路图、做电路实验、安装、检测电路、解剖、给花传粉、孵化小鸡、机械化播种、冷冻、腌制、烹饪、野外采集岩石、腐蚀鉴别岩石、研磨、切割、抛光、开采、制作标本、盖房子、铺路、修堤坝、冶炼金属、制水泥

表9－6是四年级《科学》教材渗透职业启蒙教育素材统计情况。从“职业工具”的维度来看，四年级下册科学教材各个单元都存在不少的职业工具。例如“电”这一单元中，学生在“点亮小灯泡”“简单电路”和“电路出故障了”等教学活动中开展了对电路的研究，学生会利用电线和电池使小灯泡亮起来并尝试不同的连接方式，通过自制“电路检测器”、做个小开关等操作活动，认识电路、电流、开关、导体、绝缘体等最终指向电的相关知识，学生在一系列探索活动中，既学习了电路科学知识也锻炼了自己的观察能力和动手能力，对于以后进一步学习和研究电奠定了良好的兴趣基础，同时培养和发展了最基本的职业能力。

从“职业动词”的维度来看，四年级上册科学教材中“天气”“溶解”“声音”“我们的身体”四个教学单元设计到很多职业动词。例如，“天气”单元的教学重点是引起学生关注每天的天气变化，并且可以像气象学家一样进行观察、记录、分析天气的一些基本特征。通过本单元的学习，小学生能够对天气有较为全面、科学的认识，激发学生对天气现象研究的好奇心和热情。科学工具的使用可以使他们的观察能力得到延伸，并且在观察过程中学生们能够得到更多有价值的信息。他们在了解天气基本知识的同时，也可能种下一个气象学家或气象工作者的梦想。又如“溶解”单元，它让小学生体验到了研究溶解和不溶解现象的乐趣，并激发学生进一步探索溶解问题的兴趣，并且在观察比较活动中意识到细致观察和规范操作能使结论更准确，等等。这些结合小学生实际生活的知识和探究过程，使得小学生将动手与动脑相结合、将学习内容与已有经验相结合、将书本知识学习与社会实践相结合，促进了小学生的全面发展。同时，小学生通过科学学习和探究活动接触到了丰富多彩的物质世界，很容易对其中的知识或人物产生某种兴趣，这样就间接地在小学生心中树立了一个职业理想，它就像是一颗种子，使学生有了最初的目标和追求，甚至对小学生的一生产生深远的影响。

（三）高学段渗透职业启蒙教育的素材分析

1. 五年级《科学》教材渗透职业启蒙教育的素材分析（见表9－7）

表9－7 五年级《科学》教材渗透职业启蒙教育素材统计

单元	职业角色	职业场所	职业工具	职业动词
上册	探险队、驾驶员、医生、科学家、宇航员、物理学家、艺术家、清洁队员、农民、助产士、地质学家专家学者、运动员	池塘、癌症研究中心、自然保护区、公园、实验室、校园、田亩、矿物商店	食物网吸水纸、生态瓶、生物群落、沙尘暴、直升机、灯塔、投影、皮影艺术、日影观测仪、日晷、汽车反光镜、激光反射器、潜水艇、潜望镜、凹面镜、凸透镜、太阳灶、太阳能热水器、宇航服、三棱镜、无线光波、温度计、地震、火山爆发、大陆板块、海啸、断裂谷、石膏糊、风化、放大镜、土地模型、地形图、土壤侵蚀、喷水器、河床、保温箱、赛车、缆车、马车、秒表、汽车、火车、戈壁、洞穴、发条、缆车、弹簧、拉力器、弓箭、发动机、喷气式飞机、火箭、弹簧测力计、滚珠轴承、自行车、宇宙天体运动、步枪、助燃剂、长征运载火箭、卫星、卫星转播	发芽实验、观察记录、模拟、设计生态瓶、手影游戏、小孔成像、制作简易太阳能热水器、建造房屋、沉积实验、设计制作小赛车、跳伞
下册	科学家、物理学家、工人、天文学家、教师	酒厂、校园、教堂、天文馆	轮船、潜艇、压载舱、量杯、船舱、弹簧测力计、钩码、沉浮子、滑轮、死海、咸水湖、铜砝码、电暖器、天平、酒精灯、试管、温度计、铜球、三脚架、铁架台、不锈钢、陶瓷、塑料、钢铁桥、水泥路、钢轨、电线、铁轨、自来水管、水表、钟表、热辐射、电磁辐射、星座、日晷、滴漏、光影计时、水钟、钟摆、齿轮操纵器、火车、恐龙化石、火车、轮船、地球仪、昼夜交替现象、刻度盘、转椅、世界时区、经线纬线、北极星、地轴、陀螺、星座、太空望远镜、极昼和极夜、船舱	实验、观察、建造小船、搅拌、预测、装载货物、制作模型、印刷、设计保温杯、铺路、播放、制作滴漏、做钟摆、仿制、拍摄、发射炮弹

表9－7是五年级《科学》教材渗透职业启蒙教育素材统计情况。从“职业角色”维度分析，五年级下册《科学》教材中“地球的运动”教学活动中出现了哥白尼、傅科等物理学家，并配有人物介绍，在教师讲授科学知识的过程中，学生容易受到科学家们的吸引，不仅知道了相关的科学知识和原理，而且了解了科学家们的生平事迹，无形中会受到启发和鼓舞，感受到科学的真善美，感受到科学家认真、严谨的科学品质，进而促进小学生对成人世界和职业世界的思考和理解，并且激发小学生对周围世界的好奇心和求知欲，对其终身发展具有重要的作用。

从“职业动词”的维度分析，五年级上册科学教材中“观察绿豆芽的生长”教学活动，要求学生将之前实验中已发芽的绿豆种植到盆中，并将它们放到合适的地方，使得绿豆芽生长一段时间，然后观察绿豆芽的生长情况，思考怎样才能让绿豆芽长得更好些。在研究过程中学生会想到阳光或者水分等因素会影响到它的生长，因此会进一步想到要做对比试验进行探索，例如保持其他实验条件不变的情况下，将一盆绿豆芽放在阳光充足的地方，另一盆放在阴暗的地方，过一星期后再进行观察，通过种子的总数量、茎和叶的颜色、茎的粗细等方面进行观察和记录，分析总结出实验结论。这样的实验过程需要学生们前期的猜测、设计，实验中期的观察、记录，以及试验后期的总结、概括，实验探究过程使学生们从熟悉的日常生活出发，通过亲身经历，做中学、学中思，了解科学探究的具体方法和技能，理解基本的科学知识和原理，在实践活动中逐步体验和积累认知世界的经验，提高动手能力、创性能力，并在其中学习了与同伴的交流、交往与合作。

2. 六年级《科学》教材渗透职业启蒙教育的素材分析（见表9－8）

表9－8　六年级《科学》教材渗透职业启蒙教育素材统计

单元	职业角色	职业场所	职业工具	职业动词
上册	工人、科学家、建筑师、数学家、工程师、桥梁工程师、物理学家、生物学家	建筑工地、盘山公路、博物馆、歌剧院、中国国家大剧院、电站、工厂、地热电站、公园、花卉市场、农贸市场、长江三峡电站、加油站、校园	简单机械、铁钉、螺丝刀、铁锤、剪子、撬棍、杠杆、压水井、跷跷板、开瓶器、杆秤、水龙头、轮轴装置、钩码、定滑轮和动滑轮、塔吊、起重机、汽车、滑轮组、自行车、链条和齿轮、天平、砝码、秤砣、指针式弹簧秤、电子秤、体重秤、弹簧秤、钢材、桥梁、横梁、输电线铁塔、拱形结构、瓦楞纸板、框架结构、钢缆、钢索桥、火车轨道、管状材料、磁现象、电流检测器、砂纸、电现象、线圈、电磁铁、吊车、电动车、电动玩具车、支架、用电器、激光、电动机、换向器、蒸汽机车、声控电灯、手摇发电机、发电机、煤层、沼气、太阳能发电、核能发电、磁带、野生物种、药用植物、化石、琥珀	模拟升旗装置、实验、记录、修建山路、造房子、观察、修桥梁、实验观察、做框架、安装、建桥、激光打孔切割、输送、搬运
下册	科学家、精密仪器修理工、公干人员、农业科技人员、工人、生物学家、眼镜工匠、学者、研究者、生物工程、电子工程专家、宇航员、导游、运动员、废品回收工作者、化学家、登山探险者、清洁队员、专业登山队员	工厂、玉石加工厂、杂货铺、污水处理厂、厨房、操场、学校、垃圾场、医院、建筑工地、新型垃圾填埋场、公园、体育场、废品回收站、商品生产厂家、水库、自然保护区、自然保护区管理局、联合国	放大镜、显微镜、计算机、流程图、生物工程、电子、克隆羊、物质变化、调味品、筛网、长柄金属汤勺、毛笔、玻璃片、科学画图、自行车、铁片、磁铁、镊子、水泥、油漆、菜刀、卫星、水晶透镜、晶体、凸透镜、螺旋杆、电子显微镜、扫描隧道显微镜、自来水、小苏打、铁锈、硫酸铜、烟花、油漆、火药、鞭炮、载人飞船、火山喷发、无人月球探测飞行器、月震仪、星座、投影机、大熊座、北斗七星、光年、天文望远镜、望远镜、反射望远镜、射电望远镜、太空站、人造地球卫星、太空望远镜、载人宇宙飞船、航天器、航天飞机、火箭、航天技术、太空服、机械臂、蹦极车、氧化剂、动力装置、发动机、导弹、焚烧炉、包装盒、自然分解、矿石资源、电池、水表、杀虫剂、有机肥料、废水处理系统、汽车尾气排放标准、太阳能汽车、飞机、燃料电池汽车、合成塑料、可降解塑料、建筑材料、石棉、清洁剂、煤气罐、氧气筒	制作晶体、实验、制作玻片标本、制作显微镜、搅拌、磨制玻璃、观察、炒菜、烹调、加工木材、玉石加工、高温煅烧、观测探索、模拟“环形山”、查阅资料、观星、蹦极、挖坑填埋、焚烧、做堆肥箱、制定节水计划、污水净化实验、过滤、实地考察水源、采样、拍照

表9－8是六年级科学教材渗透职业启蒙教育素材统计情况。从“职业场所”的角度分析，六年级科学教材中出现了很多职业场所，下册“环境与我们”单元教学活动中，介绍了当前突出的环境问题，如空气污染、白色污染、物种灭绝速度加快等，教材中通过文字和图片介绍了大量的环保问题，前后不断出现了废品回收站、商品生产厂家、水库、自然保护区等职业场所，能够促进学生对职业场所的认识和理解。同时教材通过环境问题的相应对策反映着人们正致力于相应的环境保护行动，学生通过阅读拓展了对有关环境问题的了解，通过做污水净化实验使得学生乐观、积极地对待当今世界越来越严重的环境问题，加深了对人与环境关系的认识，增强了环境保护的意识和责任感。这样，小学生从小在教师和家长的引导下认识到了环境保护的重要性，教师在上课时可以及时进行正面引导，告诉学生自然环境对人类的重要性以及自然环境被破坏后人类将遭受的灾难，并且号召学生保护自然环境，长大后，有能力的情况下对环境进行保护和治理。教材中结合着真实现象和具体实例，加深了学生对人与环境间相互依存关系的理解，也有利于帮助他们树立正确的伦理和道德价值取向，形成热爱自然、珍爱生命的情感，不断建立起环保意识和社会责任感，同时帮助学生逐步养成注重事实、乐于观察、勇于探索的良好品质，并落实到行动中，为小学生今后的学习、生活、职业生涯以及终身发展奠定良好的基础。

从“职业工具”的角度分析，六年级上册科学教材中出现了很多职业工具，例如第一单元“工具与机械”中学习了杠杆、滑轮、斜面、镊子开瓶器等工具，这些工具和机械为人们赢得了时间和精力，帮助人们完成了很多力所不能及的工作。小学生在学习中有机会对各种简单机械进行实验，包括设计和制作一些简单装置，认识简单机械及其原理，了解各种机械的广泛使用和进步发展，体验到各种各样工具的巧妙设计，将机械的研究融入到学生的学习和生活中，丰富了学生对工匠和手工世界的认知。又如第二单元“形状与结构”中在学习桥的形状和结构时，让小学生研究自己家乡的桥，并且画出它的结构。这是让学生通过科学画图的方式进行观察研究，是一个很有价值的活动，学生不仅加深并拓展了所学的科学知识，而且将科学技术与社会生活联系起来，培养了学生热爱家乡、关心社会的思想情感。同时，通过科学画图的方式，学生必须更仔细地观察并记录每个小的特点和线条，这种记录方法的运用可以提高小学生观察、表达和理解的能力，潜移默化中逐步培养了小学生的职业基本能力和技能。

三、职业启蒙教育素材的渗透特点

小学科学教材所设定的内容以促进学生全面发展为出发点，其内容涉及广，而且全面。虽然在深度方面不及初中、高中教材那么深奥，但是一个人对职业的选择很大程度都受到小学教育的影响。经过对教科版科学教材各学段各册的要素分析和整理，笔者总结归纳出了小学科学教材中渗透职业启蒙教育具有以下三个特点。

（一）职业要素纵向增长且更专业化

第一，随着年级升高，科学教材中渗透职业启蒙教育的素材呈现逐步增多的特点。这个特点在“职业角色”“职业场所”“职业工具”和“职业动词”四个要素中都能得以体现，具体分布情况见表9－9的统计分析。

表9－9　科学教材渗透职业启蒙教育素材整体概况

数量 / 年级	职业角色	职业场所	职业工具	职业动词	总增长率
一年级	4	9	22	23	77.0%
三年级	9	16	75	49	
四年级	12	21	94	44	
五年级	18	12	119	29	
六年级	27	33	150	42	

由表9－9得知，随着年级的升高，尤其是到五六年级段，教材中职业启蒙教育素材在不断增加，总增长率高达77.0%。

第二，随着年级升高，科学教材中渗透职业启蒙教育的素材呈现专业化增强的特点。比如中低年级出现的职业角色多为科学家、科学工作者、生物学家、化学家、物理学家、医学家、天文学家等，到了中高年级出现的职业角色多为胚胎学家、地质学家、岩石学家、探险队、驾驶员、桥梁工程师、宇航员、农民、工人、眼镜工匠、电子工程专家，等等。同时，职业工具和职业动词也相应呈现出专业化增强的特点，说明教材在安排科学教学内容时也是按着由浅入深、由面到点进行编排设计的。

（二）职业要素在各模块分布不均衡

教科版小学科学教材在内容模块上分为问题提出、资料库、拓展活动、动手操作或实验、交流呈现等部分，各模块中出现的职业种类和次数统计如表 9－10 所示。

表 9－10　各职业角色在教材中的分布情况

数据统计 / 内容模块	职业种类	出现次数	占总次数的百分比（%）
问题	6	8	6.83
资料	16	56	47.86
拓展	2	2	1.71
动手	7	7	5.98
交流	6	13	11.11
其他	7	31	26.50

从表中可以发现，职业人员出现在教材不同内容模块的次数和种类各不相同。首先，在资料库模块中职业角色出现的次数最多，占总数的 47.86%；其次，教材除问题、资料、动手、拓展、交流之外的其他模块中，占 26.50%；再次，在动手操作、交流这类实践性较强的模块占了不到 20%；拓展模块更是少之又少，仅占 1% 左右。显然，人物职业角色集中分布于问题、资料这类理论知识教学的模块，超过总数的 50%，而在实践操作教学的模块较为缺乏。从这里可以看出，教科书中设定的职业角色在实践性方面存在着问题，偏重科学文化理论知识的教学而轻视实际操作，易导致学生对职业启蒙教育要素的认知缺少必要的实践。同时，我们应该注意抓住“资料库”中丰富的职业启蒙素材，及时对学生进行相关的职业知识讲解和职业意识的启蒙。

（三）职业要素呈现方式凸显隐蔽性

小学科学教材中蕴含的职业启蒙教育素材大多都不是明确地呈现出来

的，没有进行特别的专门说明，这些素材一般蕴含科学内容之中，呈现方式具有隐蔽性的特点，这就需要教师及时进行知识拓展和职业启蒙的引导。例如，小学科学教材中所涉及的生命科学，首先向学生介绍了生命现象，通过学习学生懂得了生命的可贵，以及生命的特征，教材中同时阐述了生命现象的存在是必然的，但是有些生命却会在人们的视线中消失，然而生命现象的存在是有迹可循的，而且也有规律的。小学科学教学中有涉及生命的相关知识，小学生认真学习了以后就会想，如果自己能够把生命科学学好，未来自己去做一名医生，或者从事生物学研究，研究出治疗疾病的一系列药品，这样岂不是能够给更多的人带来健康？当然，这样的职业启蒙素材并不是直接呈现的，小学生的职业启蒙需要教师在科学教学中进行有目的的引导，这样部分学生可能会萌发做医生或者做生物工程师的想法，并且在以后的人生道路上他们会朝着这个目标奋进。未来的医生或者生物工程师就在小学科学教学中产生了，所以说小学科学教学对职业启蒙教育具有隐蔽性的特点。又比如小学科学中的生物与自然的关系，所涉及的内容与学生的学习和生活息息相关，学生的学习兴趣比较浓。教师如果在教学过程中加以引导和对知识进行拓展，学生就可能会萌发做科学家或者生物学家的想法。人之初性本善，儿童的单纯让大人对小孩都具有一种博爱，因为孩子们不会伪装和隐瞒什么。既然孩子们如此善良，必然会对自己身边的动物存在一种爱心，甚至是自己没有见过或者很难见到的动物都非常喜欢并且爱那些动物。如很多小孩都非常喜欢恐龙，而且因为喜欢他们会去观看有关恐龙的动画片，会去了解恐龙的所有知识，有些小孩甚至只要看到恐龙就能马上说出恐龙的名字、习性和特点。但是非常遗憾的是恐龙已经灭绝了，这种情况会激发小学生一种想保护这些生物的愿望。为了避免再次出现像恐龙那样的悲剧，为了保护自己身边或者自己喜欢的动物，很多小孩都想成为一名生物学家，他们希望通过自己的学习和研究，研究出保护动物的有效方法，能够对动物进行保护并且帮助它们繁衍后代，等等。教师在进行小学科学教学时应该充分重视和挖掘这些启蒙素材，及时地有针对性地进行职业启蒙教育，促使小学生思考自己今后的职业理想。

第三节　小学科学教学渗透职业启蒙教育的问题审视

本研究以徐州市 GD 小学为个案，在调查中对十位科学教师进行访谈提问，了解科学教师有无职业启蒙的意识和行为，并且深入小学科学课堂，观察记录师生教学活动，了解职业启蒙教育的真实现状。2017 版小学科学课程标分别从教学目标、教材使用、教学活动和学习场所四个方面为教学提出实施建议，本研究以此维度进行教学问题的剖析，根据访谈和观察的结果，总结归纳出小学科学教学渗透职业启蒙教育存在以下几个方面的主要问题。

一、教学目标把握不到位

（一）课程宗旨落实不到位，职业启蒙教育意识薄弱

培养小学生的科学素养是科学课程的宗旨。[1] 小学阶段的科学教学实质是为培养小学生的科学素养奠定基础，科学教师应该将科学素养的培养作为教学设计和实施的最高准则。然而在实际课堂教学中，教师受应试教育思想的影响，职业启蒙教育意识薄弱，过分重视教育的功利性和实用性，科学课程的宗旨落实不到位。据笔者课堂观察，科学教师在组织教育活动时通常是以考试为轴心，在课堂教学时也以学习内容是否涉及考试为取舍标准，教育过程中重背诵和记忆，教学评价上强调统一规范，较少支持鼓励个人的独特见解；在科学学习方式方法上推崇动口、动脑的学习方式，对动手实践持贬低的价值取向，很多本该动手实践的探究活动并没有在课堂上展开，有时是教师做学生看，有时是教师也不做而是口头讲解，试想这样的教学方式怎能扎实培养学生的科学素养呢？在教学和探究活动中，科学教师普遍没有职业启蒙的意识，对蕴含着职业启蒙素材的教学内容和活动一带而过，不启发引导学生，也不深入拓展教学内容，职业启蒙

---

[1] 中华人民共和国教育部．义务教育小学科学课程标准［S］．北京：北京师范大学出版社，2017：1.

教育意识薄弱。总之，无论是之前的自然课，还是现在的科学课，小学科学课的地位在我国整个小学教育教学体系中没有受到应有的重视，很多学校都把小学科学课看作是“副科”，教师也不重视科学课的备课和教研，这就严重阻碍了小学科学课的教育教学发展，阻碍了学生科学素养的形成。可以说，科学教师整体专业素质不高，对科学教学的重视程度不够，是导致教师职业启蒙教育意识淡薄的主要因素。

在对教师进行访谈过程中笔者发现，当科学教师被问及是否会结合书本向学生介绍职业相关的知识与要求时，十位教师中只有两位教师曾经介绍过，可见绝大多数科学教师并没有在小学科学课程中渗透职业启蒙教育的思想意识。据访谈得知，绝大部分科学教师在教学过程中很少或没有涉及与职业相关的内容，也没有有意识地将科学知识与现实生活、职业角色或职业情境相联系，并且几乎没有教师引导或组织学生参与过和科学学科知识有关的实践活动。长此以往，科学教师在教学过程中仅仅看到知识的本身，而没有将知识生活化，职业素材基本没有提炼出来，更谈不上将职业信息渗透给学生，学生的职业启蒙教育只能是停滞不前。我们知道，科学素养的形成是长期的，职业启蒙教育亦是循序渐进的过程，只有通过连贯、进阶的科学学习与躬行实践才能达成，科学教师应该整体把握课程标准，仔细研究教材的设计思路，充分利用职业启蒙素材，扎扎实实培养小学生的科学素养，积极推进小学生的职业启蒙教育工作。

（二）课程横向联系不紧密，职业启蒙要素缺少融合

科学教师在确定科学教学目标时，既要关注科学知识和科学素养的其他成分，关注各方面目标的平衡与整合，又要关注科学学科与其他学科之间的横向关系。我们知道世界万物都是相互联系的，它们之间本身就存在着密不可分的关系，况且我们所生活的世界并不是以单一学科的形式出现的，而是一种综合的、整体的社会现象，只是由于生产和生活的需要而研究方向有所侧重，进而演化出不同类别的学科体系。我国基础教育课程改革后小学阶段以综合课程为主，一方面有利于减轻小学生的学习负担；另一方面有利于提升小学生利用综合知识解决实际问题的能力。为何我们小学科学教学不可以借鉴综合课程的理念呢？软化学科的界限，利用不同学科中的职业素材共同培养学生职业意识不失为一个好方法。2017 版义务教育小学科学课程标准中还指出，科学学科与并行开设的其他学科之间关系密切，科学学科可以为其他学科做出贡献，其他学科也可以为科学学科做出贡献，特别是语文、数学、综合实践活动等课程。[1] 然而，笔者据观察发现，学校里同一学科教师之间的教研交流活动颇多，而不同学科间的教师交流甚少，这样教师就不能很好地了解其他学科的教学内容及进度，容易造成不同学科间知识的沟通不畅、融合不好，也就是说科学教师不知道学生在语文课学了什么，不知道数学课学生接触了什么知识，不知道电脑课掌握了什么技能，等等。这样无论是传授科学知识还是开展职业启蒙教育都不能将其他学科当作一个很好的辅助工具，相关联的职业素材无法实现结合，就很难达到 1 +1 >2 的效果。因此，科学教师需要了解课程标准和教材在小学生科学素养培养上的纵向与横向脉络，厘清并加强与其他学科间的横向关联，了解每堂科学课的教学目标和学段目标、课程目标间的关系，准确定位每节课的教学目标。如果不同学科之间的教师能够及时做好沟通，科学中的职业素材与其他学科中的职业素材丰富地融合在一起，这样学生在理解职业信息时就可以更加全面和深入，培养学生职业意识的工作就能事半功倍。

二、教材使用视野不开阔

（一）教材利用不充分，职业启蒙要素挖掘不够

教师通过小学科学教学能够有效地推进职业启蒙教育，而且小学科学学科知识很丰富，涉及十分广泛的职业，相对其他学科，小学科学教学对职业启蒙教育的推动作用更大。按说小学科学所涵盖的知识对职业启蒙教育是非常实用的，但是目前小学科学教学中教师的视野不够开拓，对教材的利用不够充分，不能充分挖掘科学教材中渗透的职业知识。据笔者深入

---

[1] 中华人民共和国教育部．义务教育小学科学课程标准［S］．北京：北京师范大学出版社，2017：1.

课堂观察看到，很多科学教师对于每个单元后的“资料库”模块不够重视，资料库包含着大量的职业知识和信息，但是教师在教学过程中并不加以详细介绍，有的教师甚至只字不提，让学生自行阅读，这样就严重阻碍了科学启蒙教育作用的发挥，不利于学生开阔视野。同时，教师在向学生介绍相关职业和职业信息时，只限于一些比较高精尖的职业，对一些普通工作者和普通职业的介绍有很大欠缺。时代的进步和发展，特别是高科技盛行的今天，掌握尖端科技的国家永远会走在世界前列，掌握尖端科技的人永远会是时代的娇儿，而且高科技的确改变着人们的生活。科学家就好比作战时的军师，他们运筹帷幄，而且他们的谋略可以抵挡千军万马。科学家所研发的高科技产品的确让人咋舌，而且给人类生活、工作带来了很大的变化。然而，推动社会发展和促进人类事业的发展在很大程度上是取决于一些普通职业的工作人员的努力，而教师在教学过程中普遍缺乏对普通职业和普通工作者的阐述和介绍，对教材的利用不够充分。例如，教师在教学过程中介绍了解决中国人吃饭问题的“杂交水稻之父”——袁隆平，一个人的努力和研发比千万农民辛勤劳作所创造的价值更大。现代农业也都在科学家研发的基础上进行了现代化农业种植，所以学生从小就对科学家有较为深入的了解。但是教师在教学过程中对一些普通职业的介绍却很少，教材使用不合理、利用不够充分，导致目前小学科学课程教学与职业启蒙教育存在很多无法衔接的地方。

（二）知识联想不到位，职业启蒙素材拓展不足

科学教材中出现的职业并不十分全面，并且很多职业并没有详细地展开介绍，这就需要教师对有关知识进行必要的拓展和迁移，并且根据教学资源的不同和学生的差异对教材做适切性的处理加工，充分展现科学教师的专业素养，发挥科学教师的创造力。教材中出现的知识是小学生今后适应社会和发展自己的重要基础，同时在小学生眼中，教师的话是具有权威的，秉承着接受和尊崇的态度。他们的思维能力不强，对教材中出现的职业有一种信任和向往，但是无可否认小学科学教材中所介绍的职业类型不多，而且要求都比较高，很多学生在长大后根本就不可能去实现自己从小立下的心愿。据笔者观察，很多教师在进行教学的过程中，为了完成教学任务，没有进行有效的知识拓展和迁移，并且，我国现在的小学科学教材中的职业人物设定本身还有待完善，这更需要教师的引导。例如教材中的科学家一般提及男性居多，女科学家介绍得很少，到目前来说小学科学教材还没有增加较多女科学家的相关介绍，教师为了省事，当然也是为了更好地完成教学任务，在课前很少去查阅相关的女科学家的资料，并没有对教材进行充分拓展。这种角色的刻板固定印象就会让学生潜意识在某些职业中出现性别认识偏差，比如警察、医生都是男性，教师、护士都是女性。这样的认识偏差具有一定的合理性，很多性别差异都是由其内在因素决定的。如警察职业一般都是男性，因为男性一般都性格豪爽，而且思维灵敏，最重要的是男性在体力方面远远超过女性，警察很多时候是有体力要求的。但是不可否认也有很多女性当警察的，而且有时可能比男性做得更好、更称职。这就说明一个问题，职业启蒙教育既要注重一个人的内在因素，同样后天的教育也非常重要，特别是学校教育。因此，教材本身应该平衡性别因素，确定合理的职业性别设定，消除传统的性别偏见，深化小学生对各行各业职业角色的认知，科学教师在教学的过程中要做好知识的拓展和知识的迁移，拓展有关职业启蒙素材，这是弥补教材内容不足、促进学生职业启蒙的最好办法。

三、教学活动开展不丰富

（一）以课堂教学为主，科学探究活动开展不到位

小学科学教学应该是灵活多样的，是深受小学生喜欢的科目。小学科学教材中都是与学生生活有密切关系的知识，学生通过学习能够懂得不少科学文化知识为自己将来的生活和工作服务。小学科学教学应该是教学活动最多、教学形式最丰富的教学内容，但是我们很多小学科学教师却把小学科学课上得死气沉沉，学生谈科学课色变。因为科学课程有很多需要学生去记忆的知识，而且教师还要定期检查的，这样的教学和传统的教学没有什么两样，学生能不怕吗？小学科学教学应该是教学形式多样，而且是妙趣横生的，但是目前我国很多小学科学教学形式仍然是课堂教学为主，几乎没有开展多少教学活动。以课堂教学为主的教学模式是现在学校教学

的主要形式，确实具有其他教学形式无法比拟的优点，但是，小学科学课与其他科目之间存在着重要的差异，即在很多情况下，学生需要通过动手做来学习科学。然而，目前我国小学科学教学中，存在教师对科学探究活动不重视、实验器材和场所不到位等问题，致使很多小学校园无法满足当前科学教育教学的要求，在科学教学中依然沿用传统的单一的教学方式，科学探究活动开展不够充分，没有做到将实践教学内容与理论教学内容相结合，从而影响了小学科学课整体教学水平和教学质量。陶行知曾倡导："我们要活的书，不要死的书；要真的书，不要假的书；要动的书，不要静的书；要用的书，不要读的书"，而我国现在的小学科学课仍以课堂教学为主，尤其是办学质量较为落后的偏远地区和农村小学，实际教学把重点放在了科学知识和原理的学习上，教师几乎没有给学生进行科学探究活动的时间和空间，仅有的动手操作实践也只是为了验证教材中的科学原理。由于实验材料和教学具的匮乏以及管理等问题，科学实验室往往形同虚设，教师可以用语言讲解和说明的知识基本不会要求学生亲自实践探索，这样单方面地传授科学知识，导致学生无法良好地掌握和理解所学的科学知识，严重制约了学生科学素养的提高，不利于科学探究意识的培养，严重制约了学生对职业知识的认识和职业技能的掌握，不利于学生对未来职业的认知和探索。

（二）以教师讲解为主，职业模拟活动开展不充分

学习是学生自己的事，他人无法替代。教师不能只关注自己的教，而更应该关注学生的学。然而在科学教学的过程中，很多教师没有针对小学生年龄特点和发展规律对教学内容进行系统设计，只顾着传授科学知识而忽视了学生的主动学习，这种情况与科学教师的整体水平密切相关。就所调查小学而言，科学教师整体师资水平不高，只有一位专任科学教师，每年只固定带六年级的科学教学工作，其余科学教师皆是兼任教师，即数学、语文或其他课程教师因为课时量不够被安排科学教学工作。据笔者了解，很多学校都存在这样的现象，为了能够顺利开展科学教育，让其他教师兼任科学教学工作。[1] 这些教师在其原本的教育教学领域中可圈可点，但是对于科学课程教学他们往往知识储备不足、专业素质不够，并且通常没有受过系统的科学学科教育教学理论的学习和培训。这样就导致在科学教学过程中，教师由于专业素养水平不高，对很多科学知识和探究活动一带而过，不注重启发教学、师生互动，而且不能将所学的科学知识和技能与职业活动结合起来，不具备开展职业模拟活动的能力，不能高屋建瓴地给予学生适切建议，这样缺乏系统知识的讲解和职业活动的开展，致使学生职业体验的机会较少，不能将所学知识与职业信息有效结合起来，不利于学生职业兴趣的激发和职业基本能力的培养。例如四年级下册“种子的萌发”教学活动，教师应该引导组织学生通过实验探索认识种子萌发的过程，[2] 从浸泡到种子发芽，学生应该通过观察和记录学习科学知识，体验种植的过程，而实际教学中教师并未开展相关的探究实验活动，学生缺少了主动探究和体验种植过程的机会。长此以往，教师在教学过程中只注重讲解书本知识，照本宣科，职业模拟活动开展不充分，职业启蒙教育素材没有延伸出来，缺乏培养学生职业基本能力的实验和活动。

四、学习场所拓展不充分

（一）实验室布置缺位，职业兴趣激发欠缺

实验教学是科学课程中进行探索研究的重要一环，它关系到学生科学探究能力、创新能力、动手能力的培养以及科学素养的形成。[3] 然而在实际教学中，所调查学校并没有开设专用的科学实验室，科学课只在班级教室进行；科学课所需的实验器材陈旧老化，实验材料不充足，这些实际情况制约着师生实验活动的开展。同时，科学教师对科学实验教学重视程度

---

[1] 黄子义．小学科学教育存在的问题及对策［J］．教育现代化，2016（12）：288－289.

[2] 中华人民共和国教育部．义务教育小学科学课程标准［S］．北京：北京师范大学出版社，2017：1.

[3] 中华人民共和国教育部．义务教育小学科学课程标准［S］．北京：北京师范大学出版社，2017：1.

不够，实验活动开展较少且缺乏计划性，各种主客观因素导致小学生在科学学习过程中缺乏必要的实验操作活动，科学学习场所受限制，导致学生的科学探究和实践应用无法进行，这样就无法完全激发学生学习的积极性和主动性，学生们的职业兴趣得不到激发，职业启蒙教育便无从开展。同时，欠缺对职业兴趣的激发很难让小学生切身体会科学与生活、工作的联系，无法从内心深处意识到科学学习的重要性。

（二）课外场域不丰富，职业认知缺乏实践性

教室和实验室是小学生学习科学的重要场所，但教室和实验室之外还有更为广阔的科学学习空间。[1] 目前小学科学课程的学习往往只停留在课堂，局限于校园，校外科技活动少之又少。据了解，所调查小学虽然以年级组为单位组织参观过所在地高校科技园的活动，但是考虑到学生安全和管理等因素，学校里只有部分班级学生参加过类似课外科技活动。“读万卷书不如行万里路”，虽然小学科学教材中涉及的职业角色近一半以上都出现在理论知识模块，但主要以问题探讨、资料阅读的方式让学生了解相关职业，而不是通过具体的实践操作来锻炼学生的动手动脑能力。因此，如果小学生的科学学习走不出教室、走不出实验室，甚至走不出学校，这会使小学生缺乏职业体验，很容易导致小学生对于职业角色的认知只停留在想象阶段，距离实际实施和切身实践依然很远。此外，研究表明，儿童的身心发展规律为小学生提供了职业教育的可能性。因此，外界有限的引导教育已成为制约学生职业认知发展的重要因素，“纸上得来终觉浅，绝知此事要躬行”，在读书、交流中获得的理论知识和职业认知通常是肤浅的，不进行真正意义上的实地学习和亲身实践将不利于小学生身体力行地了解职业生涯，职业教育缺乏实地实践，不利于小学生探索和发现适合他们的职业，亦不利于小学生职业兴趣的培养。

---

[1] 中华人民共和国教育部．义务教育小学科学课程标准［S］．北京：北京师范大学出版社，2017：1.

第四节　小学科学教学渗透职业启蒙教育的路径选择

一、确定明确的教学目标

（一）落实科学课程宗旨，增强职业启蒙意识

小学科学课程的总体目标是培养小学生的科学素养，并且为他们的继续学习、成为合格的公民以及未来的终身发展奠定良好的基础，科学教师应把培养小学生的科学素养作为教学设计和实施的最高准则。在教学过程中，教师应摒弃传统应试教育的观念，加强实验操作和探究学习活动，突出学生的主体地位，评价方式方法多样化，扎实而有效地培育学生的科学素养。[1] 同时科学教师应该充分关注科学课程的重要性，树立职业启蒙教育意识，认真进行备课和教研，对教学和探究活动中蕴含的职业启蒙素材进行充分利用，深入拓展教学内容，思考如何有的放矢地采取有效方法和手段，潜移默化地渗透职业启蒙素材，积极调动启发学生，对学生进行有效的职业启蒙教育。

（二）加强课程横向联系，融合职业启蒙要素

合作是当今社会的重要标识，就教学工作而言，合作不仅包括教师之间的合作，也包括学科和学科之间的合作。职业本身的复杂性决定着其不能独立于某一学科之中，不同学科所展现的职业信息也不可能完全相同，因此科学教学要注重与其他课程教学之间的联系。教师应该软化学科之间的界限，帮助学生形成知识网络，让学生将所学的知识系统化，并且积极开发各个学科中的职业素材，加强联系并形成教育合力，补充和完善职业信息。

例如，科学探究中的数据处理和模型建立等问题都与数学密不可分，科学教师应尽可能地让学生在探究过程中运用数学知识和数学思维方式，

---

[1] 中华人民共和国教育部．义务教育小学科学课程标准［S］．北京：北京师范大学出版社，2017：1.

如通过连续测量一杯热水的温度并且绘制折线图，这些基本的统计和整理数据的方法和数学知识是相通的，学生通过相关科学课程知识的学习加强了基本知识技能的应用能力，不断培养完善职业基本技能，加强了对所学知识和实际生活间的联系。又如，小学科学课程标准中提到倡导“跨学科学习方式”，科学（Science）、技术（Technology）、工程（Engineering）与数学（Mathematics），即STEM，是一种以项目学习和问题解决为导向的课程组织方式，它将科学、技术、工程和数学有机地融于一体，[1] 这样将不同学科中丰富的职业素材进行融合，有利于学生创新能力的培养和更加深入地理解职业信息，科学教师都可以尝试运用于教学实践之中。

二、扩展丰富的教学知识

（一）充分利用科学教材，挖掘职业启蒙要素

教材是万木之本，教科版科学教材体系完整，内容丰富。首先，教材应该是动态的而非静态的，科学教师应该树立用教材的观念。教师应该充分理解教科书的编写理念、框架和结构，厘清各部分内容之间的联系，详细解读单元教学内容和目标，并且在充分理解教材的基础上合理使用课程资源，促进学生的学习、发挥和成长。教材不仅仅是至关重要的教学载体，更能起到跳板的作用，教材中基本知识和技能的获得不是学生学习的全部内容，教师应该充分挖掘职业启蒙信息，将合作意识、探究精神、创新能力的培养融入教学之中。科学知识涉及的面比较宽泛，科学教师如果能够把科学知识教学与学生未来的职业联系起来，学生就能树立一种远大的发展目标。其次，科学教师还可以思考结合本地、本校的资源充分挖掘、拓展和完善教材内容，将隐性的职业素材通过“二次开发”合理地渗透于科学教学中，在丰富课程资源的同时，培养小学生的职业兴趣，帮助小学生了解职业信息，启蒙他们的职业意识。

例如，小学科学知识所涉及的生命科学对学生今后职业的选择就会是

[1] 中华人民共和国教育部．义务教育小学科学课程标准［S］．北京：北京师范大学出版社，2017：1.

一种目标或者对生命现象有个初步的了解。生命科学中提到的动物科学，让学生对动物知识有了初步的了解和认识。通过学习，学生们会对生物科学产生极大的兴趣，有些学生可能会因为这种兴趣在将来选择与之相关的职业领域。又如，结合科学教材中“科学家这样做”的模块，教师可以引导学生观察和讨论科学家珍妮·古道尔研究黑猩猩的照片，明确要想进行科学研究、得到科学成果需要付出坚持不懈的努力，这不仅需要学习相关的科学知识和科学研究方法，更需要坚持科学探究的精神和毅力，借此契机不仅给学生留下了对科学家工作的感性认识，更留下了持之以恒的职业精神的烙印。

（二）充分迁移科学知识，拓展职业启蒙素材

小学科学课程要求加强课程与学生生活实际的联系，促进小学生的全面发展。科学与生活息息相关，生活离不开科学，学习科学是为了更好地生活。教师应结合学生的实际生活，关注教学内容中的职业要素。科学教材中出现的很多职业信息并没有详细地展开介绍，教师需要对教材知识进行必要的拓展和迁移，对教材进行适切性的处理加工。拓展职业启蒙素材，必须发挥科学教师的专业素养和创造力。

以四年级上册第一单元第一课《我们关心天气》为例，教师在带领学生学习教材原本内容的基础上，可以从天气预报员这一职业角色着手，开展对学生的职业启蒙教育。首先，介绍天气预报员的工作任务和相关职业素养要求，让学生了解这一职业的重要性，树立其在学生心中的形象。其次，可以给学生讲解气象学的发展史，介绍代表性人物如竺可桢，让学生感受气象学家、天文学家的卓越贡献。最后，让学生每天观看天气预报，感受天气预报员、气象学家各有各的社会价值，没有高低贵贱之分，激发他们的职业兴趣。总之，教师应努力提高职业教育意识，充分挖掘教材文本中的职业素材并对其进行合理的补充和引导，这样就可以很好地实现职业启蒙教育的目的。

再如，新版一年级下册科学教材“科学阅读”模块中，在第一单元“我们周围的物体”后介绍到“空气本是无色、无味的，但是由于污染，我们吸入的空气有时候有些刺鼻”“关注空气和水的健康，就是关注地球和我们的健康”，教师可以结合这部分材料给学生介绍空气污染、水污染等相关知识，介绍造成污染的原因和改善环境的措施等，让学生们去思考和交流，这样不仅能提高小学生的环保意识，而且能够激发学生关注我们周围的环境、关注环保，启发学生思考环境、自然与人类的关系，为今后从事相关领域埋下最初的种子。

三、开展多彩的教学活动

（一）基于实验教学，开展科学探究活动

小学科学课与其他科目的重要区别之一是在很多情况下，小学生需要通过动手做来学习科学，比如做实验、制作模型、观察、测量、统计、种植、饲养，等等。小学科学探究活动应该是灵活多样的，深受小学生的喜欢。教师在实际教学过程中，不应该以讲授科学知识为主，而应该组织丰富多样的实验教学活动，这些实验活动不仅仅是小学生喜欢的学习方式，也是小学生理解科学概念的重要经验支撑。[1]

例如，在学生了解了火箭的发明、发展史后，教师可以组织安排学生制作“水火箭”的探究活动，考虑到安全因素，可以在室外组装自制的水火箭，这种符合儿童天性的学习方式可以激发儿童学习科学的兴趣，有利于小学生建立和理解科学概念，也是提高小学生科学探究能力、科学思维能力和科学精神的有效途径；同时，这种探究活动是依据技术与工程领域要求展开的实践活动，学生在教师的指导下亲历了简单产品水火箭的设计、制作过程，让小学生学习和体验了工程设计的一般过程，初步掌握了设计的基本知识和技术实践的基本方法，为小学生打开了职业启蒙和体验的大门。

（二）基于自主探究活动，开展职业模拟体验

科学课程旨在培养小学生的科学素养，并且以小学生参与丰富多彩的探究活动为主要教学形式。这些活动应与青少年儿童的年龄特征和经验背

[1] 中华人民共和国教育部．义务教育小学科学课程标准［S］．北京：北京师范大学出版社，2017：1.

景相符合，且是学生熟悉的、可直接引起学习兴趣的、具有典型科学教育意义的活动内容。因此，教师在设计探究活动时，应该在紧密结合教材知识的基础上充分关注小学生的心理特点，注意从学生身边熟悉的事物出发，联系生活实际，设计学生喜欢的活动，综合灵活地应用有效的教学方法和方式组织学生开展各类活动，让学生亲身经历观察、操作、探究、体验和交流等科学活动，激发学生的探究欲望，在探究过程中学习科学知识，形成科学概念，获得科学探究的本领。“一份厨房里的科学学习清单，能够引导小学生对平日司空见惯的油、盐、酱、醋产生浓厚兴趣。”[1] 说的就是在开展丰富多样的探究活动中，要努力践行职业模拟体验活动。

例如，在教学动物单元时，教师可以组织开展“小小养殖家”活动，在教室建立生物角，引导学生养殖金鱼、乌龟等小动物；在教学天气单元时，教师可以组织开展“小小气象员”活动，组织学生动手自制风向标和雨量器，每天坚持记录天气情况；在教学形状与结构单元时，教师可以组织开展“小小工程师”活动，组织学生用纸或其他简易材料建造一座“桥”，像桥梁工程师那样思考桥的结构、桥的承重能力，等等。科学教师应该及时捕捉和抓住蕴含在科学教材中的职业知识和有关实践活动，特别注意一些职业名称、含有特殊职业色彩的名词或者职业场所等，对小学生进行简单的职业知识和职业要求的介绍，同时开展相关的动手实践活动，使学生经历职业体验的过程，进而帮助他们理解课堂知识与实际工作之间的联系，了解职业与生活的联系，使小学生能够初步了解各行各业的工作任务和从业要求，形成初步的职业认知，产生积极的情感体验和对职业的兴趣，启发学生探索符合自己兴趣和能力的职业，确立初步的职业目标，形成职业意识和职业敏感度，为他们将来的求职和就业打下良好的基础。

四、拓展多元的教学场所

（一）充分利用实验室，激发学生职业兴趣

开展实验教学活动是小学生学习科学的主要途径，科学实验室是学生

---

[1] 中华人民共和国教育部．义务教育小学科学课程标准［S］．北京：北京师范大学出版社，2017：1.

主要的科学学习场所，是其进行科学学习的最重要资源。学校应该加大经费投入，保障自制教学具和实验耗材经费，备足实验设备和器材，保证科学实验室的建设条件。科学教师应该充分发挥实验室的作用，妥善布置实验室及其周边环境，积极开展科学实验教学活动，让科学实验室真正成为小学生科学学习的主要场所，成为小学生特别喜欢的学习场所；让实验室成为小学生感知职业信息和发展职业技能的场所，成为培养小学生科学素养的重要场所。[1] 同时，教师可以在确保完成实验活动基本任务的基础上，扩展科学实验室的功能，从而为课外科学探究和职业实践服务。例如，有条件的学校可以增设科学图书角、材料角、实践角、工具角、成果展示角等，以便科学实验室可以发挥更多的学习功能。

此外，科学实验室还可以引入现代化教学媒体技术，充分发挥它的优势。[2] 它可以将抽象的科学概念具象化，帮助学生的理解；它可以创建虚拟问题情境，以支持学生的探索活动；电子探测仪和图像软件包的使用，能够使信息的采集和处理更加便捷和直观等。通过互联网可以使师生迅速有效地获取和共享信息，及时链接相关的职业知识和职业要求，享受大数据时代相关性研究的便利。同时，现代教学媒体还有利于激发学生的学习动机，激发学生对职业信息的了解欲望。教师在实验教学中应充分利用多媒体和网络，向学生展示丰富新颖的教学内容，调动学生思维，活跃课堂气氛。除了使用多媒体进行教学之外，在学习方面还有很多移动设备供学生使用，比如手机便可以成为学生学习的工具，教师可以通过手机向学生发送学习任务或学习上的问题，让学生通过手机进行学习和讨论。现代化的教学手段是科学家研发的结果，所以本身就会促进学生对科学家和科学事业产生崇敬之情和憧憬之意。

（二）拓展课外场域，丰富学生职业体验

教师不应将学生束缚在教室和实验室的狭小空间内，更不应将上下课

---

[1] 中华人民共和国教育部．义务教育小学科学课程标准［S］．北京：北京师范大学出版社，2017：1.

[2] 中华人民共和国教育部．义务教育小学科学课程标准［S］．北京：北京师范大学出版社，2017：1.

铃声作为科学教学的起点和终点，应该打破时间和空间限制。课外科学学习活动应该是丰富多彩的。校园、社区、家庭、田野、公园、博物馆、科技馆、科学教育实践基地等，都是科学学习资源，[1] 都可以作为职业体验的场所。

其一，创设校内外科技活动基地。一方面，营造小学科学校园文化是我国小学科学课程资源开发和利用的重要组成部分。小学科学校园文化资源包括科学设施文化、校园科学环境文化和科学活动文化等，具体表现在校园绿化建设、校园科学环境布置、校园科学活动开展、科学场馆和科学教室设施建设等诸多方面。[2] 为了把各项科技活动扎扎实实地开展起来，学校应建立科技活动分类活动室，充分利用计算机室、自然教室和劳技教室等，要注意因地制宜、因陋就简地添置科技活动器材。同时，可以在小学校园内建立创意科技走廊、牡丹花园或梨园、民俗文化墙等，每个班级还可以自行建立种植角或养殖角，以此丰富小学生的科学文化知识，让小学生用所学知识创造全新的自己，用科学知识创造美好的未来，让小学生的职业理想不再遥远。又如为让小学生感受生物生命过程，有条件的情况下学校可在校园内开展小种植或小养殖实践活动，学生们利用科学课本上的知识，充分进行观察、养殖和记录，感受并见证生物的成长历程，这样既培养了小学生的耐心、细心和责任心，又提高了小学生学习科学等学科知识的兴趣，拓宽了视野，同时有利于培养他们树立正确的劳动观、职业观、成长观。另一方面，积极争取社会支持，充分挖掘本地区科技资源，利用当地的植物园、土壤所、地理所、大学、气象台、农场等，开辟校外科技活动基地。此外，当地的科技场馆、重点实验室、科学中心等设施，都具有很强的科普功能，我们要充分发挥其作用，通过讲座、展览、影视、演示甚至参与操作等方式，向小学生传播科学技术知识、科学研究方法和科学精神，形象、具体地介绍我国科技发展的成就以及对生产发展和

---

[1] 中华人民共和国教育部．义务教育小学科学课程标准［S］．北京：北京师范大学出版社，2017：1.

[2] 蔡海军．我国小学科学课程发展的过程及特点［J］．湖南师范大学教育科学学报，2003（9）：70－73.

生活质量提高的作用，这些活动的设计不仅符合学生的认知规律，也适应了学生的兴趣爱好，进而促进广大小学生对科学、技术与社会相互关系的理解，有利于学生科学素质的培养，并且能在一定程度上激发小学生对相关职业的憧憬和热爱。有条件的地区还可以单独设立小学科技活动示范点或科技活动中心等。

其二，可以连接校外资源，建立志愿服务型实践基地，丰富小学生的职业体验。学校可以通过联系当地地区办事处、餐饮点、军队、医院等校外资源，建立小学生志愿服务基地，师生利用周末或固定时间展开为社会和人民服务活动，建立“服务型”实践平台。小学生在身心发育关键时期，适当安排他们参加这些关于职业体验等与职业启蒙相关的实践活动，有助于他们的健康成长。比如可以建立肯德基志愿服务实践基地，让孩子们体验如何做好一名服务生，懂得礼仪、卫生、诚信是各个行业的重要道德标准，让孩子们在体验与实践中不断成长。教师还可以通过挖掘丰富的家长资源，开展“父母讲堂”专题小讲座活动，比如要求工程师、医生、警察、导游、大学教授、消防员、炮兵旅等家长给学生们上一堂课，使其专业知识和人生经历资源有效地得到利用。这些志愿服务活动和父母课堂设计符合小学生心理发展的需要和规律，有助于小学生尽早地了解职业世界，培养小学生的职业意识。学生在志愿服务过程中，通过获取各种不同工作领域的经验以及关注自身对这些经验的感受和反应，形成丰富的自我影像，学生对自我认识越清楚、越准确、越丰富，今后就越有可能解决生涯问题和做出生涯决策。[1] 此外，上海等学校的实践经验告诉我们，学校可以与中职等职业院校建立合作关系，以促进学生职业启蒙和开展职业体验活动。中职教育的课程、师资、专业、场地、校企关系等特有的“应用性”，使得这类学校得天独厚，特别适合参与实施小学生的职业体验活动。比如，带领小学生们参观中职校的职业技能大赛，由年长几岁的哥哥姐姐向小学生介绍机器人制作原理。这种开放式的技能大赛，既是帮助小学生

---

[1] ［美］罗伯特·里尔登，等．职业生涯发展与规划［M］．侯志瑾，等，译．北京：北京人民大学出版社，2016：33.

了解科学知识和技术的应用过程，又是一次难得的职业启蒙机会。❶ 又例如上海市建立了中小学生职业体验活动基地，让小学生到中职校园进行参观和学习，开展职业体验并渗透职业启蒙教育思想，同时中职学生也得到了充分锻炼和展示才能的机会，出色地担当了小助教和讲解员的角色等。❷

❶ 彭薇．"星光计划"步入十年［N］．解放日报，2013－04－13.

❷ 上海市曹杨职业技术学校课题组．区域中小学生职业启蒙教育活动模式的实践研究［J］．思想理论教育，2013（10）：29－33.

第十章

小学品德教学渗透职业启蒙教育研究

第一节　小学品德教学渗透职业启蒙教育的基础考察

一、小学品德教学渗透职业启蒙教育的价值意蕴

（一）开蒙职业认知

1. 促使学生脱离“职业盲”

在品德课程中融入职业启蒙教育可以使学生初步了解并逐渐熟知社会职业。很多学生认为自己与职业距离甚远，甚至对自己父母的职业也不了解，乃至到了自己选职业的紧要关头就不知所措，这便是真正的“职业盲”。“职业盲”对青少年日后步入社会、明确个人就业选择具有阻碍作用。大部分“职业盲”会依据师长的意向择取他人利趋的职业岗位而忽视自身实际的职业需求，这是职业启蒙教育意识渗透的缺失。在上述情形中即使其选择的职业恰巧符合自身的气质与性格特质，但本质上依然会因对此职业特性的一知半解而会产生职业迷茫与意志不坚的情况。

育人性与实践性相结合的小学品德课程可以作为职业启蒙教育意识渗透的有利载体，让学生在达到实践能力和个人修养提升的课程学习目标同

时，轻松获得有关职业要素的信息纳入自己的职业图式之中，从而培养自己的职业兴趣并形成自身的职业意识。

2. 引导学生领悟职业要素

职业要素是包含职业场域、职业角色、职业品质等在内的各类职业附件。与生活实践经验紧密联系的小学品德教材中存在着有待教师去挖掘和引导学生领悟的职业要素。

德育过程中渗透的职业启蒙要素只有被学生察觉和内化，才能成为学生自己的职业认知。职业活动中的各个要素遍布小学品德教材的角落，教师对其加以利用便可使其转变为对学生进行职业角色认知的“换脸”教材，因而在小学品德课程中渗透职业启蒙教育是可行的。

（二）训育职业理想

1. 激发学生求索职业理想

职业理想是个人或群体对自我职业价值的最佳预估并迫切想要达成的理想职业目标状态。职业理想受个人兴趣和情感倾向的影响，和所接受的职业教育理念和个体经验有关，同时也和群体之间产生的舆论导向作用密切相关。

学生早期尚未步入义务阶段之时，成人便会训练他们阐述自己的职业理想，在受教育者对职业的概念不清只会模仿成人之时，便在其初期阶段使自己步入了职业类型单一的“歧途”。小学德育课程作为学生成长过程中不可缺少的道德发展支架，能将职业理想与职业道德相联系。

2. 协助学生树立职业理想

教其道，育其性；正其行，立其志。立德树人是德育工作者的工作重心和不懈追求，协助小学生树立与情感态度价值观紧密联系的职业理想则是小学德育工作者义不容辞的责任。

对于儿童而言，他所经历的以及生活中出现的事件只要有利于其社会性的发展和增强自我意识便是有益的。小学品德课堂中教师引导学生的点点滴滴、方方面面都因其较强的可塑性而得到其理想道德发展的实际体现，优秀的品德教育者不但能引导学生的爱国之情，更能协助其明了实现职业理想之途径。

（三）传承职业精神

1. 纠正社会不良职业风气

良好的职业风气是职业相关人员保持愉悦和谐心境的保证，是维持社会职业市场秩序的导向指标，是社会职业环境健康常态的体现之一。职业风气由政府的宏观调控和就业人员对职业精神的自我约束共同影响。

如今市场上部分令人堪忧的产品质量和服务质量归因于部分生产者的利欲熏心，而职业精神的日渐缺乏导致的直接结果则是让消费者难以辨别和筛选自己所需的合格产品或服务。现在人们普遍忧心的则是廉价商品必是假货，高价商品不一定是真货。各行各业缺乏职业精神，那么社会的市场规则体系将成一盘散沙。由此，职业精神是社会人所需，在小学德育课程中渗透职业启蒙教育的一大重要价值便是纠正社会利益驱动的不良风气，让每个人从小学阶段开始接受职业道德规范的熏陶和培育对优良职业精神的传承有着举足轻重的作用。

2. 养成健康职业道德规范

职业道德规范是职业大环境下利于社会和谐的职业行为标准，是社会大众对从事各类职业时的道德素质修养好坏的舆论评定。高自尊的职业相关人员则能表现出高水平的职业道德修养。

小学品德课程是小学德育的重要途径，缺乏德育的个体必将很难成为一个合格的社会人，社会人通过各行各业的道德规范来约束自己，才能使社会健康正常地运转。社会人在自己的职业岗位上对道德规范的坚守必然促进社会和谐。身为新时代的儿童少年，更应该懂得要接受职业道德规范的熏陶并且促进社会和谐是每个人的使命，因此在小学德育中培养学生的职业道德感和使命感必不可少。

二、小学品德教学渗透职业启蒙教育的“标准”支撑

（一）课程目标指向：促进学生生成职业意识

品德与生活课程是为小学低年级学生开设的活动型综合课程，主要是培养学生乐于探究、热爱生活的情感态度。品德与社会课程更加体现了社会性，主要体现在该课程的设计思路是以学生的生活为基础，把学生的生

活领域从家庭、学校、社区、国家不断扩展到世界。《小学品德课程标准》（以下简称《课标》）指出，社会环境、社会活动和社会关系是在这些领域中的几个主要因素。❶ 学生的社会性发展通过不断扩展的生活领域的学习可以实现，其中包含的职业启蒙理念必然与社会性无法分割。小学生通过品德与生活的学习之后社会性得到初步发展，在进入高年级之后接受品德与社会的学习必将通过以培养学生社会性发展为重点的课程使其社会性得到再次充分发展。在课程标准实施建议之教学建议中，要求教师要创设多样化情境从而丰富和提升学生的生活经验，要根据学生现实生活中存在的问题和需要，创设真实的生活情境、提供多样化的生活体验和社会实践的机会。该教学建议充分体现了让学生将课程与生活相融合，及大幅度地促进学生社会性发展，在潜移默化中使学生逐渐认识并了解社会的职业分工，促进学生生成职业意识。杜威认为，一个长远的目标控制着一串连续的探究和观察，并把它们结合起来，作为达到长远目标的手段。❷ 职业启蒙与社会生活则是密切相关的，由此课程标准中含有的职业启蒙理念可见一斑。

（二）课程内容设定：激发学生发展职业认知

《品德与社会》将课程内容与社会生活紧紧密切联系在一起是毋庸置疑的。根据《课标》规定，课程内容包括了自身的成长生活、家庭生活、学校生活、社区生活以及更大范围的生活。❸ 这里主要分析一下《课标》中有关《品德与生活》的部分内容。品德与生活课程标准提出的本课程性质应该是具有生活性的，而课程生活性是对儿童生活经验发展的重要来源，也是激发学生职业认知发展的主要途径。本课程旨在让儿童通过本课程的学习发现他们在生活中的需要和问题，品德与生活就是以儿童的现实生活为主要的课程内容，从而引导儿童用正确的价值观在生活中发展。品德与生活课程目标当中对课程内容的要求充分体现了本课程的生活性，该

---

❶ 中华人民共和国教育部．小学品德课程标准［S］．北京：北京师范大学出版社，2011：5.

❷ 徐国庆．杜威职业教育思想论介［J］．河南职技师院学报（职业教育版），2003（2）：70－73.

❸ 中华人民共和国教育部．小学品德课程标准［S］．北京：北京师范大学出版社，2011：5.

课程内容分成了健康、安全的生活，愉快、积极的生活，负责任、有爱心的生活和动手动脑、有创意的生活四部分内容。从对学生日常生活习惯的培养到与同学之间发展友谊以及探索新鲜事物发挥创造力、想象力和合作能力都体现在了这四部分内容当中。[1] 大教育家杜威也认为学校教育不能和社会生活相脱离，他在其著作《我们怎样思维》中指出，很多初等学校在发展反省态度方面表现得如此无能，原因之一是儿童进入学校生活时，突然在儿童的生活中形成了一个裂口，儿童的学校生活经验同那些渗透了社会价值和社会各界性质的经验中出现了一条裂缝。[2] 品德课程与职业启蒙密切结合，有利于儿童内化对职业的认知从而达到使儿童的职业性发展的长远目标。

（三）课程教学设计：协助学生树立职业理想

课程目标和教学目标要通过教学活动设计来体现。教师要因地制宜地拓展教学时空，不能局限于课本和教材，要从学生生活的各个方面选取教学材料。教师可以选取和组织角色扮演、调查、访问和参观等教学活动，儿童可以在这些教学活动中深切体会到相关职业的乐趣，从而可以加强他们对职业的理解和认识。《课标》中提出的体验学习、探究学习、问题解决学习或者是小组学习几种教学活动方式，可以分为单独学习和合作学习两种方式。单独学习可以培养学生的思考能力和创造力以及养成独立思考的习惯，有利于学生在成人之后的职业生涯中有独立完成工作的能力；合作学习则可以培养学生与伙伴之间的友谊和合作关系，学会与他人合作也是职业生涯中必不可少的一个生存条件。毫无疑问的是，职业精神和职业态度的培育也蕴含在品德课标之中。黄炎培曾指出，施教育者从而发挥之，设学校园，使之爱玩天然而习为种植，初不知其为农而农在其中焉；教之手工，使依样制作焉，自由制作焉，初未尝有意于为工而工在其中焉。[3] 进行何种活动就能相应地培养与职业相关的某种能力，培养他们对

---

[1] 中华人民共和国教育部．小学品德课程标准［S］．北京：北京师范大学出版社，2011：40－43.

[2] ［美］杜威．我们怎样思维［M］．姜文闵，译．北京：人民教育出版社，1984：70.

[3] 余子侠．中国近代思想家文库：黄炎培卷［M］．北京：中国人民大学出版社，2015：244.

某一特定职业的兴趣从而发挥他们的特长与优势，进而协助学生树立相应的职业理想。这也是《课标》之中蕴含的职业启蒙因素。

第二节　小学品德教学渗透职业启蒙教育的教材支持

一、职业启蒙教育素材渗透的文本分析

职业活动由职业主体、职业素质和职业场域等要素构成，以下针对苏教版小学品德12册教材就这三个方面进行分类统计。

（一）职业主体

职业主体即为符合法定要求的劳动者。根据《中华人民共和国职业分类大典》，综合各种职业分类，本文将职业主体分为七类：党政机关干部或干事（国家政府组织成员、政务工作者等）、专业技术人员（教师、医护人员、建筑工程师、科学家等）、与商业有关的领导或服务人员（小吃摊贩、餐厅服务员等）、农林牧副渔水利业生产人员（农民、渔民等）、运输载客人员（出租车司机、送货员等）、军人（消防官兵、警察、解放军官兵等）、其他。

1. 各职业主体在教材出现的频率比较

根据以上职业主体分类，利用SPSS软件对各职业主体进行了数据统计分析，结果如图10－1所示。

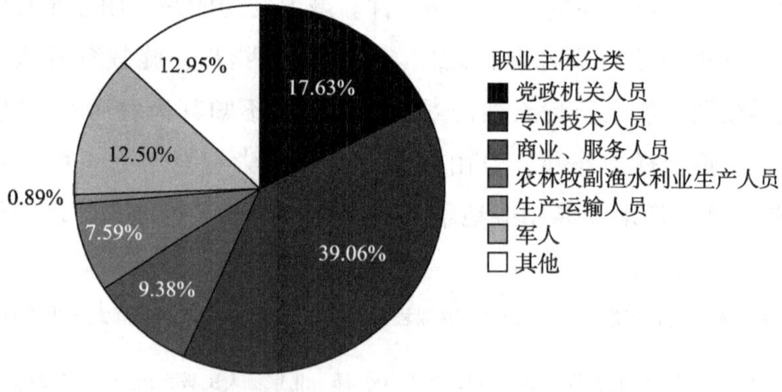

图10－1　各职业主体在教材中的占比情况

从图 10－1 得知，专业技术人员在苏教版小学品德课本中占比是最大的，党政机关人员占比其次，而生产运输人员是占比最小的。教师、医疗人员在每册品德教材中都有出现，超过半数的内容涉及教师这个职业，因而上图显示的各职业主体中专业技术人员的占比情况显而易见，这与教师与医疗人员的出现频次有着密不可分的关系。在党政机关人员这一职业主体中，国家政务工作者和国家领导人出现的频次较多，所以这一职业主体占比也不小。而在全套品德教材中，生产运输人员中出租车司机出现概论最大，送货员次之。

2. 各职业主体随年级的变化趋势分析

为了直观地辨认出各职业主体分类在各年级教材中的变化趋势，本文利用 SPSS 绘制了各职业主体在小学品德全套教材中出现频次和变化情况分布的折线图，如图 10－2 所示。

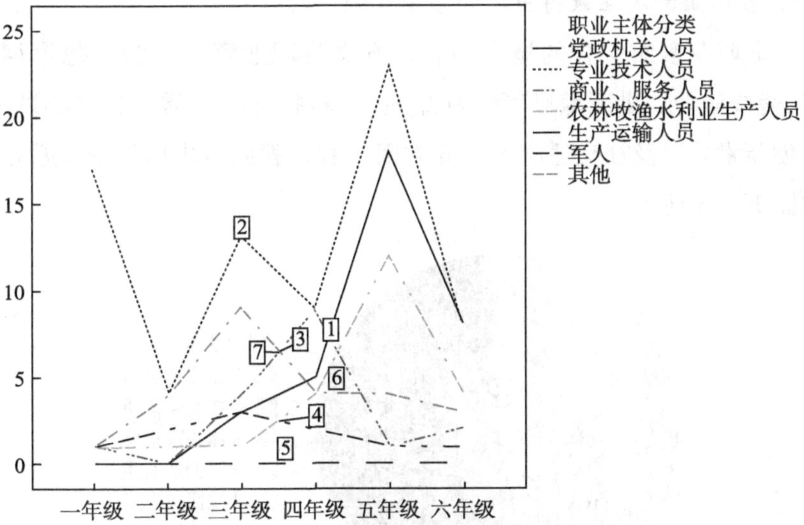

图 10－2　各职业主体在各年级间的变化趋势

根据图 10－2，本文主要选取三个具有代表性的职业主体进行分析。其一，党政机关人员，这一职业主体出现的频次从低年级教材至高年级教材逐渐升高，低年级中一年级甚至未曾出现有关党政机关人员的职业主体，而五年级的出现频次是最高的；其二，专业技术人员，这一职业在一到六年级品德教材中的变化趋势清晰可见：一年级、三年级、五年级品德教材中专业技术人员这一职业主体出现的频次高于二年级、四年级、六年级，波动略大；其三，农林牧副渔水利业生产人员，该职业主体出现的频次在各年级教材中中年级最高，低年级与高年级相对较低。品德教材的编写和内容的逐渐深入是以学生身心发展规律的阶段性为前提的，不同年龄段的学生接触到的社会生活和目光深浅亦迥异不同，因此教材中职业主体出现的频次会出现相应的变化趋势。

（二）职业素质

职业素质是职业内在的规范和要求，是在职业过程中表现出来的综合品质，包括职业道德、职业技能、职业行为、职业作风和职业意识等方面。总的来说，职业素质由五个部分组成：思想道德素质、科技文化素质、身体心理素质、学习创新素质和社交适应素质。

1. 各职业素质在教材出现的频率比较

根据职业素质包含的概念内容，本文将职业素质分为思想道德素质（包括爱岗敬业、勤劳谦卑等优良品质）、科技文化素质、身体心理素质、学习创新素质以及社交适应素质五方面内容，就此得出以下统计数据。结果如图 10－3 所示。

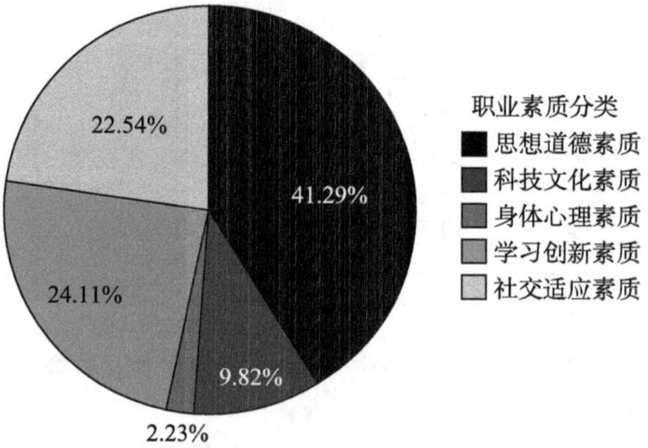

图 10－3　各职业素质在教材中的占比情况

从图 10－3 可知，思想道德素质在五类素质中占比最大，社交适应素质和学习创新素质次之，身体心理素质在所有品德教材中占比最小。品德教材中出现频次最多的便是以教师、科学家为主的爱岗敬业、奉献精神和合作包容等优良思想道德素质，可能有以下原因：其一，教师这一职业与学生日常学习生活密不可分，品德教材对教师在方方面面的设定，是为了与学生的实际相贴合；其二可以归结于主流文化对爱岗敬业和奉献精神的肯定，教师是无私奉献职业岗位的代表，也是大众心中光辉的职业，科学家利用自己的渊博学识为大众开发、研制各种便民的科技产品，亦是具有奉献精神的代表职业，因而教师、科学家在品德教材中的频繁出现，隐含了对儿童的职业导向。

2. 各职业素质随年级的变化趋势分析

如图 10－4 所示，思想道德素质出现的频次随着年级升高有上升的趋势，低年级出现频次最低，高年级尤其是五年级出现频次最高。品德教材中体现出的思想道德素质，包括爱岗敬业、奉献精神和合作包容等优良品质，这些内容的大范围展现体现出了教材编者及相应教育者对思想道德在职业素质中的重视程度，能对受教育者产生潜移默化的精神熏陶。

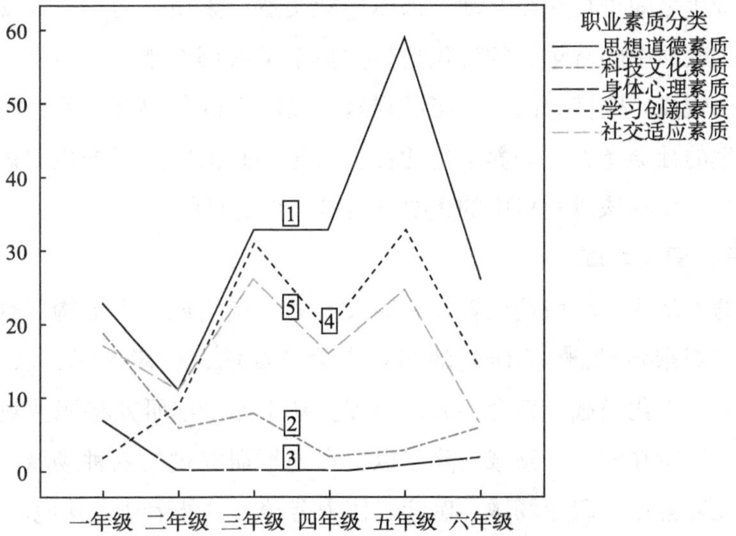

图 10－4　各职业素质在各年级间的变化趋势

科技文化素质和身体心理素质在教材中的出现频次较低，并且随着年级的上升有下降的趋势。这种现象的产生，可能归因于品德教材本身偏重于对青少年儿童道德素质和法制意识培养的性质。科技文化素质在教材文本中较少体现，比如，二年级上册第 27 页中，小朋友们做了一回“小小科学家”，借助自身所学知识探究了月球发光原理。身体心理素质通常以这样的例子出现：出租车司机驾驶时看到前方有儿童乱穿马路，露出惊慌的表情却也及时刹车，这也间接体现了司机驾驶车辆时的身体心理素质。

学习创新素质和社交适应素质在品德教材中出现的频次仅次于思想道德素质。学习创新素质在三年级到五年级教材中出现频次较高，可能考虑到低年级学生的思维发展程度尚未达到该素质的要求，因此在低年级出现频次较少。学习创新素质对于当今学生而言至关重要，亦是取得相应成就的关键。学习创新素质在职业素质中也发挥着不可替代的作用，主要在教材中体现为让学生自行设计活动策划案，或者利用常见物品设计艺术品，例如二年级上册第 21 页中，小学生们自行变身“艺术家”，利用树叶和种子拼成一个个富有新意的作品。社交适应素质是贯穿于整套品德教材的职业素质内容，把学生看成是一种特殊的职业，只要是学生群体聚在一起讨论或是师生之间进行交流互动，都属于社交适应素质的内容。社交适应素质在品德教材中随着年级的变化趋势类似于学习创新素质，均是中高年级出现频次较高。究其原因，三年级到六年级的教材名均为《品德与社会》，增强学生的社会意识、培养学生的社会公德心是该段教材的主要内容，而社会适应素质在该段教材中的重要性也是显而易见的。

（三）职业场域

布迪厄认为，场域是位置间客观关系的一网络或一个形构，这些位置是经过客观限定的。[1] 他研究的场域有美学场域、法律场域、宗教场域、政治场域、文化场域、教育场域，等等。基于此，本研究将职业场域理解为职业主体所在的一个领域。除了以上布迪厄研究过的六种场域，本文另增加了几种常见的职业场域：医疗、体力劳动、户外运动、其他。

---

[1] 李全生. 布迪厄场域理论简析 [J]. 烟台大学学报（哲学社会科学版），2002（2）：146－150.

1. 各职业场域在教材出现的频率比较

各职业场域在教材中的占比情况如图 10－5 所示。文化场域与政治场域是占比较大的，各超过了总场域数量的五分之一，教育场域与其他公共场所占比次之，其余场域尤其是宗教场域出现频次屈指可数。我国是共产党领导下的社会主义国家，不推崇宗教，小学品德教材作为小学生接受德育并初步接触政治领域的媒介，宗教场域涉及过少与之有必然的联系。除此之外，社会大众对文化人、知识分子的尊敬是我国古往今来的主流，便不难得知文化场域与政治场域在小学品德教材中出现频次最高的缘由了。

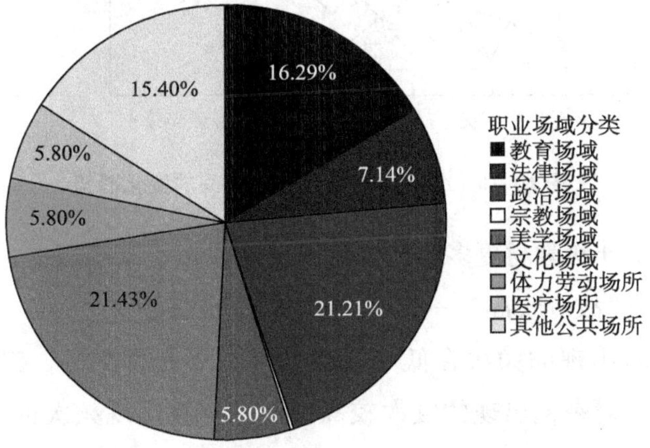

图 10－5　各职业场域在教材中的占比情况

2. 各职业场域随年级的变化趋势分析

如图 10－6 所示，就教育场域在全套教材中出现的频次以及在各年级中出现的变化情况而言，一年级、三年级、五年级品德教材中出现教育场域的频次较高，而在二年级、四年级、六年级教材中出现频次则相对来说较少了，整体呈波动趋势。一年级、三年级、五年级教材中都是师生课堂情景出现的频次最多，而各年级教材有特有的有关教育场域的场景。一年级教材中，与教育场域相关的也有教师关心儿童的情景，例如一年级上册 23 页有教师蹲下为学生系鞋带的插图；三年级教材中，教师对学生批评教育的情景较多，例如三年级下册 36 页老师批评了李明上学迟到的行为；五年级教材中场景较多的是与班级管理相关的教育场域，与一年级、三年级

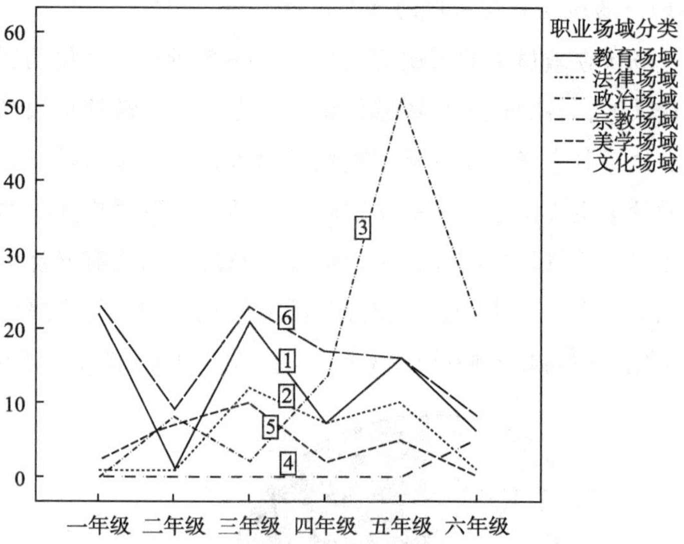

图 10－6　各职业场域在各年级间的变化趋势

不同的是，五年级教材更多的是将该场域体现在了文字当中，例如五年级上册 57 页的“故事欣赏”——《“麻烦”班主任》。

法律场域出现的频次在低年级品德教材中是最少的，三年级、四年级、五年级相对来说出现的频次较高，而六年级出现频次也是屈指可数。低年级教材中有关法律的内容不多，一年级上册 55 页的一首小诗《交通安全法》则是其中一例；中年级教材中多数以警察打击罪犯、让儿童远离危险的形式存在，例如三年级上册 48 页中的一幅插图：警察接到小学生王丽的报警赶到现场逮捕入室盗窃的小偷。到了高年级之后，教材中出现的多数是以法律条文的形式出现，例如，五年级上册 44 页有关疫情传播途径中涉及一条法律条文：食用国家法律明令禁止食用的野生动物。

政治场域在品德教材出现的频次于高年级最高，低年级最低，一年级甚至尚未出现有关政治领域的职业场域。中低年级教材涉及的内容基本是学生的日常琐事，考虑到中低年段的学生知识接受能力水平和对学生的课程兴趣培养，政治领域的内容少之又少，到了高年级之后，学生的知识接受水平升高，同时自控能力增强，并且有必要让小学生接触到政治领域，提高他们的政治素养。而高年级教材出现较多的便是历史英雄人物或政治领袖，例如五年级下册56页的林则徐虎门销烟、76页的孙中山辛亥革命。

文化场域出现频次于中年级教材最高，二年级、六年级教材中出现的频次较少。文化场域在教材中的体现形式以图书室场景、历史场景为代表。低年级教材主要以培养学生的良好习惯为主，中年级品德教材同语文教材类似开始关注学生的学习与阅读习惯，因而中年级教材中会较多地出现文化场域，五年级教材中的文化场域以历史文化场景为主，尤其是五年级下册54页内容之后较多地涉及我国的历史文化，例如62页文字中涉及慈禧太后每日奢靡的饮食。

美学场域在三年级品德教材中出现的频次最高，六年级基本未出现。总体出现频次也较低。教材中的美学场域大多数是以设计题的形式出现，放在三年级的设计题目较多，是因为三年级处于思维发展的过渡期，设计题可以促进学生思维健康快速发展。例如三年级下册73页有个设计题便是要求学生设计一个有关家乡的手抄报。

其余场域不作一一解释，宗教场域只在六年级教材中出现了5次。

二、职业启蒙教育素材渗透的主要特点

（一）多样性与复杂性

职业主体、职业素质、职业场域这三个职业启蒙要素中各自包含的类别形式多样。在职业主体这一要素中，上至政务机关人员，下至普通务工务农人员，虽然在各年级教材中分布不均，但都有出现；在职业素质这一要素中，各个职业体现的职业素质各不相同，其中会有交叉或者是重叠，对此本文采用的是偏向性职业素质分类，但仍然有少数其他偏向性职业素质的职业类型未涵盖在其中，可见职业素质在本品德教材中也体现了多样性的特点；职业场域是大家不为熟知的概念，上文已经做了相应概念解释。就布迪厄场域理论划分出来的几种场域亦不能完全涵盖品德教材中所有的职业场域。由此，各职业启蒙要素的多样性与复杂性在全套品德教材中体现较为明显。

（二）显性与隐性相结合

以上三种职业启蒙要素在全套品德教材中体现有显性与隐性相结合的

特点。在品德教材语言、文字和插图中含有的职业启蒙信息显而易见，例如苏教版小学品德教材一年级上册第22页的插图是教师上课的情景，其中包含的职业主体——教师，职业素质——文化素质，职业场域——教育场域显而易见，属于显性范畴。而苏教版小学品德教材五年级上册第55页中要求学生设计一个班徽，我们很难直接看出其中包含的何种职业启蒙要素，这道练习题让学生自己变身为一名设计师或者一名画家，发挥其美术创作能力，间接显示出这是与美学场域有关的职业启蒙要素信息，再者，其中体现的设计师这一职业主体和相应的偏技能型职业素质也是不易察觉的，这属于隐性范畴。

（三）符合学生身心发展规律

苏教版小学品德教材从学生日常生活的实践经验出发，深切关注学生的身心发展规律，这主要体现在低年段品德教材中涉及的职业大多数为专业技能人员，其中包括的就是教师与医护人员以及其他少年儿童平时接触到的职业，并且以此为基点，随着年级的升高，品德教材中涉及的职业范围便更加广泛，职业启蒙要素信息也扩大了范畴，乃至到了高年级之后政治场域和法律场域的内容逐渐增多和加深，高年级中接触的英雄人物和国家领导人逐步进入了学生的视野，各种法律条例也都相应地出现在高年级的品德教材之上。这些信息更加体现了品德这一课程对学生德育的影响以及规范人的道德行为的重要性。高年级教材扩大到以全世界为视野范围的职业范畴，涉及英国首相、美国总统等名人职业。品德教材中职业启蒙要素的渗透是学生在以自己的生活经验为基础的情况下逐渐加深的，品德教材内容中体现的以学生为本的理念，充分符合少年儿童身心发展规律，有利于促进少年儿童对职业的了解和熟知并且使他们的职业意识得到健康发展。

三、职业启蒙教育素材渗透的问题剖析

（一）职业主体中的“主流”职业倾向

苏教版小学品德教材中职业启蒙要素渗透出现了职业主体的“主流”职业倾向。由以上图表数据可以得知专业技术人员（包括教师、医护人

员、宇航员、科学家等）占比最大，远远超过了其他职业主体类型。这里的主流职业指的就是儿童图式中已有的职业主体类型，是为儿童所熟知的或者是曾经了解过的。

要使小学品德教材发挥其职业启蒙教育的作用就得尽量让教材的内容稍稍高于儿童的最近发展区，而小学品德教材尤其是低年级教材严重偏向了专业技术人员这一职业主体。以教师和医疗人员为代表的专业技术人员是为社会大众承认并推崇的“主流”职业，知识渊博、技能突出，职业的奉献性和专业性、不可替代性都使这类职业主体深受大众文化的趋向。

低年级之所以涉及的党政机关人员较少，或许因为编者认为低年级学生的兴趣水平、知识接受水平和预想中的一样低。然而，这样的设置安排并非对学生有益。第一，各个学生的发展水平不同，他们只有接受比自己能力更高的知识才能有所发展，这样的设置会让部分能力突出的学生发展停滞不前；第二，学生从小缺乏对政务或者法律工作的了解，便可能会造成被侵害却不懂权、不会维权的危害，其后果极其严重。

（二）职业场域设置不均

就职业场域而言，根据以上图表的数据可以得知，政治场域和文化场域是占比最大的，而宗教场域只在六年级教材中出现几次，美学场域总体出现频次也是较低的。政治场域虽然只在高年级出现频次高，而教育场域却是贯穿全套教材的，出现的频次依然没有政治场域高，教育是政府巩固政权的一种方式和手段，作为小学德育的品德课程，着重培养学生的爱国热情，便自身带有了我国当今的政治属性。而文化场域出现频次高究其原因和我国历代以来对文化的尊崇和对知识分子尊敬的文化有关。文化场域以历史文化场景为代表，引导小学生重视我国的文化历史，从而激发学生的民族荣誉感，归根结底依然是为了祖国的繁荣发展服务。在品德教材中有关宗教的内容涉及不多，也有苏教版教材的缘故，该版教材主要为汉族儿童使用。以绘画作品、音乐作品等为代表的美学场域，在社会主流思想中是个次要的领域，为娱乐而存在。然而，这样的职业场域设置虽说有其一定的科学性，但是带给学生的更多的是一叶障目、阻碍儿童全面发展的危害性。苏教版教材的使用者不一定全是汉族儿童，倘若被少数民族儿童使用，宗教场域的设置过少则会使他们质疑德育教材的正确性，他们的民族责任感与荣誉感也得不到肯定，学校德育的工作也可能会得不到他们的配合，这不利于学生自身的成长，也不利于学校正常德育工作的开展和进行。美学场域设置过少，没有平台和途径给一些具有艺术天赋的学生发挥和展现，则会使他们的才华被埋没。

（三）职业素质的道德偏向性

品德教材最本质的特点就是对小学生道德培养的偏向性，那么职业素质在品德教材中的表现也自然地带上了道德偏向的色彩。职业素质中的思想道德素质包括了爱岗、敬业、诚信、合作等优秀品质，是职业启蒙教育中最重要的教育内容之一，亦是主流社会价值观导向的核心所在，因此，在品德教材中贯穿思想道德素质是必需也是必然的。与此同时，科技文化素质和身体心理素质也是职业素质中不可或缺的组成部分。科技文化素质的高低代表了一个职业与时俱进的程度，身体心理素质也日益成为一个职业成长成熟所必需的职业素质，而品德教材中对这两块内容涉及较少，这就很容易使小学生对职业素质认识不全面，进入只要思想道德素质过关就可以获得成功的思想误区。举个例子来说，当小学生看到为人民服务的消防官兵在救火或者是抢救伤员，固然会产生由衷的敬意，却不能联想到消防官兵的身体心理状态和与救人相关的科学文化常识等，因而小学生对英雄的理解仅仅局限于表面的救人行为，而忽视了消防官兵背后所需的各项职业素质。

第三节　小学品德教学渗透职业启蒙教育的问题审视

该部分内容主要从授课教师在教材解读与备课等课前准备、教学过程中的课堂引导及师生互动、课后作业和课外拓展这三个方面入手，以徐州市 ZJ 小学为个案，采用访谈法与课堂观察法，分析授课者在品德课堂教学中渗透职业启蒙教育理念方面存在的不足之处。

一、课前准备的职业意识缺失

（一）备课过程中的浅尝辄止

备课是一个教师上好课的前提，在职业启蒙教育领域亦是如此。笔者在访谈中了解到大部分授课者都是由非思品专业出身的班主任兼代，这就出现了“主课”课程偏向性的问题，授课者的潜意识里便是备好自己的主备科目而忽视了品德课程，这使得他们在备课伊始就让思品课堂失去了其课程本身独特的重要性，职业启蒙教育的渗透更是被一带而过甚至是被忽视的。由语文、数学或英语等必考科目的授课者代教品德课程，大部分班主任乐于此务的原因显而易见。此举无异于将品德课程冠上了班级管理工具的名号以达到自己完善班务管理的目的，虽然对于施教者而言无可厚非，然而这并不利于受教育者对职业多样性的理解和职业意识的提高。

笔者在与品德授课者交流过程中发现，大部分的品德教师对职业启蒙的认识较浅，有的授课者认为课程应该有其本身的特点，品德课程就是提高学生道德水平、增强法治意识的课程，何来职业教育一说？这是对职业启蒙教育在学科渗透中重要地位的忽视和对职教的误解。职业启蒙教育于受教育者而言是明确职业目标定向的来源所在，重要性于前文已做阐述，此处不再赘述。

由此原本重要性被忽视且鲜少有课后拓展的品德课程，职业启蒙意识在思品课程学科中的渗透就显得更为艰难。

（二）教材解读中的不当之处

教材是学生在学校获得系统知识、进行学习的主要材料，它可以帮助学生掌握教师讲授的内容，亦是教师进行教学的主要依据，它为教师备课、上课、布置作业、学生学习成绩评定提供了基本材料。由此而言，教材便是教育者课堂传授知识的直接工具，然而工具无法替代教育者系统内化知识的主动引导作用，授课者对教材的理解直接影响了受教育者在学习中构建的知识图式，这种影响潜移默化、深刻久远且较难变更。在关注到学生学情的前提下，教育者需要借鉴教材和教学参考书，更应该筛选教材内容并加以内化，并在此基础上提出质疑从而发挥学生的学习主体性，慎用乃至不用教案中不利于学生主体性发展的灌输式授课。

职业启蒙教育理念在许多一线教师中并非众所周知，称以“凤毛麟角”亦不为过。笔者发现在众多授课者解读教材的过程中跳脱不出教材的禁锢，基本上是就教材讲教材。教材是教育者施教、受教育者接受课程熏陶的工具，当教材中出现与职业相关的插图时更多的是一带而过，并没有做出课堂内容延伸的环节，很多教师就停留在教材的层面不作深究，学生更是得不到职业启蒙理念的熏陶。

二、教学过程的职业问题忽视

（一）课堂提问的职业偏向

课堂提问是授课者教学思路的体现，是课堂师生互动中必不可少的环节，有效的课堂提问能促使学生发展自我意识、审视自身行为。课堂提问必须以现代教学理念为指导，遵循教学规律，全面贯彻教学原则，善于科学而灵活地运用各种教学方法。品德课程授课者应该充分关注提问的教学艺术，在施教过程中贯彻落实儿童职业意识的指引与培养。每一堂课都会有一个主问题的设置，从而延伸出分支问题。大部分品德教育者在课堂中设置的主问题多半与事业单位的职业有关，例如教师、医生等，甚者与职业有关的内容一笔带过或只字未提。

（二）课堂评价的引导缺失

课堂评价是指对学生课堂表现与反应以及课堂气氛等的价值高低的判断，包括了对课堂的质量作的描述和在此基础上做的判断。课堂评价最重要的作用在于运用它来探明、改善和提高课堂活动本身的功能。如果说课堂活动是一个信息传递系统，那课堂评价则是这个系统的反馈机制。只有很好地掌握课堂评价这个信息反馈机制，才能了解课堂系统的运行状况。

课堂评价多半以形成性评价的形式出现，有效的课堂评价能调动学生的积极性，有利于学生创新型思维的发展。笔者在观察品德课堂时发现大部分授课者会给予浅层次的评价反馈，例如“很好”“很棒”等的字眼。

在整个课程体系中，教育者给出的评价体系应该是就学情而定的，新课标提倡积极正面且翔实的评价，例如“你还知道剪辑师这个职业，真了不起”。这样翔实的评价不仅反馈了受教育者的良好表现，也间接扩大其正面积极的榜样影响并在无形之中激励了学生去挖掘更多的小众职业，甚至培养出学生的创新型思维并构建出更多的职业类型的图式。新型职业的出现源于创新型人才创造的新生物类，而教育目的之一便是将受教育者培养为具有创新思维、利于科学社会发展的有才之士，职业启蒙教育亦是如此。不具有任何引导作用的评价语无法引起学生的兴趣和榜样模仿行为，那么贯彻渗透职业启蒙意识也便无从说起了。

三、课后拓展的职业延伸不足

（一）校内职业资源拓展不足

在职业启蒙教育日益发展的今天，诸多中小学已开展了职业人士进校园的相关活动。这样的活动在促使受教育者了解到众多社会职业的同时，无形之中加强了自身对职业本身的认识，亦是增强受教育者职业意识的重要途径。但由于社会联系资源渠道的缺乏，能邀请到的职业人士也多半为学生的监护人，学生家长之间亦是保持密切联系的一个群体，受教育者多半广为熟知这些职业。因此，鼓励校园举办类似的职业进校园活动的同时，学校工作者也不能忽视对受教育者职业多样性的引导。

（二）校外职业资源利用不够

大部分学校都会鼓励学生进行社会实践活动，在此受教育者同时会接触到社会中多样的职业，从而获取相关职业的独特之处以加深对职业的理解。社会应该提供不仅仅是志愿性质的实践工作给在校学生，更主动与教育工作者携手合作，为受教育者提供更多了解职业特色的平台，然而很多学校并没有挖掘校外职业资源的意识，也极少将目光投掷于职业启蒙这一层面。

第四节　小学品德教学渗透职业启蒙教育的路径选择

一、加强教学设计，树立职业启蒙教育理念

（一）领悟课程标准，拓展设计视野

品德课程标准对教材的要求，就是要贴近学生的切身生活，不能与学生自身的生活经验相分离。品德课程标准要求该课程对学生的社会性发展、道德品质发展负有极大的责任，因而在小学品德教材中渗透职业启蒙是无可厚非的。为此，品德课教师应该深切地领悟课程标准对学生品德发展、提升学生生活技能以及促进职业意识提高从而保证其社会性的正常发展的要求。教师要在品德课程中融入职业启蒙教育，就要切实将课堂实施设计的科学性放在首位，首先便是课前的教学设计。教师可以在教学设计中的师生对话环节、小组讨论、合作学习的环节融入与职业要素相关的问题或内容，力求达到使学生获得职业启蒙的目标，并且要以课前充分准备课堂活动的内容以及通过课堂职业角色扮演等各种途径对学生渗透职业启蒙教育，从而达到使学生职业意识发展的目的。课堂的教学设计也不仅仅局限于正式的授课，还可以利用品德课堂举办与职业要素相关的班队活动，教师要提前安排好活动内容和形式设计，以便使活动顺利地开展。在课后，教师要布置相应的作业，使学生得到的有关职业的内容得以巩固和提升。教师应该把对在品德课程中渗透职业启蒙教育这一理念放置到自己的课前设计、课堂引导和课后巩固这三个层面，使之更加系统化、有序化，并不能仅仅局限于课堂。多方位的设计视野将对实现培养学生职业意识的目标大有裨益。

（二）基于教材文本，挖掘职业素材

教材是教师最容易把握和接触到的最直接的教学材料，优秀的教师往往会把教材内容当作自己教授内容的媒介，让学生举一反三。这就要求教师要把挖掘职业要素的触角探入到文本深处，力求利用现有的职业素材让学生接受职业启蒙教育并纳入自己的图式之中。

教师应该在课前就将要讲授的内容梳理一遍，在此过程中挖掘教材文本中存在的职业要素。要深入分析教材的各个方面，包括教材内容中的文字表述、动画插图、课堂练习、图画设计等，充分挖掘可以用来充当职业启蒙教材的内容所在。教师应该充分利用好品德教材，与此同时可以借助辅助资料，以便引导学生解决与职业要素有关的各类问题。教师在授课过程中要引导学生有意识地去领悟与职业有关的素材，加以整理，以便能使学生在潜移默化中增强对职业的认识，而不是认为职业与自己遥不可及，也能让学生体会到品德文本内容的趣味性，对职业产生浓厚的兴趣，从而也能提升自身的职业意识和职业素养。

二、注重课程融入，增强职业启蒙教育过程

（一）巧设职业情境，引导职业体验

李吉林老师曾经倡导的情境教育最初是在语文课堂上实施的，在品德课程上同样适用。情境教育关注儿童的主体性，强调儿童是生命和社会主体。[1] 教师在品德课堂上适当地创设相应的职业情境，更有利于儿童对职业的认识和理解，在似乎身临其境的环境之中，学生的投入程度和自身获得到的职业体验的多少成正比关系。在品德课堂中，教师要根据学生的实际情况开展教学，充分关注课堂中学生有关职业要素的生成，充分开展丰富多样的课堂活动形式，在活动中融入职业启蒙要素，例如角色扮演、情景剧表演等。儿童接受职业启蒙教育的过程并非枯燥无味，而是会在职业情境中获得有趣的职业体验，这样是事半功倍的举措。

（二）注重职业联想，生成职业精神

基础教育中对想象力和思维能力的培养是培养学生创造力的一个重要环节。少年儿童最大的特点便是想象力丰富，进入小学之后，想象中创造性成分逐渐增多，能由简单复制上升为独特创造。而教师在开展教学工作时要注重学生的想象力发展特点，在品德课堂上适时地让学生发表自己对

[1] 裴新宁，王美．为了儿童学习的课程——中国情境教育学派李吉林情境课程的建构［J］．教育研究，2011，32（11）：89－94，103.

职业的看法和见解，鼓励学生想象自己处在理想中的职业应该完成的任务、应当承担的职责甚至是可能得到的报酬。职业启蒙要素在这一联想过程中逐渐融入渗透，使学生增强对所想从事的未来职业的使命感和责任感，培养其生成职业精神。在这个过程中学生将丰富自身的知识经验，培养自身对特定职业的丰富情感，有利于学生对某种职业形成浓厚的职业兴趣和职业精神。

三、持续课后拓展，强化职业启蒙教育效果

（一）开展综合实践，培养职业习惯

综合实践活动可以有效地调动学生的学习积极性和主动性。学生乐于在课堂之外的综合实践活动中彰显和发展自己的个性，能在活动中提高和发展学生多方面的能力。与此同时，学生在综合实践活动中获得的经验是在课堂难以给予的，这相当于改变了学生的学习方式，将职业启蒙教育和综合实践活动紧密结合，是学生获得职业意识渗透的重要途径。

教师除了在品德课堂中对学生进行职业意识渗透，课后的综合实践活动的开展也是至关重要的一环。如果课堂上的职业意识渗透教育是“授新知”，那么课后活动便是巩固与实践了。教师可以相应地开展与职业体验有关的活动，例如“谁是最佳小老师”、情景剧“医院的一角”、校园开心小农场等。在这些活动过程中，学生体会到了职业乐趣，培养了学生的劳动习惯，也能发挥他们各方面的特长，熟知相应职业应该具有的职业道德规范，同时也孕育了工匠精神。这类活动将对培养学生后期良好的职业习惯有着奠定基础的重要作用。班主任应该与品德教师配合，开展与职业相关的综合性活动，可以是主题班会、职业知识竞赛等。

（二）走进职业人员，感受职业生活

新课程背景下实施生活化教学，即是在教学中把学生课堂学习的间接经验与现实生活的经验联系起来。对于职业启蒙课堂来讲，需要学生的切身经验以作辅助，为了创建学生的趣味职业课堂，必须要让学生自身具有相关体验，在体验职业的同时提高自己的职业知识储备和筛选运用能力。

学校可以效仿国外一些小学的做法，设定专门的日子让学生更加真切

地、近距离地接触社会职业人员。教务工作者可以邀请社会上各行各业的人士进校园，为学生讲述他们的职业工作内容和应该遵守的职业道德规范；学校也可以提前与一些具有职业特色的单位联系好，组织学生去参观访问，感受工作单位中浓厚的职业氛围。学校和教育工作者的努力，将会对学生自身的职业意识和职业兴趣倾向性的培养提供便利与支持，从而减少学生后期“盲目择业”的情况。

第十一章

普通高中历史教学渗透职业生涯教育研究

如前所述，从纵向发展的维度，广义的职业启蒙教育包括小学阶段普适的职业认知教育、初中阶段分流的生涯指导教育和高中阶段分化的专业规划教育。尽管小学阶段是推行职业启蒙教育的最佳时期，但对于高中生而言，当他们面临未来的教育类型和专业类别选择时，也需要有针对性的指导。对于高中之前启蒙不足的学生，此阶段的职业启蒙教育可以给予一定的弥补。但由于高中后逐渐走向职业生涯，因此高中阶段的职业启蒙教育称为职业生涯教育更为合适。为此，将以历史和英语两个学科为例，探究高中阶段学科渗透职业生涯教育的相关问题。

第一节　普通高中历史教学渗透职业生涯教育的基础考察

一、历史渗透职业生涯教育的价值意蕴

（一）历史知识的社会价值内蕴

中国有句古语："以铜为鉴，可以正衣冠；以人为鉴，可以知得失；以史为鉴，可以知兴替。"由此可以看出，国家或者社会兴衰成败是可以通过历史窥见的。对于国家而言，学习历史可以更好地治国安邦。对于百

姓而言，学习历史可以更好地为人处世。愿意从历史教训中汲取古人智慧、学习前人的成功经验以及失败的教训是中国人对历史的尊重，也是对历史的学习。❶

中国从新中国建立初始的落后到现在蓬勃的发展，均离不开几代领导人的努力。毛泽东同志不只一次地在中共大会上强调学习历史的必要性。每一段历史都有其特点，那些导致历史必然性的特点是人民群众决定的。后人通过对历史的学习，总结历史发展特点，把握历史发展脉络，从而引领社会发展。❷ 由此看出学习历史将更加有利于促进社会的进步和发展。邓小平同志也提出“要用历史教育青年，教育人民”的育人理念，从中国特色社会主义制度中解读出以史为鉴的重要性。❸ 除此之外，历史知识社会化可以帮助大众树立正确的历史观，以普及历史基础知识、传播优秀的历史文化为自己终身的责任，增强国家集体凝聚力和荣誉感。

（二）历史素养的职业价值蕴含

在当今的21世纪，核心素养已成为教育学家重要的研究内容。吴伟教授在《历史学科能力与历史素养》一文中提出了“历史素养”的概念。他认为，历史核心素养是一个人在历史知识、能力、情感与态度上的全面体现，一个人的历史素养是在日常生活中不断自我积累所形成的，是能够从历史和历史学的角度发现问题、思考问题及解决问题且富有个性的心理品质。❹ 导游、博物馆、历史教师、历史教科书的编辑、历史学家、收藏家、党史研究员、书法国画等华夏艺术职业类型以及创作工艺的艺人，比如制剑、制弓、制古代盔甲，还有很多从事古典文学创作的人都需要历史素养。因此，历史素养对胜任历史相关职业非常重要。然而随着中国综合实力的提高和国际地位的提升，不仅历史相关职业需要历史素养，即便是普

---

❶ 侯德仁，高忠芳．历史知识社会化的主要途径和价值取向［J］．社科纵横，2011（12）：114－116，119.

❷ 毛泽东．学习我们的历史遗产［G］//中共中央宣传部．毛泽东邓小平江泽民论弘扬和培育民族精神．北京：学习出版社，2003.

❸ 邓小平．用中国的历史教育青年［G］//中共中央宣传部．毛泽东邓小平江泽民论弘扬和培育民族精神．北京：学习出版社，2003.

❹ 吴伟．历史学科能力与历史素养［J］．历史教学（中学版），2012（2）：3－5.

通的职业，比如教师、医生、军人，甚至是小商贩均需要强烈的人文精神和民族价值观。当下中国大力弘扬社会主义核心价值观，社会主义核心价值观渗透到各行各业，融入生活的方方面面，而社会主义核心价值观的培养离不开历史素养的提高。因此，历史素养渗透在中国国民的日常生活。

二、历史渗透职业生涯教育的“标准”支持❶

（一）新课标改革理念的职业生涯教育蕴意

2001 年教育部颁布《基础教育课程改革纲要（试行）》，进行新课标改革，将“一切为了每一位学生的发展”作为新课标改革的核心理念。此核心理念蕴含以下三个要求：第一，教师需关注每一位学生。对学生进行积极关注是人本主义教学原则之一，其在实际上能体现教师对学生的尊重、关心。第二，教师需关注学生的情绪情感。在教学中，教师要进行合理的教学设计，关注教学过程中对学生情感的培养，给予学生积极的情绪情感体现。第三，教师需关注学生道德和人格的发展。教师应当充分挖掘教学内容中的道德因素，增强学生的道德意识，从而帮助学生养成良好的道德行为。从“一切为了每一位学生的发展”的新课标改革理念蕴含的要求来看，教师需从课程目标、课程内容、教学过程、学习方式等方面进行全面改革以实现学生良好且全面发展，既促进学生在学校及社会环境中外在的发展，也促进学生自身内在的发展。这也意味着在基础教育阶段教师需要对学生进行职业生涯教育，将职业生涯教育渗透在课程目标、课程内容、教学过程、学习方式中，以增强学生自我认知，帮助学生树立正确的价值观，选择适合自身发展的专业，从事与自身匹配的职业。

（二）《普通高中历史课程标准》职业生涯教育蕴意

2003 年发行的《普通高中历史课程标准（实验）》依据时代性、基础性、选择性的原则，及时调整、更新了课程内容，精选学生终身学习必备的基础内容，增强了课程内容与社会进步、学术发展和学生经验的联系。❷

---

❶ 注释：由于撰写该成果之时，新时代核心素养导向下的 2017 版普通高中课程标准尚未发布，因此本研究之“标准”特指 2003 版课程标准。

❷ 朱汉国．新的课程目标、课程体系、课程内容［N］．中国教育报，2006－04－28（005）．

时代性，要求高中历史新课程要与时俱进，所教内容要与当前社会发展相吻合。这便意味着高中历史新课程的内容需紧密联系时代和社会发展的需求，而时代和社会的需求掌舵着职业的需求，对职业需求具有预测性，因此，教学内容紧跟社会发展可预测未来职业发展。基础性，要求高中历史新课程所教历史内容能够提供每一位学生个性化发展的基础。促进学生个性化发展的前提是学生需要对自我有清楚的认知，在自我认知错误下的个性化发展是误入歧途，因此高中历史教学内容中需要包含对学生自我认知的教育，只有学生了解自己的兴趣、性格、能力，才能对自己的发展方向做出正确的选择。选择性，要求高中历史新课程所教历史内容可以适应社会对多样化人才的需要，适合学生多元化和个性化的发展。这需要教师对历史教学内容进行多元化的解读，从多方面解读历史，对学生进行生涯教育，以促进学生发展。因此，从时代性、基础性、选择性的原则来看，高中历史课程蕴含对高中生职业生涯教育的启示。

同时《普通高中历史课程标准（实验）》指出，“通过历史学习，加深对历史上以人为本、善待生命、关注人类命运的人文主义精神的理解。培养健康的审美情趣，努力追求真善美的人生境界”，“认识人类社会发展的统一性和多样性，理解和尊重世界各地区、各国、各民族的文化传统，汲取人类创造的优秀文明成果，进一步形成开放的世界意识”❶。从这段文字中可以看出，历史教学的核心价值在于培养高中生历史素养，帮助高中生成长为具有正确情感、态度与价值观的人。在这样的培养目标下，历史学科自身所具有的特性也影响了高中生对社会的认识以及社会责任感和保卫祖国的情感的形成。学生自身的价值观影响学生的职业价值观，拥有人文精神和审美情趣对学生价值观的形成具有重要的作用，影响学生对真善美的追求，影响着未来职业的发展。因此情感、态度、价值观均对高中生的生涯规划产生重要的影响，从而也体现了《普通高中历史课程标准（实验）》在职业生涯教育中的引领性。

---

❶ 中华人民共和国教育部．普通高中历史课程标准（实验）［S］．北京：人民教育出版社，2003：5－6.

三、历史渗透职业生涯教育的现实诉求

当前我国高中历史教学中存在较多问题。李炳芹（2012）在对高中历史课堂有效性教学研究中发现高中生缺乏合作意识和合作技巧，缺乏历史学习兴趣和主动性。[1] 晏伟锋（2014）在高中历史课堂教学研究中发现在高中历史课堂教学过程中存在教学要素和资源配置不平衡、师生关系缺乏协调、教学要素单一、教学内容肤浅且停留在表面等问题，从而导致学生缺乏独立思考和多角度思考的现象。[2] 因此，将职业生涯教育融入高中历史课教学是非常有必要的。

（一）激发学生主动学习的需要

当代社会既需要能学习的人，更需要会学习的人。主动学习是一种非常重要的学习能力，是独立的学习者不可或缺的能力。晏伟锋（2014）在对历史教学研究中把高中生作为调查对象，以学生主动学习程度为调查内容，将主动学习程度分为"充分发挥""基本发挥""基本没有发挥""根本没有发挥"四个层次，结果显示高中生的学习自主积极性不高。其中"充分发挥"者占 12%，"基本发挥"者占 39%，"基本没有发挥"者占 32%，"根本没有发挥"者占 17%。[3] 由此可以发现，当前我国高中生在历史课堂中有近一半的学生没有发挥学习的主动性。为此在实际的历史教学中，教师对课程内容设计要尽量注重过程性，对"知识与能力"要求尽量减低，强调学习过程中学生在"过程与方法""情感态度与价值观"方面的收获。课程内容在设计过程中要注重设计学生学习活动的内容，在每一个专题后面都需要有大量的学习活动作为参考。通过这些活动可以促进学生自主学习、探究与合作，实现学习方式的转变。

（二）提升历史教师素质的需要

巴班斯基曾经提出以万花筒式的方式教学是不可取的，因为这种方式不仅让学生应接不暇且不利于学生集中精力学习。因此，教学质量的高低

---

[1] 李炳芹．高中历史课堂有效性教学研究［D］．济南：山东师范大学，2012.

[2] 晏伟锋．高中历史课堂教学优化研究［D］．长沙：湖南师范大学，2015.

[3] 晏伟锋．高中历史课堂教学优化研究［D］．长沙：湖南师范大学，2015.

并不是由教学方式决定的，最重要的还要看教师个人的教学素养。[1] 2001年《国务院关于基础教育改革与发展的决定》就已指出："建设一支高素质的教师队伍是扎实推进素质教育的关键。"从文件中可以看出教师在教学中发挥着举足轻重的作用。历史教师是教学活动的组织者、参与者，高素质的历史教师队伍是推进历史教学水平进步和发展的前提，只有历史教师素养提高了，历史教学的内容、方式等才会提高，从而真正挖掘出历史教材中的生涯教育知识。李炳芹（2012）认为，高中生缺乏合作意识和合作技巧，缺乏历史学习兴趣和主动性的原因是历史教师只重视知识的传授，而忽略对学生人际沟通、团队合作等能力的培养，这表明教师教学素养需要进一步提高，将教育的着眼点离开书本的知识，重在教育学生适应社会的能力。

第二节 普通高中历史教学渗透职业生涯教育的教材支持

改革开放以来，我国高中历史教材改革大致经历了四个阶段。其中，前三个阶段分别为20世纪70年代末至80年代的整顿、恢复和初步发展阶段，20世纪90年代至21世纪初的进一步发展阶段，2001年新一轮基础教育课程改革正式启动以来的全新发展阶段。[2] 第四个阶段为正在进行的核心素养背景下的新课程标准导向下的统编版教材阶段。由于第四阶段的教材在本课题研究之时还未正式投入使用，因此本研究的教材还是2003版课程标准理念支撑下的教材文本。

2003年教育部出台《普通高中历史课程标准（实验）》，提出教学内容以历史专题形式呈现，以实现知识与能力、过程与方法、情感态度与价值观为课程目标，使高中历史教学进入新局面。根据《标准》规定，普通高中历史课程包含必修课和选修课两部分。本部分研究以人民出版社教材

[1] [苏] 巴班斯基．外国教育译丛：论教学过程最优化 [M]．吴文侃，译．北京：教育科学出版社，1982.

[2] 贺子刚．改革开放以来人教版高中历史教科书演变与发展论析 [D]．上海：上海师范大学，2008.

为基础进行文本分析。基于课程标准的分类，人民出版社普通高中历史教材分为必修三册和选修六册共九册。其中，必修部分旨在为学生提供基础的历史性知识，共涉及政治、经济、文化、科技、艺术等领域；选修部分旨在开拓学生的历史视野，涉及六个主要领域。必修课与选修课相辅相成，必修课为选修的开设提供基础。这样的课程与教材使历史教学更具有特定的层次感和自主选择性。

一、不同模块渗透生涯教育素材意蕴

（一）必修模块职业生涯导向意蕴

经过新课程改革后，高中历史课程中的必修课程较之前结构发生了本质的变化。必修课程分为三大模块，也就是历史Ⅰ、历史Ⅱ、历史Ⅲ，共包含25个专题。每个模块根据其涉及的内容领域，都具有一定的职业生涯教育价值。

必修课程历史Ⅰ有9个专题，涉及的是政治方面的知识与内容，大多与历史上重要的政治制度、政治事件有关。9个专题综合考虑了政治制度发展和阶级发展的历史进程，有助于培养学生用历史的思维考虑政治制度诞生、发展、更替，能够让学生用科学的眼光去认识和了解历史，同时了解阶级的产生和阶级斗争，理解国家从建立到消亡是一个过程，里面掺杂着各种制度的变化，人治到法制更是由历代制度经验慢慢演变而来的，从而为学生选择国际政治、行政管理、社会工作、外交学（外交外事）等专业起到良好的引导作用。

必修课程历史Ⅱ有8个专题，均属于经济和社会生活领域中的内容。8个专题有利于学生在整体上把握全球经济发展的历史，了解历史上不同国家与地区的社会经济发展模式，并且从中总结出经济兴衰的历史规律，基于对我国经济模式和经济形势的了解为我国经济发展提供建议，更有利于学生为未来职业选择，如国际经济与贸易、经济学、物流管理等专业打下基础。

必修课程历史Ⅲ有8个专题，均属于思想文化和科学技术领域的内容。8个专题有助于在整体上把握思想文化和科学技术发展的过程，了解不同时期的思想文化和科学技术的发展特征和发展情况，有利于培养学生文化多样性意识，增强对祖国传统文化的认同感，这有助于学生保持浓厚的历史学习兴趣，为高考志愿进行历史学、历史学（师范）、考古学专业的填报埋下伏笔❶。

上述的三个必修模块，25个专题分别从政治、经济、文化、科技、艺术等领域反映了历史发展的整个历程。面对历史，学生还要具备较高的政治素养，要求学生通过对基础历史必修课程的学习，学会一分为二地看待历史问题，学会用发展的眼光看待历史问题，学会用整体与部分的关系分析中国与世界的关系，用唯物辩证主义分析历史与现在的关系，从而培养学生的大局意识、人文关怀意识和民族精神。

（二）选修模块职业生涯导向意蕴

历史选修课程共有6个选修模块，分别是“历史上重大改革回顾”“近代社会的民主思想与实践”“20世纪的战争与和平”“中外历史人物评说”“探索历史的奥秘”“世界文化遗产荟萃”。6大模块涉及范围广且内容丰富，旨在提供更多历史知识，增加学生的历史知识储备，培养学生学习历史的兴趣和能力，为学生历史个性化发展提供专业知识。

历史上重大改革回顾这一选修模块介绍了9次贯通古今中外的改革，尽管改革中有成功，但是也有失败，其中充满了曲折与反复，但改革最终让社会在历史曲折中发展。无论是成功的改革还是失败的变革，它们都对历史的前进起到了一定的促进作用，理所当然被历史所铭记。因此，学习和掌握历史上重大改革的史实，有利于高中生认识人类社会的发展规律。近代社会的民主思想与实践这一选修模块共包含7个专题，介绍了中外近代史中民主与专制力量激烈斗争的历史，通过近代中外民主与专制力量在国家政治体制、国家权力基本结构中的地位、国家权力的产生等史实，系统阐述了近代历史上国内外民主与专制势力的斗争过程。要求学生熟知在近代不畏牺牲、反抗专制、追求民主过程中具有代表性的伟大历史人物、

❶ 薛伟强．《普通高中历史课程标准（实验）》与“上海课标”比较［J］．历史教学，2006（7）：34－37.

重要历史事件、主要思想流派、政治制度等基本史实，对妨碍历史前进的专制思想、政治制度和统治者要有严肃的批判态度，树立积极推动民主进步的历史责任感。

20 世纪的战争与和平这一模块包含 4 个专题，介绍了第一次世界大战、第二次世界大战的相关内容，使学生了解两次大战的后果，认识两次世界大战对人类历史发展的消极影响。介绍了凡尔赛—华盛顿体系下的和平、雅尔塔体制下的冷战与和平、朝鲜战争等一系列的局部战争以及当今时代的和平与发展的趋势，有利于高中生认识高技术战争的特点和影响，把握国际形势发展的总趋势。中外历史人物评说这一模块包含 4 个专题，分别介绍了古代中国的政治家——秦始皇、唐太宗、康熙，东西方的先哲——孔子、柏拉图和亚里士多德，欧美资产阶级革命时代的杰出人物——克伦威尔、华盛顿、拿破仑等，“亚洲觉醒”的先驱——孙中山、圣雄甘地等中外著名历史人物，要求学生学会正确评价历史人物，提升学生的人文素养、历史意识。

探索历史的奥秘这一模块包含 7 个专题，介绍了历史与历史的重现、人类起源之谜、三星堆遗址——古蜀文明之谜、玛雅文明的消失、二里头文化的探索、米诺斯宫殿遗址与克里特文明、大津巴布韦遗址与非洲文明探秘等历史之谜。确立这些专题激发学生的历史思维和历史想象，有利于学生社会认识能力的提高。世界文化遗产荟萃这一模块包括 6 个专题，介绍了世界文化遗产的由来、古代埃及文明的历史遗产、古代希腊罗马的历史遗迹、欧洲文艺复兴时期的文化遗产、中国的历史文化遗产代表、具有警示意义的世界遗产等文化遗产，有助于学生加深对世界文化遗产进行探究和研究的兴趣，培养学生历史考察和社会调查的能力和保护文化遗产、文化环境的意识。

二、不同专题渗透职业角色素材分析

（一）考古类职业素材

作为一门近代的科学，考古学已有它充实的内容、周密的方法、系统的理论和明确的目标。虽然还没有一个被普遍确认的定义，但在全世界范围内，学术界对考古学一词的理解是大致相同的。对考古热爱的人，其兴趣均源于对历史奥秘的探索。普通高中历史教材中有专门的一个模块——探索历史的奥秘，在这一模块中充溢着许多有关历史奥秘的素材，如表11－1所示，这些素材激发学生去探索考古方面的知识领域。

表11－1　选修5《探索历史奥秘》考古类职业素材统计

专题名称	探究内容
人类起源之谜	人从哪里来？人类是如何进化的？人类的起源地在哪里？
三星堆遗址——古蜀文明之谜	三星堆文化来自何方？三星堆遗址居民的族属为何？三星堆古蜀国的政权性质及宗教形态如何？三星堆青铜文化是如何产生的？三星堆古蜀国如何消亡？三星堆祭祀坑的性质？三星堆金杖之谜何在？
玛雅文明的消失	玛雅文明起源于哪里？玛雅文化为何消失？
二里头文化的探索	仰韶彩陶、山东龙山黑陶、河南龙山灰陶属于夏文化吗？大型宫殿遗址与都城有何关系？二里头文化各期陶器有何异同？
米诺斯宫殿遗址与克里特文明	米诺斯是国王还是一个王朝的名称？迷宫是宫殿、国王的居所，还是“死人之宫”，神庙，抑或其他？迷宫的主人是国王，还是“祭司王”，抑或其他？公牛、双刃斧究竟象征什么？线形文字A究竟是什么文字，如何解读？米诺斯文明消失的原因是什么？
大津巴布韦遗址与非洲文明探秘	大津巴布韦遗址的建筑是如何建成的？莫克是如何发现大津巴布韦遗址的？

以上内容为教学探索问题，不仅能够激发学生对奥秘探索的兴趣，也可以通过追寻其他探险家、考古学家的足迹感受遗迹或奥秘的伟大，并学习探险或考古过程。例如在选修专题《探索历史的奥秘》中的《三星堆遗址——古蜀文明之谜》，要求了解青铜大立人像及身份之谜、金杖之谜、青铜树之谜、祭祀坑之谜、海贝到达三星堆祭祀坑之谜。教材的开始是一篇摘自《北京青年报》的文章，里面有关于三星堆遗址的七大未解之谜：①三星堆文化来自何方？②三星堆遗址居民的族属为何？③三星堆古蜀国的政权性质及宗教形态如何？④三星堆青铜文化是如何产生的？⑤三星堆古蜀国如何消亡？⑥三星堆祭祀坑的性质？⑦三星堆金杖之谜何在？教材的引言通过提出未解之谜引起学生的探究兴趣。随后教材介绍了这些雕塑

品的概况，而后重点介绍了这些雕塑品的典型代表——青铜大立人像，接着重点讲述了对青铜大立人像身份的种种猜测。青铜大立人像分人像和底座两部分，通高达2.62米，其中底座高0.9米，人像高1.72米。它头戴莲花高冠，身披法带，穿左衽燕尾长袍，袍上绣有龙的图案，威风凛凛，双手夸张地握成圆环，赤脚立于方座之上。但是青铜大立人像究竟是谁呢？这在史学界至今没有定论。三星堆出土的金杖和青铜树是中外考古学界非常关注的两件文物，有的学者认为金杖是一种外来文化，源自西亚或埃及，由遥远的西亚北非传来，但大部分学者否定这种推测，认为杖是一种权力的象征。学者认为在我国原始社会末期，氏族首领就有用杖的习惯。但是金杖究竟来自何方还需要考古学家进一步探索。对于未解的七大之谜，教材给学生提供了当前国内学者的几种不同猜测，但是都没有一个最终的答案。

以上未解之谜的教学内容极大丰富了学生的历史知识，为热爱考古学的学生提供了历史知识和未来学习方向，在开拓学生视野之中激发了学生探索的欲望，培养了学生的探索意识，为对考古类职业感兴趣的学生搭建了平台，为学生以后报考考古学专业甚至以后成为考古学工作者提供了方向和动力。考古类素材不仅给学生提供了学习的方向，让学生了解自我兴趣爱好，更是帮助学生树立了正确的情感态度和价值观，告知学生在科学研究中不应有任何民族歧视与种族偏见，对待科学研究要用严谨的态度，具备历史创新思维意识等，这对学生的职业价值观有重要的影响，对学生未来职业发展至关重要。

（二）旅游类职业素材

旅游类专业的培养目标是旅游文化的传播者、服务技能的承载者，以及旅游管理的高级技术性人才。知识的实用性是其主要学习目的。旅游的目的一是了解历史文化，二是传播历史文化。高中历史教材中多处蕴含旅游类职业的素材，如表11-2所示，这些素材为将来有意向从事旅游职业的同学提供了丰富的教学内容。

表 11－2 选修 6《世界文化遗产荟萃》旅游类职业素材统计

专题名称	璀璨遗产
古代埃及文明的历史遗产	金字塔、法老、狮身人面像、阿布辛拜勒神庙、菲莱神庙（伊西斯神庙）、阿布辛拜勒神庙
古代希腊罗马的历史遗迹	雅典卫城、帕特农神庙、厄瑞克提翁神庙、希腊柱式（多利亚式、爱奥尼亚式、克林斯式）、奥林匹亚遗址、奥林匹克运动会
欧洲文艺复兴时期的文化遗产	佛罗伦萨大教堂、乌菲齐美术馆和皮蒂宫的帕拉蒂纳美术馆、圣彼得大教堂、梵蒂冈、圣彼得广场、西斯廷小教堂、米开朗琪罗、拉斐尔、贝尔尼尼
中国的历史文化遗产代表	长城、秦始皇陵和兵马俑、布达拉宫、明清故宫、颐和园、平遥古城、皖南古村落、昆曲
具有警示意义的世界遗产	戈雷岛、黑奴三角贸易、奴隶堡、纳粹种族主义理论、奥斯威辛集中营

以上的文化遗产散布世界各地，对建筑物的遗产的建筑结构、建筑风格、建筑历史等进行教学对学生日后从事旅游类职业具有积极影响。

例如，专题《中国的历史文化遗产代表》介绍了我国的代表性文化遗产。我国是世界上历史最为悠久的文明古国之一，目前所拥有的世界遗产数（包括文化遗产和自然遗产）已占世界第三位，而且全国各地申报世界遗产的热潮正方兴未艾。形成这一热潮的动因是我国现代化事业中社会经济和旅游事业飞速发展，这也更加凸显了世界文化遗产和自然遗产所具有的无法估量的价值。教材详细地介绍了长城的修建过程，长城修建经历了春秋战国长城、秦始皇修长城、汉长城、明长城等阶段，最终成为现在著名的万里长城。教材中对城墙、关城、烽火台、障、军用道路等复杂完备的防御建筑进行了介绍，帮助学生了解长城在历史中保护中原农业生产和人民生命财产、保障丝绸之路畅通、实现对长城沿线经济文化发展的推动、促进中西经济文化交流、促进各族经济文化交流和民族融合的作用。教材中还讲述了秦始皇陵兵马俑，秦始皇陵兵马俑是 20 世纪 70 年代初被发现的人类历史文化宝藏，它以磅礴的气势和惟妙惟肖的形态震撼了世界。兵马俑反映了秦代社会政治、经济、文化、艺术、科技和民俗基本状况。

教材中对长城、秦始皇兵马俑等中国文化遗产的介绍，帮助学生了解遗迹所包含的史学价值和艺术价值，为学生以后从事导游等与旅游相关的职业提供了最基本的知识；帮助学生体会丰富的文化内涵和领悟中华民族凝聚力及民族精神，为日后从事旅游类职业的学生树立良好的职业道德观，坚守民族精神、爱岗敬业；帮助学生养成历史考察和社会调查的能力以及文化遗产保护、文化环境意识。除此之外，对古埃及文明的历史遗产、古希腊罗马的历史遗迹、欧洲文艺复兴时期的文化遗产的学习，有助于增强学生人文精神，在未来职业中体现出人文情怀。因此，高中教材对旅游类职业生涯教育有启发作用。

（三）法律类职业素材

新课标改革之后，高中历史不论是选修还是必修都增加了与法律相关的内容，如表 11－3 所示，这些素材旨在帮助学生了解法律的起源和发展，增强学生的法律意识。新内容的增添不仅丰富了历史教学的内容，更为学生提供了一种新职业选择的可能性。

表 11－3　历史教材中法律类职业素材统计

模块	教学目标
中国古代政治制度	奴隶制法律；封建制法律；律、令、科、比为形式法律制度；《魏律》等
古代希腊罗马的政治制度	了解罗马法的主要内容及其在维系罗马帝国统治中的作用，理解法律在人类社会生活中的价值
欧美资产阶级代议制的确立与发展	了解《权利法案》制定和责任制内阁形成的史实；了解美国 1787 年宪法的主要内容；了解《德意志帝国宪法》

以必修Ⅰ专题 6 第三节为例，讲授的是罗马法的起源与发展，要求学生了解罗马法的基本内容和主要条例，分析罗马法在维系罗马帝国统治中的作用，进而体会法律在人们日常生活中的价值。在课文的开篇，教材开门见山地引用了古罗马哲学家和法学家西塞罗的一句名言：“法是最高的理性……法是一种自然权利，是理智的人的精神和理性，是正义和非正义的标准。”开篇所言就引起学生对正义和非正义的思考。古罗马时期的法律是古罗马人给人类留下的物质财富和精神财富。罗马法的第一部法

典——大约在公元前450年向平民颁布的《十二铜表法》亦对世界法律有深远的影响。

新课程改革将法律巧妙地融合到历史教学中来，有助于培养学生的法律精神，直至为国家法律后备人才的培养做好准备。[1] 因此，高中历史教学内容中渗透着对学生未来从事律师等与法律相关的职业的教育。法律建设的背景、内容，法律的实施以及法律的遵守等相关法律知识的教授丰富了学生对法律的知识储备，帮助学生了解法律在人类社会生活中的价值，明确法律在维护国家长治久安方面发挥的作用和国家进行法制建设的重要性和必要性，从而培养学生的法律意识和对法律的敬畏之心。故对未来从事律师等与法律相关职业的学生有积极的教育作用。

三、渗透职业生涯教育素材主要特点

（一）职业素材模块化，凸显职业生活联系

《普通高中历史课程标准》改变了以往知识教学方式，知识内容形成了模块加专题的形式。历史科目设立了9大模块，模块的设立将教学内容基础化、层次化、多样化，将类似的知识纳入同一模块更有利于学生对某一块知识的掌握。通过第二章对素材的分析发现，某一职业素材的教学内容也体现模块化特点。例如有关考古类职业教学素材集中在选修5“探索历史奥秘”中，其中包含对考古知识的讲解和考古改革，并且教材还结合探险家的经历协助学生进行历史奥秘的探索，以现实中的人物为例激发学生的学习兴趣；有关旅游类职业教学素材集中在选修6“世界文化遗产荟萃”中，这一模块介绍了众多遗迹的建筑背景、内容，以及国家、地区文化形成等，结合遗迹的现状对学生进行教学，并且教材中体现了建筑遗迹的旅游价值，因此与职业生活紧密地联系在了一起；有关法律类职业教学素材集中在必修课程历史（Ⅰ）的政治制度中，这一模块主要介绍了阶级的产生和阶级斗争，讲述了国家从建立到消亡的过程，同时也讲述了各种法律制度的确立和演变，为学生选择国际政治、行政管理、社会工作、外

[1] 孟智．不同版本高中历史教材同主题的比较与反思［D］．武汉：华中师范大学，2014.

交学（外交外事）等专业起到良好的引导作用，为历史职业生涯教育奠定基础。

（二）职业素材立体化，彰显职业文化传承

职业文化包括职业道德、职业精神、职业纪律和职业礼仪等。在高中历史教材中，每一模块所蕴含的职业素材均彰显了对职业文化的教授与传承。考古类素材在情感态度和价值观的目标上，均体现出要求学生在科学研究中不应有任何民族歧视与种族偏见，对待科学研究要有严谨的态度，要具备历史创新思维等。旅游类素材在情感态度和价值观目标中要求学生体会丰富的文化内涵，领悟中华民族凝聚力和民族精神，有利于日后从事旅游类职业的学生树立良好的职业道德观，进而在未来所从事的职业中坚守民族精神，爱岗敬业；有利于培养学生历史考察和社会调查的能力和文化遗产保护、文化环境意识。法律类素材在情感态度和价值观目标中要求学生树立法律意识和对法律的敬畏之心，明确法律在人类社会的价值。富有民族精神、爱岗敬业、敬畏法律都是职业要求，也是应有的职业价值观。

（三）职业素材人性化，突出职业人文关照

对人的积极关注是职业人文关怀的核心。“一切为了每一位学生的发展”是新课标改革的核心理念，关注每一位学生、关注学生的情绪情感、关注学生道德和人格的发展无疑是教学重点。高中历史每一模块教学内容中蕴含的职业素材都体现对学生实现多元化发展和个性发展的培养。高中历史每一模块均包含多个单元，不同单元之间所设定的情感和价值观目标有所差异，以满足各类学生的个性化需求。例如选修 5“世界文化遗产荟萃”类蕴含的旅游类职业素材中注重社会责任感和保卫祖国的情感的形成，体现了人文精神和审美情趣，对学生价值观的形成具有重要的推动作用，影响学生对真善美的追求，而对于意向成为导游等职业的学生而言，对中国大好河山的热爱，对旅游景点的审美情趣，对游客的人文关怀均可利用教材中所蕴含的职业素材对其进行教学。

第三节 普通高中历史教学渗透职业生涯教育的路径选择

职业生涯教育融入高中历史教学将有助于学生通过对历史的学习培养自己在与历史相关职业中的工作能力。因此本部分研究从教学设计、教学过程和生涯引导三个方面提出高中历史教学渗透职业生涯教育的策略。

一、加强教学设计，注重职业要素融入

教学方式的改革作为教学改革的首要任务要求教师在高中历史教学中改变传统灌输式教学，提倡教师在教学中更加注重培养学生的自主能力和历史探究能力。过去的教学目标以传授知识为主，培养能力为辅，淡化历史情感培养，存在较大缺陷，不符合学生个体发展，故新课标改革提出了新的历史课程目标：知识与能力、过程与方法、情感态度与价值观。这要求教师围绕新的历史课程目标制定合理的教学设计，使教学设计更加符合社会多样性变化和学生个性发展需要。

下面以必修Ⅱ中的专题二“近代资本主义的曲折发展”第一课“近代中国民族工业的兴起”为例，进行教学设计。本课教学设计共分为 6 部分：教材分析、学情分析、学习目标、重点与难点、教学理念、教学流程。在本研究中将详细展示一下学习目标和教学流程的设计。

（一）基于三维目标，融汇职业素养

原有的课程设置是以知识为本体，以学科为中心，以向学生传授完善、系统的历史知识为主。因此原有的历史教学目标要求高，标准严，最终也导致教师在教学设计中出现偏颇。新课标改革在横向上将课程目标分解成“知识与能力”“过程与方法”“情感、态度与价值观”三个维度，而且在纵向上明确规定了高中历史课程的总体目标、模块目标和具体学习专题目标，因此教师应当根据新课标改革的课程目标设计合理的教学目标。

1. 知识与能力

（1）识记中国封建社会经济的主要特点、自然经济解体，以及近代民

族工业兴起的时间、区域、行业等主要内容。理解外国资本主义入侵对自然经济的影响、近代民族工业兴起的意义等。认识鸦片战争后中国经济结构的变动与近代民族工业兴起之间的关系，学习历史职业知识。

（2）思考买办在中国近代民族工业兴起过程中所起的作用，培养学生辩证思维的能力，提升职业素养。

（3）阅读图片《古代中国农村的家庭纺织业》和郑观应《盛世危言》的材料，培养学生用比较的方法分析历史图片和历史材料的能力，让学生了解古代手工业的职业文化，提升职业素养。

（4）教师引导学生了解张謇和荣氏兄弟的事迹，并进行评价，使学生把人物命运与时代背景结合在一起思考，从而使学生了解个人命运与社会环境密不可分。引导学生既要关注自身发展，又要关注社会发展，形成职业文化。

2. 过程与方法

（1）通过对鸦片战争后中国经济结构变动原因的分析，学会分析导致经济现象变化的原因。通过对近代民族工业特点的概括，学会依据历史现象概括要点的方法，加深职业知识的学习，提升职业素养，了解近代民族工业的职业文化。

（2）学生可以根据教科书提供的材料、图片以及教师的引导，主动探究问题的答案。为了使学生感性地了解历史，可以让学生进行角色扮演，比如，一个人物、一个记者、一次采访，使学生的积极性和创造性能充分地发挥，学会用观察法、比较法和阅读法等研究有关问题，感知与培养职业精神。

3. 情感、态度与价值观

（1）通过了解外国资本主义的入侵导致自然经济解体的史实，了解西方资本主义对外扩张的双重后果；通过学习张謇等兴办民族工商业、实业教育救国的活动，认识民族资产阶级的双重性，培养学生对民族职业文化的情怀。

（2）通过学习本课，教师要使学生理解近代民族工业兴起的艰难，让学生体会到个人的命运与国家的命运是紧密联系在一起的。作为21世纪的青年，既要关注自身发展，又要关注社会发展，要培养学生的爱国主义情感。

（二）理顺教学流程，融通职业素材

教学流程是按一定方法和规律设计的教学方案。科学的教学流程包含以下三个方面：①创设问题情境，有利于激发学生学习兴趣，引发学生探究欲望；②优化师生关系，有利于激发学生学习情感，营造探究氛围；③挖掘学习资源，有利于激发学生学习热情，开展探究活动。理顺教学流程，将课本的职业素材科学融入教学流程，让学生在强烈的学习兴趣和热情中树立职业意识，感受历史职业素养。

1. 本课学习导入

（1）创设情境——荣氏家族三代巨富：爷爷——荣宗敬、荣德生，“面粉大王”；儿子——荣毅仁，“红色资本家”；孙子——荣智健，“红筹大鳄”。解读张謇档案，看中国近代民族资本主义发展的艰难历程。

创设情景可以充分利用教材中提供的职业素材进行职业生涯教育，这些“面粉大王”“红色资本家”等都是典型的职业角色，让学生感受他们对民族资本主义发展的特殊贡献，以及相应的职业精神。

（2）专题归纳：总体理出中国民族资本主义曲折发展的阶段线索，感性了解中国近代民族资本主义的历史命运。

专题归纳也可以充分利用教材中提供的职业素材进行职业生涯教育，“中国民族资本主义的曲折发展”蕴含了职业发展的过程，让学生体会中国资本主义发展的历程，培养对民族职业文化的情怀。

2. 新课学习第一步：“了解”

本课要点提炼（学生在提前预习的基础上，归纳整理）：

（1）鸦片战争前自然经济占主导地位；

（2）两次鸦片战争后，自然经济逐渐解体（略）。

对职业知识进行了解和记忆。

3. 新课学习第二步：“理解”

通过第一步的预习，发现疑难问题，形成师生互动、生生互动，既体现教师的问题设计技巧和课堂的动态生成处理能力，又使学生在合作学习中获得经验。评价时注重学生提出的问题数量与质量，以及发言的次数。

疑点1. 资本主义萌芽、近代中国资本主义和近代民族工业等概念理解与区别。

疑点2. 什么是买办阶级？买办在中国近代民族工业兴起过程中所起的作用是什么？（略）

对职业知识进行理解，体会近代中国资本主义和近代民族工业中体现的职业文化和职业情怀。

4. 新课学习的第三步："见解"

补充材料、设计问题、探究问题，不仅有利于学生理性思维、创造性思维的发展，同时也体现了"解读历史—史海探究—感受体验—自我评价"的课堂教学设计思路。

此外还有很多的职业素材在教学设计中值得挖掘，如历史人物模块指向历史学家，人类文明模块指向考古学家，必修（Ⅰ）模块中的专题5"现代中国外交史的学习"则指向外交领域意识的延伸等。以历史人物学习为例，高中对历史人物的学习贯穿了必修与选修。其中"中外历史人物评说"作为6大选修模块之一，此模块专门介绍了古代中国的政治家——秦始皇、唐太宗、康熙，东西方的先哲——孔子、柏拉图和亚里士多德，欧美资产阶级革命时代的杰出人物——克伦威尔、华盛顿、拿破仑，"亚洲觉醒"先驱——孙中山、圣雄甘地等中外著名历史人物。通过上述教学方法设计出某一历史人物的教学方案。例如在探究课上组织学生评价孙中山，采取分组的形式要求各小组通过查阅书籍、网络资料等总结孙中山生平，讲述孙中山先生一生的贡献。让学生对革命家形成理性的认知，从他们身上吸取前进的动力和前进方向。

二、强化过程融入，引导学生职业联想

目前许多高中生把历史知识熟记于心甚至倒背如流，但是他们对与历史相关的职业了解微乎其微，因此在历史教学中通过挖掘职业素材，将职业生涯教育与历史教育融合，更有助于学生了解社会职业内容，引导学生职业的联想，从而扩大职业接触的范围。

（一）巧用角色扮演，生成职业体验

必修课程与选修课程是以模块—专题的形式呈现历史知识的。这样的方式将考古学、旅游管理、法律等专业分别集中体现在相关模块中，因此将与历史相关的职业融入教学过程中有助于唤醒学生的学习兴趣。如何将历史相关职业完美地在历史教学中体现出来？笔者欲采用情境模拟角色的方法将两者融合在一起，不仅能够活跃课堂的气氛，还能激发学生的职业兴趣。

学习是由个体的本性和对学习环境的设计所共同决定的。在特定的情境中学习者都会根据反馈来组织自己的动作、确定反应的模式。因此情境模拟就是提供一种既接近真实又能控制各种复杂情况的训练环境。在这种特定的环境中，可以把学习任务设计得不像真实情况那样复杂。情境模拟教学法是指在教师指导下，学生模拟某一岗位或扮演某一角色，在教师创设的一种背景中进行技能训练，从而调动学生学习积极性的一种典型的互动教学法。在情境模拟教学中，最为关键的要素是在教学中给出场景和角色。

例如在学习选修模块“探索历史奥秘”时，由于这一模块包含人类起源、三星堆遗址——古蜀文明、玛雅文明的消失、二里头文化的探索、米诺斯宫殿遗址与克里特文明、大津巴布韦遗址与非洲文明探秘等历史之谜，这些都带有浓厚的神秘色彩。为了引发学生的兴趣，活跃课堂气氛，笔者首先可以利用文字、图片、视频以及教室空间创设神秘的环境；其次将学生分为两支队伍，一支队伍是考古学队，另一只是旅游管理学队。要求两支队伍的学生进行角色扮演，分别搜集以上历史之谜的信息，两队分别从考古学专业和旅游管理角度制订揭开历史之谜的探索计划。两个专业对世界之谜的研究对象与研究方法肯定存在差异，最后两组通过 PPT 分别讲述各组的计划，从而促进学生对考古和旅游管理类职业的认识。

在组织学习“世界文化遗产荟萃”这一模块时，也可采用角色扮演法让学生对社会的某些职业进行初体验。古代埃及文明的历史遗产、古代希腊罗马的历史遗迹、欧洲文艺复兴时期的文化遗产、中国的历史文化遗产代表、具有警示意义的世界遗产等文化遗产需要人们探究和保护。为了培养学生历史考察和社会调查的能力以及文化遗产保护和文化环境意识，笔者在实际教学中要求每个学生去了解文物保护专业，从文物保护工作者的角度对世界游客写一封信，从而大力弘扬文物保护意识，文明出行。

（二）拓展学科范围，延伸职业探究

高中历史教材的内容囊括了中外古今的大大小小事件，对于同一个事件可以从不同的视角去分析，从而会得到不同的感悟。高中历史从必修到选修涉及政治、文化、经济、艺术、科技等领域，每一个领域都有它杰出的贡献者。中国俗话说，“三百六十行，行行出状元”，每个学生都有其擅长的领域。故在教学时，对待同一个历史事件可以教导学生从多个角度去看待，对于某个领域的知识可以从相关领域职业分析的角度去解读历史。

例如，在对“近代以来世界科学技术的历史足迹”专题进行教学时可以进行交叉学科的教学。对经典力学、相对论的学习结合物理学，对进化论的学习结合生物学，对蒸汽机的发明与电气技术应用的学习结合通用技术等，仅世界科学技术就包含了多种职业，因此在历史教学中学生可以体验多个领域的职业。

再例如，在学习改革开放和国企改革等内容的时候，教师也可以将一个知识点扩展为多个学科的知识点，对学生提出多个疑问。如为什么邓小平在南海画了一圈，而不是在东海？从管理者的角度分析国企改革中股份制的优点是什么？从经济学家的角度分析改革开放有什么效益？等等。教导学生从多个角度和领域去分析某一具体的知识点，促进学生的全面发展。

以上学科知识的拓展不仅局限在课堂上，也可在课下组织学生进行职业体验，鼓励学生进行职业探究和职业实践活动。课外职业实践活动不仅可以让学生融入成人职业氛围中，体验成人世界的精彩，还可以帮助学生吸取学习与实践的理论精华。因此学校在学习之余，还可以为学生提供一个课外实践的基地，担负起培养他们未来职业规划、适应社会竞争的教育重任。

三、关注职业兴趣，渐进渗透生涯指导

兴趣是最好的老师。兴趣在高中生未来的职业选择中将发挥主要作用。必修加选修共31个模块，每个模块又包含多个专题，因此对于多数学生而言肯定存在感兴趣的方向。孔子在古时便提出因材施教，在历史学习的过程中，有些偶然的历史巧合或者必然的选择会使学生对某一方向的内容产生兴趣。为此，教师要通过问卷调查法、观察法、访谈法等方法对学生在历史方面的兴趣进行调查，找准学生的兴趣点，在日常学习中培养职业意识，从而引导学生自主进行生涯规划。

（一）多途径调查，了解职业兴趣

对于教学而言，“因材施教，对症下药”是教学的有效方式之一。当前新高考改革进行得如火如荼，2017年全面实行不分文理。在不分文理的背景下，学生在高一时就已经产生学科倾向性，等到分班时学习各个学科的学生数量已不再呈正态分布。因此，对每个学科平均用力学习已经成为过去时。但是长期的应试教育已经让高中生失去了自我，许多学生不知道自己的兴趣在何处，故教师可以采取问卷调查法、观察法、访谈法等方法调查学生的职业兴趣。

在职业生涯教育中常使用霍兰德职业倾向测试，该测试将人分为六种类型：现实型（R）、探索型（I）、艺术型（A）、社会型（S）、管理型（E）和常规型（C）。六种不同类型的人具有不同的典型特征，因而会对不同类型的职业感兴趣，因此教师可以采用心理学量表对学生进行职业兴趣调查。教师也可以编制一份观察记录表，记录每次历史课回答问题次数最多的人，记录每个学生感兴趣的专题等，对学生的反应进行跟踪记录，通过学生的外显行为推断学生感兴趣的职业。最后，教师也可以编制一份访谈提纲，提问一些问题，例如“你怎么看待历史这门学科”“你对哪个历史专题感兴趣”“你有想过将来从事与历史相关的职业吗”等问题来判断学生的职业兴趣，从而真正实现因材施教，对症下药，使高中历史教学渗透职业生涯教育取得显著的成果。

（二）基于职业兴趣，渐进生涯指导

教师是学生的引路人，通过调查得到学生对相关历史职业的兴趣后，教师可以多讲授有关职业的丰富知识，让学生了解当前某职业的现状和发展前途。例如对考古和旅游管理感兴趣的学生描述考古学家、旅游管理者的工作内容、职业特点、发展前途等，给学生提供丰富的职业信息，帮助学生进行长期的职业规划，成就学生辉煌的人生。

如果高一是学科倾向的起航阶段，那么高二就是探索阶段，高三则到了决策阶段。在选择学科倾向的高一阶段，教师要结合学生的兴趣、能力、人格对高一学生进行有针对性的选科指导。通过运用诸如情境教学、角色扮演、高端影像技术激发学生对历史学科的兴趣。比如在讲授“中国物质文化遗产代表”专题之“长城和秦始皇兵马俑”的内容时，可以通过照片和视频让学生对中国文化遗产产生直观的认识，进而引导学生选择历史学科。在高二的探索阶段，教师需要进一步根据学生的兴趣爱好帮助学生在历史学科上实现个性化发展。例如在教学中可以先确定学生对哪个专题感兴趣，对经济、政治、文化、艺术等方面哪个领域更感兴趣，在全面均衡发展的基础上帮助学生进行适当的规划，将兴趣、能力、人格与职业发展相匹配。职业生涯规划的确立使学生在高三填报志愿时不再盲目盲从，让学生意识到填报高考志愿时选择的历史类专业要与将来希望从事的职业相关，从而顺利地开启未来职业生涯。

第十二章

普通高中英语教学渗透职业生涯教育研究

第一节　普通高中英语教学渗透职业生涯教育的基础考察

一、高中渗透职业生涯教育的个体诉求

高中阶段，在“高考决定一切”的错误引导之下，职业生涯教育受到冷落，成为摆设，学生整天忙于准备高考，反而在高考填报志愿时出现了问题。许多学生不知道自己的兴趣、能力、性格特点适合选什么专业，盲目听从老师、家长的安排，选了一个根本就不适合自己的专业，问题接踵而来。在大学学习一段时间之后，发现所学专业不是自己喜欢的，没兴趣，想转专业也不是一件容易的事情，有的干脆回家复读重新高考，进而造成人力和财力的巨大浪费。某高校研究调查显示，逾50%大学生认为目前就读专业不理想，近20%大学生对就读学校不满意，30%学生对所学专业热情不高，仅有3.4%的学生入学前了解所报专业。[1]这引起我们对高中教育的深思，如果在高中阶段，对学生进行一些相关的职业知识辅导，他

---

[1] 李馨．美国20世纪70年代后中学职业生涯教育研究及启示［D］．长春：东北师范大学，2008：11.

们在自我认知的基础之上，了解哪些职业角色适合自己的兴趣和性格，以上问题的出现就会极大降低。这充分表明，在高中阶段不开展职业生涯的相关辅导是不行的。因此，开展职业生涯教育是时代的要求，学校和教师要高度重视，采取措施促进职业生涯教育的开展。

高中生从十四五岁到十七八岁，这一阶段生理、心理接近成熟，处于准备走向独立生活的时期。他们充满朝气、活力，积极、热情、向上，思维活跃，对职业有憧憬有梦想，生理上逐渐发育完成，价值观渐趋成熟。高中生正处于生涯发展的“探索期”，对于高中学生来说，在此期间他们面临修习课业和选择未来的两项任务，他们需要根据自己的需要、兴趣、能力和爱好对自己未来的职业做出暂时的决定，并在生活和实践中加以尝试。从 14 岁开始，一个人对事物的兴趣喜好逐渐稳定，对于职业的喜好和价值观也变得现实和具体，以后职业价值观和职业兴趣会逐渐形成，对人的职业定位和发展起到重大的影响。在此阶段，开展职业生涯教育完全符合高中生身心发展特点。高中生在面临职业选择时容易受到社会环境的影响，因为这个时期的学生心理发育不够成熟，看待问题有很大的片面性，需要别人给予正确的引导，帮助他们了解职业，培养兴趣，为将来择业做准备。因此，在高中阶段进行一定的职业知识和技能教育对学生发展来说是迫在眉睫的。通过职业生涯规划教育培养学生正确的职业观，纠正目前教育中存在的“唯有读书高”的错误导向，促进社会更加健康的发展，有非常重要的现实意义。

二、高中渗透职业生涯教育的教改需求

《基础教育课程改革纲要（试行)》是基础教育课程改革的指导性文件。在农村，根据需要设置有利于当地经济和社会发展的课程；在城市，逐步开展职业技术课程。文件表明，在我国基础教育阶段应实施职业生涯教育，并提出了学校基础教育实施职业生涯教育的目标和课程开发策略。新课改强调，高中教育应当转变为培养学生的人生规划能力、职业意识和创业精神。高中教育除传递知识外，还具备生涯教育的功能，因此高中要高度重视，采取多种途径，促进生涯教育的落实。高中的学科众多，含有

丰富的职业生涯教育素材和活动，在学科教学中渗透职业生涯教育素材是一种简单而行之有效的职业生涯教育途径。

在现实中，新课改的理念没有真正地落实，高中教学依然为高考服务。英语教学也面临巨大的挑战，传统的英语教学模式不适应新形式的发展。在过去，教师是课堂的主体，教师的权威性不容置疑，一切教师说了算，学生学习的积极性和主动性受到压制，导致教学效果不明显，学生学习热情不高。按照新课改的要求，学生是课堂的主体，要充分发挥他们的主观能动性，采取合作学习、探究学习等新的教学方法和策略促进教学效率的提高。然而，在现实中，一些教师墨守成规、不变通，仍然一言堂，轻视甚至无视学生主体性和自主性的培养，进而学生产生不满情绪，教学效率低下。高中英语难度大、词汇量多、考试灵活，导致大多数学生感到学习压力太大，再怎么用功也考不出好的成绩，许多学生不想学英语，学习兴趣难以养成和保持，学生对英语教学感到困惑和厌烦。在教学中加入生涯教育内容，可以提高学生的兴趣，增加课堂内容的时代特色，为学生将来填报志愿、选择职业夯实生涯基础。

第二节 普通高中英语教学渗透职业生涯教育的教材支持

研究以译林版《牛津高中英语》教材为对象，分析普通高中英语教材渗透职业生涯教育的相关素材。根据新课改要求编写的《牛津高中英语》教材，结构严谨，内容生动广泛，处处可以找到职业生涯教育的素材和活动，通过对教材的学习不仅可以学到地道的英语知识，还可以学到与职业相关的知识，挖掘职业兴趣，为以后的职业规划迈好第一步。

一、不同模块生成职业能力意蕴

教材分为必修模块和选修模块。模块中的语言知识根据语言教学的规律来安排顺序：由易到难，从简单到复杂。必修模块是模块一、模块二、模块三、模块四、模块五，选修模块是模块六、模块七、模块八、模块九、模块十、模块十一。

（一）必修模块生成职业能力意蕴

模块一：学校生活（对比中国和英国两国学校生活之间的异同）；成长的烦恼（了解生活中所遇到的烦恼并提出解决烦恼的建议）；减肥与健康（健康的重要性以及建议）。学生刚从初中阶段进入高中阶段学习，有许多方面的不适应，通过比较中国和英国中学学校的不同，学会如何适应高中学校生活。通过训练学生如何适应高中生活、如何解决自己在成长阶段所遇到的烦恼以及如何处理好健康和减肥的关系，可以培养学生认识自我和分析问题解决问题的能力。适应能力、解决问题能力在从事职业的过程中是必须具备的职业能力。

模块二：自然界的奥秘（欣赏自然感受它的魅力，并学会讲述有关自然界的故事）；到名胜古迹参观旅游（学习旅游行程描述和如何制作旅游宣传小册子）；报刊文章（描写令人惊异事件以及学会采访专业人士）。在本模块的学习中，培养学生对某些职业的兴趣。自然界之谜令人向往，做个科学家去探索世界的奥秘是许多学生的职业梦想；自然风光令人陶醉，选择导游作为自己将来的职业也是一个很好的选择。

模块三：用感官感知世界（利用人的多种感官体验世界的美妙，利用素材制作电视短片，展示动物如何使用感官的）；了解英语和汉语的发展历程（英语的演变历史和汉语的进化过程）；回到过去感受失落文明（了解世界各地的失落文明以及古罗马和古代中国对世界发展的贡献）。本模块让学生上网搜寻本单元涉及的话题，培养学生上网搜寻信息的能力，这是将来从事职业的必备能力。

模块四：走进广告，学会分析广告（广告的种类和作用以及如何设计广告活动）；感受百年奥运（了解奥运会的发展历史以及奥运项目如何加入或被淘汰）；未来神秘的世界（感受虚拟的3D电影和科幻故事的魅力）。本模块用来培养学生与人合作的能力。在未来职场，一个人的力量很渺小，只有学会合作，才能在职场中处于不败之地。

模块五：人际交往（如何和别人交往、如何保持友谊的长久）；环境保护与经济要协调发展；科学与自然、了解转基因食品。本模块职业生涯教育素材较多，要充分挖掘。通过基于主体的辩论活动，提高学生思维、合作和交际能力。

（二）选修模块生成职业能力意蕴

从模块六开始，每个模块设有四个单元，话题也随之多起来，学习难度显然有所增加。

模块六：快乐对人身心健康的好处（欣赏不同的喜剧形式，了解快乐的好处）；通过励志故事，学会坚强（桑兰克服病痛的故事和不同的人寻找快乐的不同方式）；世界文化差异（世界各地的习俗和文化不同）；全球互助（讲述联合国的作用、功能等）。通过角色扮演，提高合作、互助、与人沟通交际的能力。了解世界风俗，建立良好的职业礼仪。通过自主上网搜索有关科学技术的知识，培养自主学习能力；通过小组合作学习，提高交际能力。在学习世界文化差异和全球互助的时候，可以将出国求职工作作为生涯教育素材渗透到教材当中，了解如何适应国外的求职环境。

模块七：科技的发展（了解电视的发展历程）；了解药物的发展和中医针灸的发展以及对世界的贡献；因特网的积极和消极影响；公共交通、地铁的发展历史。学会明辨是非的能力，学会有效利用网络，而不要成为网络的奴隶，探究性学习，自主学习和合作学习相结合。让学生了解与信息技术产业相关的职业，这是改革开放之后出现的新兴职业，科技含量高、收入高、社会地位高，将其渗透到课堂教学，提高学生对这些职业的了解，培养兴趣点，提高职业认同。

模块八：欣赏文学和书评（了解狄更斯和他的作品）；歌剧《图兰朵》（戏剧评论）；艺术大师的艺术世界（世界名流画家及其作品欣赏）；电影欣赏与评论（了解电影和电影评论）。利用文学和艺术的魅力，提高学生的人文修养，这在职场中是很有用的。

模块九：感受异域文化，走进加拿大、澳大利亚等国家，感受他们的文化魅力；失落的古文明让人神往——卫城；颜色词背后的文化意义；各民族的宗教信仰。了解文化差异，风俗习惯的不同，学会尊重别人。想出国深造或求职，了解这些知识是大有裨益的。

模块十：授人以鱼、授人以渔以及营造美好未来的生活方式；美国的流动人口及流浪的罗姆人的历史和迁徙缘由；艾滋病和毒品的知识；反网络犯罪的斗争和保护知识产权。主要培养生涯探索和规划能力，为高考填报志愿做准备。

模块十一：职业和技能；工作面试的技巧；成功的秘诀；憧憬未来的大学生活。这部分内容更实用，充溢着职业生涯教育素材和活动，教会学生部分职业技能，如何面试以及如何面对未来的大学生活。通过学习对一些职业有所了解，培养职业兴趣，树立职业理想，为实现职业目标做准备。

二、不同专题渗透职业角色素材

社会对从业者的期望和要求就是职业角色，简单地说，职业角色就是人们在工作中所扮演的角色。教材中的话题非常广泛，有关校园生活的：学校生活、成长烦恼、友谊等；有关科学发展的：自然之谜、3D 电影、科技的发展、因特网等；有关健康饮食的：减肥与健康、转基因食品、药品、艾滋病和毒品等；有关体育的：桑兰的故事、百年奥运等；有关文学欣赏的：歌剧、欣赏文学等；有关观光旅游的：失落的文明、加拿大之旅、卫城等。充分挖掘这些话题的职业意蕴，可以开展有效的生涯教育。

（一）不同专题渗透职业角色统计

《牛津高中英语》教材编写实用、话题广泛，处处都有职业生涯教育的素材，有些活动的开展有利于职业能力的培养。笔者认为每个话题都与一个或者几个职业有关，整个教材涉及的职业有上百个，有的职业是传统的职业，人们都很熟悉；也有一些新兴的职业，对于新兴的职业，能引起学生较高的学习热情。笔者通过对《牛津高中英语》教材的分析，找出每个话题渗透的职业角色，见表 12 - 1。

表 12 - 1　《牛津高中英语》渗透职业角色统计

专题	相关职业
学校生活	教师、记者、作家、教育工作者等
成长的烦恼	心理咨询师、教育工作者、记者、主持人等
减肥与健康	医生、护士、演员、歌星、运动员、裁判、商人等
自然之谜	科学家、记者、导演、节目编排人员等

续表

专题	相关职业
参观旅游	导游、广告商、开发商、小商品销售商、空姐等
杂志文章	记者、教师、专家、学者等
感官世界	教授、科学家、气象工作者、广播员等
英语的发展	教师、专家、学者、口译者、笔译者、语言学家等
失落的文明	考古学工作者、导游、接待员、消防员等
广告	广告商、推销员、广告设计员等
百年奥运	运动员、裁判、体育记者、摄影师、保健医生等
3D 电影	导演、摄影家、制片人、经纪人、会计、演员、时装设计师等
友谊	心理咨询师、教师、记者、心理医生等
环境保护、发展	生产商、政府官员、化学家、专家、教授等
转基因食品	企业家、医生、保健专家、公务员、推销员等
快乐有益健康	喜剧演员、编辑、演员、经纪人等
桑兰的故事	教师、运动员、新闻主播、保健医生等
世界文化差异	民俗学家、专家、教授、导游等
联合国	政府官员、预算人员、外交人员、翻译人员等
科技的发展	科学家、工程师、经销商、教师等
药品	药剂师、警察、推销员、研究人员等
因特网	编程人员、运营商、电脑工程师、销售人员、网络编辑员等
公共交通	司机、工程师、工人、服务员、预算人员等
欣赏文学	作家、文学评论家、书商、文字校对人员等
歌剧	歌剧演员、导演、编剧、摄影、服装设计师等
感受艺术魅力	画家、导游、艺术品收藏家、艺术培训人员等
电影世界	美工、摄影、编导、男女演员、经纪人等
加拿大、澳洲	教师、大使馆工作人员、跨文化研究专家等
卫城	导游、经纪人、考古学家、城市建筑学家等
宗教信仰	尼姑、宗教人员、研究人员、导游、公务员等
颜色的含义	专家、学者、花商、演员、交警、司机、教师、外科医生等
反网络犯罪	警察、政府人员、电脑编程人员、侦探、数控程序员等
艾滋病和毒品	海关人员、警察、缉毒人员、医生、药剂师等

（二）不同专题渗透职业角色特点

当今社会，旧职业不断消失，新职业不断产生。目前我国有职业上千种，而且时刻处在不断变化之中。《牛津高中英语》语言地道、选题广泛、贴近生活，具备许多职业生涯教育的素材，话题涉及许多职业，有利于学生了解一些职业，培养职业兴趣。把高中学业和未来职业发展有机连接起来，能帮助学生及早确立未来的职业发展目标，对高中生本人与社会的和谐发展都有好处。

1. 多元性

高中英语教材中与职业有关的话题非常广泛。笔者对《牛津高中英语》教材进行分析，发现教材中的话题渗透的职业可以分成六类：技能型（司机、厨师等）、研究型（教师、工程师、科学研究员等）、艺术型（诗人、作家、演员等）、管理型（项目经理、政府公务员等）、社交型（公关人员、导游等）、事务型（秘书、会计等）。学生们通过学习，对不同种类的职业都会有所了解，这些职业有的是传统的职业，如教师、医生、秘书等。与此同时，在现在的信息社会，出现了一大批与信息技术相关的职业，这些职业技术含量高，工资待遇丰厚，深受青年人的喜爱。这些职业元素渗透到教学中，可以培养学生的职业兴趣，帮助学生根据自己的性格特征、气质类型、能力来考虑未来可能从事什么样的职业。教材中涉及的职业多元性，能满足不同学生的需要。通过三年的英语学习，教材中渗透的大多数职业能被学生所了解，从而在潜移默化中对某些职业产生浓厚的兴趣，愿意将此职业作为自己的职业追求。

2. 国际性

英语是一种国际性的语言，随着中国改革开放的步伐加快，与国外的接触在逐步增加，中国出现了许多外资企业，还有许多学生到国外学习深造，这使英语成为一门重要的交流工具。教材中有许多内容是介绍国外情景的，如英国的学校生活、英语的发展、百年奥运、世界文化差异、联合国、伦敦地铁、欣赏英国文学、加拿大澳大利亚之旅、感受艺术的魅力等。在学习这些内容时，可以渗透职业生涯教育，让学生更好地知晓国外的职业，有利于学生了解国外的风土人情、礼仪文化、历史更迭，这对他们将来到国外或者在外企工作是很有帮助的，同时更有利于培养学生的国际意识，扩大他们的国际视野，为将来的职业选择提供更加广阔的空间。

3. 合法性

任何职业都要在法律规定的范围内进行，一切职业活动必须遵守国家的法律法规和行业规定，职业角色要具有合法性、伦理性。例如，教材话题涉及的与反网络犯罪、信息产业相关的职业，都要在法律严格的规定下进行，不能滥用权利，不能散布虚假的信息等。在我国现阶段，职业仍然是谋生的手段，劳动者通过自己的劳动，承担一定的责任和义务并获得相应的报酬，来满足其精神和物质生活的需要。任何职业角色都具有规约性，以医生为例，其角色规范明确严格，国家制定许多相关的法律法规对医生的行为进行规范和管理。在此基础上，爱岗敬业、吃苦耐劳、严于律己、兢兢业业、创新精神、团结同事、不计得失，是从事任何职业都需要的，具有普遍性。

4. 专门性

不同的职业承担不同的权利和义务，职业角色具有专门性、独特性是其他职业所不具有的特性，以此区别和其他职业的不同。以教材中与话题相关的职业为例。医生角色关乎生命健康，做医生要有高尚的品德，没有品德的人不能做医生，这是关系到人命关天的大事情，这表明医生角色的特殊性。在现代社会，人们越来越关注健康，使医生职业受到人们关注。医生角色准备期长，医生要掌握扎实系统的医学知识和专业技能，还要有高尚的医德，集医术与医德于一身，这些品德培养需要很长的一段时间。角色情感理智公正，能理智地处理医患关系，对待病人一视同仁，不接受红包，以精湛的医术为病人服务，这是新时代对医生角色的诉求。

第三节 普通高中英语教学渗透职业生涯教育的路径选择

一、挖掘素材，设计生涯教学活动

教材是教学的依据，高中使用的教材容量大但时间紧，有时在有限的时间内不能完成教材规定的内容。因此，对教材要敢于取舍，抓住重点难点，灵活使用教材。高中英语教材渗透职业生涯教育素材广泛丰富，要对教材内容进行挖掘，采用同学们容易接受的教学方法和教学模式，在教学中渗透职业生涯教育素材。

笔者以模块五和模块六为例，根据相关的主题和教学目标，挖掘职业生涯教育方面的素材，并进行相关活动的设计，如表 12 - 2、表 12 - 3 所示。

表 12 - 2　模块五职业生涯教学活动设计

单元/主题	教学目标	生涯教学活动
第一单元 和别人相处	1. 提高学生听、说、读、写能力； 2. 了解什么是友谊、怎么和别人和睦相处； 3. 如何向别人征求意见； 4. 了解青少年之间的友谊	1. 上网搜索有关友谊的谚语，提高自主学习能力； 2. 小组合作学习，提高交际能力； 3. 了解什么是真正的友谊，增强明辨是非的能力； 4. 提高综合运用英语能力
第二单元 环境	1. 提高学生阅读、听说、写作能力； 2. 理解关于环境的辩论； 3. 了解中国面临哪些环境问题，如何解决； 4. 写一份关于保护长江现状的调查报告； 5. 增强环境保护意识	1. 通过辩论活动，提高思维能力，学会在实际情境中增进对环境保护的了解，提高对这一方面的兴趣； 2. 通过对长江现状进行调查，意识到保护长江任重道远；通过合作学习，增强合作能力和交际能力； 3. 体会作为环境专家的职业责任
第三单元 科学和自然	1. 提高听、说、读、写能力； 2. 了解克隆技术； 3. 进行辩论（人与自然、转基因食品是希望还是危险）； 4. 提高同学们科技意识	1. 学会明辨是非的能力，学会有效利用科学技术，为人类服务； 2. 探究性学习、自主学习和合作学习相结合； 3. 提高综合运用英语的能力，为今后的学习打下坚实的基础； 4. 如何培养自己的职业兴趣和爱好

表 12－3　模块六职业生涯教学活动设计

单元/主题	教学目标	生涯教学活动
第一单元 笑对你有好处	1. 提高综合运用英语能力； 2. 了解单口喜剧和笑有利于健康； 3. 提高同学们表演剧本的能力； 4. 培养同学们合作的精神	1. 提高学生欣赏喜剧的能力； 2. 学会评论作品； 3. 通过分角色的戏剧表演，提高合作、互助和沟通交际能力； 4. 喜剧演员必须具备哪些职业素养
第二单元 对你而言幸福是什么	1. 综合运用英语能力； 2. 采访，知道什么是幸福； 3. 制作一个幸福小册子	1. 通过学习桑兰，对学生进行正能量教育，培养不怕困难的精神； 2. 通过采访，培养沟通表达能力； 3. 利用多媒体、图片等激活学生与单元话题有关的已有知识，引导学生联系自己的亲身感受，讨论与幸福有关的话题，调动学生开口说英语的积极性； 4. 体会作为职业运动员要付出的艰辛和努力
第三单元 相互理解	1. 阅读能力； 2. 不同地区的风俗； 3. 制作旅游小册子	1. 了解世界风俗，培养良好的职业礼仪； 2. 角色扮演的活动，带领游客参观，培养交际能力，热爱导游这个职业； 3. 国外就业，如何适应那里的风俗习惯； 4. 头脑风暴法调动学生积极思维去学习与旅游相关的词汇
第四单元 帮助全世界的人们	1. 综合运用英语能力； 2. 联合国功能和作用； 3. 做演讲； 4. 行动计划	1. 上网搜索有关联合国的信息，提高自主学习能力； 2. 学会制作行动小册子，确立人生目标，规划人生； 3. 探究性学习、自主学习和合作学习相结合

二、联系生活，激发学生职业兴趣

在从事不同的活动时，人们心中会产生满足感和乐趣。兴趣在职业生涯中发挥着重要的作用，决定一个人的生涯发展方向。如果我们从事自己感兴趣的职业，内心就会产生动力，使我们愉快而持久地进行工作。相反则不然。在现实中，很多大学生工作不满一年就辞职另找工作，有的做了好几份工作后仍不知道哪一份工作是适合自己的。这些大学生缺乏职业规划意识，如果在高中进行职业生涯规划，也许这种情况会大大减少。

学生在课前课中课外都会生成不少的兴趣点，教师要利用好这些兴趣点培养学生的职业意识。教材中含有大量丰富的职业生涯教育资源，英语教师在备课时，要认真分析学情，挖掘教材内容，渗透生涯教育，让学生在教学过程中潜移默化地接受生涯教育。

以《牛津高中英语》模块七第四单元公共交通为例来说明，英语教学联系实际，渗透职业生涯教育内容，有利于培养学生对某种职业的兴趣。本单元讲述公共交通和交通事故以及道路安全，这个话题与我们的日常生活紧密相关。上班要坐公交车，旅游要坐火车、飞机或轮船。在享受交通运输给我们带来便利的同时，也会造成交通事故，我们要采取措施避免事故的发生。

在分析教材之后，进行教学设计。教学目标：了解公共交通的发展历史尤其是地铁的发展；学会阅读与理解旅游小册子的能力；学会制订旅游计划；了解交通规则和关注公共交通。渗透职业生涯素材或活动：通过角色扮演活动，分别扮演游客与导游，一起来游览伦敦、参观伦敦地铁；通过头脑风暴法调动学生积极思维，去学习与交通相关的词汇；通过竞赛方法，让学生列出身边经常见到的违规行为和导致交通事故的原因，以达到自我教育与教育他人的目的；在教室内模拟交通情境，让学生亲身体验。学生扮演导游这一职业角色，感受导游这份职业的崇高，不仅给自己也给别人带来乐趣。列出周围发生的交通事故，不同职业的人怎么做？学生有的扮演司机，有的扮演医生，有的扮演政府官员，分别从职业的角度提出好的建议。学生们进行大量的职业体验，从中就会对某些职业产生浓厚的兴趣，这对他们制定将来的职业规划很有好处。

三、创设情境，引导学生职业体验

教材中含有丰富的职业生涯教育素材，教师在进行教学设计之后，可以创设一种教学情境，让学生亲身体验生涯教育。根据这一计划，每节课前五分钟要求一名学生到讲桌前用英语做一个演讲（make a speech）。要求：用所学过的单词、短语、句子来说说你的职业梦想，如何把它变为现实。学生演讲时必须穿戴该职业的服装。有一个学生的演讲是这样的：I want to be a cook when I grow up. Eating is my favorite. As we all know，there are many problems about Chinese food. If I am a cook，I will make much healthier food. I have a way to go to become a cook. Only through my hard work can I realize my dream. 该学生头戴厨师帽，手里拿着刀，声情并茂地表演，给大家留下了深刻的印象，仿佛身在厨房里。既练习了口语，又进行了职业体验。学生接受了职业熏陶，会对某些职业产生认同，从而进行适合自己的职业规划。

四、创新方法，培养生涯规划能力

在知识水平、智力、教学经验方面，教师比学生有优势，教师要发挥自己在教学过程中的主导作用，根据大纲和课程目标，在分析教材、学情的基础之上，设计出体现教学目的的各类任务，创造性地设计贴近学生实际的教学活动，吸引和组织学生积极参与。学生是教学的主体，在教学活动中，如果学生不积极配合，不可能取得预期的教学目的，所以，在教学活动中既要发挥教师的主导作用，又要发挥学生的主动性，两者密切配合共同完成教学任务。在日常教学过程中，要坚持这一基本原则。例如在学习《牛津高中英语》模块八 Unit 1 The written word 时，这个单元的教学目标是：学会欣赏文学名著，提高文学素养；了解著名作家及其作品；了解狄更斯及其作品《远大前程》，体会主人公前后的思想动态对自己学习和将来工作有什么启示；感受文学作品的魅力。在教学设计时渗透一些职业生涯教育理念：提高学生对于文学作品的兴趣；

学会评论作品；通过作品《远大前程》的学习从主人公身上学习做人的道理，提高自身综合修养。为了调动学生学习主动性，可给他们布置一个任务：课前上网搜集狄更斯和他的文学作品，再让他们在课堂上讨论狄更斯的著名小说《远大前程》，讨论从中获得哪些人生启迪，对他们学习和以后的职场生涯有什么影响。这将激发学生对文学探索的强烈欲望，以及对主人公坚强意志品质的感悟。

小组合作学习是新型的教学组织形式，通过合作学习，发挥集体的作用，有利于集思广益，发挥学生主动性提高教学效率。例如，在学习《牛津高中英语》模块六第三单元相互理解时，可将学生分成五组，给他们十分钟时间分别讨论 What effects do the cultural differences on different people? 在讨论的过程中，有的查字典、有的记录、有的准备发言，群策群力，各人发挥各人的特长，可以出色地完成老师布置的任务。通过合作学习，培养学生互帮互助的能力、与人沟通合作的能力、口语表达能力，思维得到锻炼，这对以后职业发展很有好处。

第四节　普通高中英语教学渗透职业生涯教育的案例设计

一、阅读教学渗透职业生涯教学设计

教学主题：Module 5 Unit 2 Reading

教学内容：经济和环境我们必须做出选择吗?

教学目标：提高同学们的听、说、读、写能力；学会制作一个成功的演讲；学习阅读策略，增加阅读技巧；学习与人合作的能力；唤醒同学们的环境保护意识。

教学重点：学会演讲；掌握阅读技巧，提高阅读能力；用学过的单词短语写一篇有关环境保护的文章。

教学难点：如何帮助学生提高他们的阅读速度和技巧；学会如何做演讲；通过阅读如何提高学生使用英语的能力。

教学方法：讨论法、阅读法、角色扮演、教授法等。

教学器材：多媒体、录音机、小黑板、卡片等。

职业生涯教育素材或活动：课前预习，让学生上网搜寻环境被破坏的例子，主要培养学生利用网络搜寻信息和自主学习的能力；进行角色表演，体现不同职业人的职业责任；通过合作学习、探究学习、讨论学习培养学生的合作能力、交际能力、沟通能力和语言表达能力。这些能力在以后的职业生涯中是必不可少的，教师要培养学生具备这些能力。

教学过程：

Step 1 Greetings

Greet the students and say "Hello, everyone! Who is not here today?"

Step 2 Lead – in

The students are asked to read the following article. We had a survey about what damage a local steel factory was causing to the local environment last year. When we saw the poisonous chemicals being poured directly into the river nearby, I asked the director of the factory why they had not taken immediate measures to deal with the waste. He said that the factory could not afford to invest in any pollution control devices.

After the students have finished reading the article, ask them the following questions.

1. What do you think how to deal with the poisonous chemicals?

2. Do you think we can achieve a balance between the economy and the environment?

3. If you are a mayor, what measures will you take to solve all the problems in regard to the pollution?

Have the students express their opinions freely.

Step 3 Fast reading

Have the students read the passage as quickly as possible to find out the answers to three questions in Part A. Remind the students to only focus on and identify the information needed to answer the three questions. Have the students pay attention to the structure of the reading passage.

Step 4 Careful reading

Have the students read the passage again and complete Parts C1 and C2. After students finish the exercises, check the answers as a class.

Step 5 Discussion

Have the students discuss the debate and finish the table below.

Speaker	Points she presents	Reasons she provides to convince you
Lin Shuiqing (a spokeswoman from the Green Society)	chemical waste	
	water pollution	
		Fishing boats catch a large number of fish without giving them time to lay eggs.
	population	
	production	

Speaker	Points he presents	Reasons he provides to convince you
Qian Liwei (________________)		

Step 6 Role – playing game

Profession	What will be done to make a contribution to protecting the environment?
merchant	We should pay higher taxes to repair any damage that we cause.
engineer	
reporter	
tourist guide	
binman	
fisherman	
…	

Step 7 Consolidation

Use the following words to write a passage within five minutes.

dream	teacher	patient
midnight	respect	boring
salary	education	contribution

Step 8 Homework

Retell the text and write the words and expressions that you are not familiar with.

板书设计：

Unit 2 The economy or the environment——must we choose?

The important words：

The useful phrases：

The difficult sentences：

教学反思：

本节课是阅读课，通过阅读提高学生的阅读理解能力和英语应用表达能力。学生课堂气氛活跃，争先恐后地表达自己对环境保护的看法，为解决问题献言献策。本节课笔者渗透了职业生涯教育素材和一些活动，让学生进行职业角色体验、培养职业兴趣、了解职业的职责，为实现丰富多彩的职业人生做准备。

二、职业模块专题职业生涯教学设计

教学主题：Module 11 Unit1 Word power

教学内容：词汇学习：职业。

教学目标：学习与不同工作相关的单词和短语；了解不同的工作需要不同的品质，学会用形容词表达这些品质；通过做练习加强词汇学习；培养对不同工作的兴趣。

教学重点：扩大学生有关职业的词汇量；理解不同工作需要不同的品质。

教学难点：如何帮助学生用英语表达职业和职业所需要的品质。

教学方法：讨论法、教授法、阅读法等。

教学器材：多媒体、录音机、小黑板、卡片等。

职业生涯教育素材或活动：通过学习，让学生知道职业的种类；了解不同的职业需要不同的职业品质；通过合作学习，培养沟通交际能力；渗透职业理想教育，让同学们说说自己的职业理想以及如何实现自己的职业理想。

教学过程；

Step 1 Greetings

Greet all the students and say “I am delighted to see you.”

Step 2 Brainstorming

1. Before class, get the students to complete the task assigned by the teacher to attain some information about the different jobs which are mentioned in Part A.

2. Conduct a survey about the different jobs that the students are interested in. Let them say why they have affection for these jobs.

Step 3 Studying vocabulary

1. Tell the students to concentrate their attention on the different kinds of jobs that are referred to in the article in Part A.

2. Have students read the passage again and fill in the table below. (Give a description of each job and think about what qualities are needed for each type of job.)

Types of jobs	Examples	Qualities needed
Practical jobs	carpenters, chefs, dressmakers	practical, good at working with one's hands
Jobs where you care for others	nurses, doctors, dentists, ________, ________, ________	caring, efficient, educated
Analytical jobs	lawyer, ________, ________	________, ________
Entertainment jobs	singers, actors, ________	________, ________
Educational jobs	teachers, professor ________	________, ________
Technical and scientific jobs	Engineers, architects, ________, ________, ________	________, ________ ________, ________
Information technology jobs	IT consultants, ________, ________	good with computers
Public service jobs	police officers, ________	brave, physically fit

3. After they have finished the table, have them present their ideas.

Step 4 Presentation

1. Have students do Part B individually or in pairs to consolidate what they have learned about different types of jobs.

Li Ping chose four jobs from the article and made a table showing what qualities a person needs for each job. Have a look at the table and find out the different qualities that go with each job.

Teachers	Police officers	Nurses	Architects
patient able to explain things knowledgeable	honest quick – witted cool – headed	caring efficient practical	imaginative practical good at drawing

2. Have students keep these words in mind.

3. Have students give a description of their possible future jobs and categorize them.

Give them an example.

I want to be a physician when I grow up. Because ________ .

Step 5 Practice

Match each job title with its description.

Job title	Job description
1. private investigator	a. analyses weather conditions and says if there will rain, sun or snow
2. DJ	b. carries our secret investigations on behalf of private customers
3. bodyguard	c. works at an airport so as to make sure that birds do not get on the runway
4. dolphin keeper	d. protects people
5. weather forecaster	e. plays recorders at parties or nightclubs
6. art restorer	f. attends to dolphins
7. bird scarer	g. makes drawing cleaned and fixed

Step 6 Homework

Revise the words about jobs and the qualities that go with each job.

板书设计：

Word power

Types of jobs	Examples	Qualities needed

教学反思：

本节课是词汇教学，主要学习有关职业的单词和从事某一职业所需要的品质，扩大了学生英语词汇量，通过讨论、合作学习培养学生的团队意识，通过自主学习培养学生独立解决问题的能力。这节课是一节最为直接的职业生涯教育课，通过在英语教学中渗透有关职业素材的专题活动，学生们了解了相关职业种类以及从事某一职业所应具备的独特品质，进而可以根据这些理解判断自己未来适合从事什么样的职业。在现实生活中，对于有些职业，学生仅会使用汉语表达，不会使用英语表达。作为英语教师，应教会他们如何用英语表达这些职业角色甚至职业任务。

参考文献

［1］［德］赫尔巴特．普通教育学［M］．李其龙，译．北京：人民教育出版社，2015.

［2］［德］黑格尔．法哲学原理［M］．范扬，张企泰，译．北京：商务印书馆，1961.

［3］［德］卡西勒．启蒙哲学［M］．顾伟铭，译．济南：山东人民出版社，2007.

［4］［德］凯兴斯泰纳．凯兴斯泰纳教育论著选［M］．郑惠卿，译．北京：人民教育出版社，2003.

［5］［德］康德．对“什么是启蒙”的回答［M］．肖树乔，译．北京：中译出版社，2015.

［6］［德］马克斯·霍克海默，西奥多·阿道尔诺．启蒙辩证法：哲学断片［M］．渠敬东，曹卫东，译．上海：上海人民出版社，2003.

［7］［德］马克斯·韦伯．新教伦理与资本主义精神［M］．于晓，陈维纲，译．北京：北京大学出版社，2012.

［8］［俄］苏霍姆林斯基．少年的教育与自我教育［M］．姜励群，译．北京：北京出版社，1984.

［9］［俄］乌申斯基．乌申斯基教育文选［M］．郑文樾，等，译．北京：人民教育出版社，2007.

［10］［法］保尔·拉法格．回忆马克思恩格斯［M］．马集，译．北京：人民出版社，1973.

［11］［法］克劳德·列维－斯特劳斯．我们都是食人族［M］．廖惠英，译．上海：上海人民出版社，2016.

［12］［法］米歇尔·福柯．福柯集［M］．杜小真，译．上海：上海远东出版

社，2002.

[13] [法] 雅克·德洛尔. 联合国教育文组织总部中文科译. 教育——财富蕴藏其中 [M]. 北京：教育科学出版社，1996.

[14] [古希腊] 柏拉图. 理想国 [M]. 郭斌和，张竹明，译. 商务印书馆，1986.

[15] [美] Nadene Peterson，Roberto Cortez Gonzalez. 职业咨询心理学 [M]. 时勘，等，译. 北京：中国轻工业出版社，2007.

[16] [美] 埃德加·施恩. 职业锚：发现你的真正价值 [M]. 北森测评网，译. 北京：中国财经出版社，2004.

[17] [美] 安德鲁·阿伯特. 职业系统——论专业技能的劳动分工 [M]. 李荣山，译. 北京：商务印书馆，2016.

[18] [美] 海伦·杜卡斯，巴纳希·霍夫曼. 爱因斯坦谈人生 [M]. 高志凯，译. 北京：世界知识出版社，1984.

[19] [美] 霍华德·加德纳. 多元智能 [M]. 沈致隆，译. 北京：新华出版社，1999.

[20] [美] 塞缪尔·H. 奥西普，路易斯·F. 菲茨杰拉德. 生涯发展理论 [M]. 顾雪英，姜飞月，等，译. 上海：上海教育出版社，2010.

[21] [美] 约翰·杜威，民主主义与教育 [M]. 北京：人民教育出版社，2001.

[22] [美] 约翰·杜威. 人的问题 [M]. 傅统先，邱椿，译. 上海：上海人民出版社，2006.

[23] [美] 约翰·杜威. 我们怎样思维 [M]. 姜文闵，译. 北京：人民教育出版社，1984.

[24] [瑞士] 皮亚杰. 皮亚杰教育论著选 [M]. 卢濬，选译. 北京：人民教育出版社，2015.

[25] [英] 霍恩比. 牛津高阶英汉双解词典（第8版）[Z]. 赵翠莲，等，译. 北京：商务印书馆，2014.

[26] [英] 霍恩比. 牛津高阶英汉双解词典（第6版）[Z]. 赵翠莲，等，译. 北京：商务印书馆，2004.

[27] [英] 理查德·斯皮尔斯伯里. 青少年职业展望系列教材 [M]. 陈科宇，王莉莉，念昕，译. 北京：中国劳动社会保障出版社，2014.

[28] [英] 诺曼·费尔克拉夫. 话语与社会变迁 [M]. 殷晓蓉，译. 北京：华夏出版社，2003.

[29] [英] 麦克·扬. 未来的课程 [M]. 谢维和，等，译. 上海：华东师范大学出版

社，2003.
[30] 班建武．品德课程应是学校德育工作的主渠道 [J]．中国教育学刊，2015 (1).
[31] 薄晓丽．从英国职业指导计划论及我国儿童职业启蒙教育 [J]．职业教育研究，2012 (11).
[32] 卞常青．欧美化学职业教育对我国职业教育的启示 [J]．职业，2009 (35).
[33] 蔡海军．我国小学科学课程发展的过程及特点 [J]．湖南师范大学教育科学学报，2003 (9).
[34] 陈宝生．中国教育：波澜壮阔四十年 [N]．人民日报，2018－12－17.
[35] 陈朝东，穆林．数学史在我国小学数学教材中的渗透 [J]．现代中小学教育．2013 (3).
[36] 陈怀瑾．国内外中学生涯教育开展现状浅析 [J]．中小学校长，2009 (5).
[37] 陈军，董丁戈．职业生涯教育与人的全面发展 [J]．当代青年研究，2005 (12).
[38] 陈鹏，庞学光．大职教观视野下现代职业教育体系的构建 [J]．教育研究，2015，36 (6).
[39] 陈鹏，邵小雪．14～16 岁学园：英国普职教育衔接的典型模式解析 [J]．外国教育研究，2017，44 (11).
[40] 陈鹏，俞程．职业启蒙教育的"未启"与"开启"——基于一所小学个案的研究 [J]．河北师范大学学报（教育科学版），2015 (6).
[41] 陈鹏．职业启蒙教育，现代职业教育体系之根 [J]．中国教育报，2015 (9).
[42] 陈鹏．职业启蒙教育：开启职业生涯的祛昧之旅 [J]．教育发展研究，2018，38 (19).
[43] 陈仁，杨兆山．教育的人性启蒙观念及其历史生成 [J]．广西社会科学，2015 (4).
[44] 陈伟国．高中历史新课程教学方式的转变 [J]．中学历史教学参考，2005 (10).
[45] 陈永明．日本教育——中日教育比较与展望 [M]．北京：高等教育出版社，2003.
[46] 陈志明．德意志民主共和国普通学校的职业指导 [J]．全球教育展望，1983 (4).
[47] 成玉玲．历史与现实结合、增强教学活力 [J]．和田师范专科学校学报（汉文综合版），2007 (27).
[48] 辞海编辑委员会．辞海（第六版彩图本）[Z]．上海：上海辞书出版社，2009.
[49] 杜启明．小学职业启蒙教育实施的若干思考 [J]．合肥学院学报（社会科学版），2013 (4).

[50] 方莉．生涯规划在高中政治课教学中的渗透探究［J］．中学政治教学参考，2011（Z1）．
[51] 冯雄．小学心理学［M］．重庆：西南师范大学出版社，2013．
[52] 傅小芳，周俪．德国基础教育中的劳动技术教育［J］．比较教育研究，2005（2）．
[53] 傅小芳．搭建普通教育与职业教育沟通的桥梁——德国莱茵兰—法耳茨州的双轨学校给我们的启示［J］．中国成人教育，2009（23）．
[54] 傅学忠．语文课在日常生活中的重要性［J］．速读旬刊，2015（3）．
[55] 高燕定．人生设计在童年［M］．南宁：广西师范大学出版社，2006．
[56] 葛道凯．从矛盾变化看新时代教育改革发展的基本走向［J］．教育研究，2018（12）．
[57] 葛鑫，李森．国外中学职业生涯教育对我国的启示［J］．教育探索，2008（9）．
[58] 谷峪，崔玉洁．日本高中阶段的职业生涯教育［J］．外国教育研究，2010（12）．
[59] 谷峪，姚树伟．职业教育·生涯教育·终身教育——转型期日本职业教育及其启示［M］．北京：高等教育出版社，2010．
[60] 谷峪．日本“职业生涯教育”观察［J］．教师博览，2006（6）．
[61] 谷峪．日本的职业生涯教育及其启示［J］．职业技术教育（教科版），2006（10）．
[62] 顾明远．教育大辞典［M］．上海：上海教育出版社，1990．
[63] 顾伟．陶行知教育思想研究［M］．徐州：中国矿业大学出版社，2011．
[64] 顾文娟．对“数学课程标准”的四点认识［J］．数学通报，2003（10）．
[65] 光霞．21 世纪英国小学科学教学的特色及启示［J］．现代教育论丛，2014（5）．
[66] 国家职业分类大典和职业资格工作委员会．中华人民共和国职业分类大典［Z］．北京：中国劳动社会保障出版社，1999．
[67] 韩作黎，王维新．新华词典［Z］．北京：商务印书馆，2001．
[68] 汉英对照现代汉语词典编写组．汉英对照现代汉语词典［Z］．海口：南方出版社，2002．
[69] 何国华．陶行知教育学［M］．广州：广东高等教育出版社，2002．
[70] 何晶，李贺伟．职业启蒙教育的价值与实现路径研究［J］．辽宁教育，2015（11）．
[71] 何九盈，王宁，董琨，商务印书馆编辑部．辞源（第三版）［Z］．北京：商务印书馆，2015．
[72] 洪明．儿童职业意识启蒙探析［J］．中国职业技术教育，2011（18）．

[73] 洪越．历史教育应落脚于“思想”于“现在”[J]．历史教学参考，2007（12）.
[74] 胡庆芳．美国高中课程发展研究［M］．广东教育出版社，2015.
[75] 胡云威．中职语文教育渗透生涯教育的思考［J］．中国电力教育，2011（11）.
[76] 黄海旺．小学科学课程改革的几点思考［J］．课程·教材·教法，2009（10）.
[77] 黄利梅．略论青少年职业生涯教育的立体思维［J］．黑龙江畜牧兽医科技版，2014（7）.
[78] 黄牧航．高中历史科学业评价体系研究［M］长春：长春出版社，2011.
[79] 黄晟扬，王玉龙．美国儿童的职业启蒙教育初探［J］．成人教育，2014（1）.
[80] 黄岳辉．职业生涯教育研究及其对我国普通高中的启示［D］．上海师范大学，2006.
[81] 黄志清．浅析历史学科与相关学科交叉渗透的理论探讨［D］．福建师范大学，2003.
[82] 黄子义．小学科学教育存在的问题及对策［J］．教育现代化，2016（12）.
[83] 冀思琪，刘军．2017 版小学科学课程标准解读［J］．教育实践与研究，2017（13）.
[84] 姜鹤，马佳．论大学生就业与职业生涯规划［J］．继续教育研究，2011（2）.
[85] 江虹．职业启蒙教育从家长做起［J］．西北职教，2016（6）.
[86] 金传宝．美国中学普通教育和职业教育结合的模式及启示［J］．当代教育科学，2010（13）.
[87] 金树人．生涯咨询与辅导［M］．北京：高等教育出版社，2007.
[88] 靳玉乐．新课程改革的理念与创新［M］．北京：人民教育出版社，2003.
[89] 景宏华，魏江南，魏凌云．澳大利亚职业生涯教育的蝴蝶模型及其启示［J］．外国教育研究，2013（3）.
[90] 康红芹．美国的杜威职业教育思想研究新进展［J］．职教论坛，2015（30）.
[91] 匡瑛．智能化背景下“工匠精神”的时代意涵与培育路径［J］．教育发展研究，2018（1）.
[92] 邝孔秀，宋乃庆．新课程背景下的小学数学双基教学：现状与反思——基于“国培计划”小学数学骨干教师研修班的调查［J］．课程·教材·教法，2013（2）.
[93] 赖新元．德国中小学教育特色与借鉴［M］．北京：中国戏剧出版社，2009.
[94] 雷玲．小学数学名师教学艺术［M］．北京：华东师范大学出版社，2012.
[95] 黎保荣．何为启蒙——中国现代文学启蒙内涵及其演变新论［J］．文学评论，

2013 (1).

[96] 李安. 美式教育成功之谜 [M]. 呼和浩特：内蒙古人民出版社，2001.

[97] 李秉德. 教学论 [M]. 北京：人民教育出版社，1991.

[98] 李秉德. 教育科学研究方法 [M]. 北京：人民教育出版社，2001.

[99] 李慧. 对小学阶段儿童职业意识渗透的研究 [J]. 现代交际，2013 (8).

[100] 李金碧. 生涯教育：基础教育不可或缺的领域 [J]. 教育理论与实践，2005 (4).

[101] 李津军. 职业启蒙越早越好 [N]. 中国教育报，2015 - 9 - 7.

[102] 李进. 工匠精神的当代价值及培育路径研究 [J]. 中国职业技术教育，2016 (27).

[103] 李俊，何多明. 德国的职业启蒙教育新解——对历史沿革及课程定位的分析 [J]. 河北师范大学学报（教育科学版），2015 (6).

[104] 李蕾，陈鹏. 发达国家职业启蒙教育的经验与启示 [J]. 职教论坛，2017 (21).

[105] 李萍，行走的课堂如何实现“游中学” [N]. 中国教育报，2017 - 8 - 2.

[106] 李其龙. 从德国教科书看当代教学论思想 [J]. 全球教育展望，2001 (3).

[107] 李全生. 布迪厄场域理论简析 [J]. 烟台大学学报（哲学社会科学版），2002 (2).

[108] 李笑燃. 大学生生涯辅导的意义与策略 [J]. 内蒙古师范大学学报（教育科学版）2004 (11).

[109] 李馨. 美国 20 世纪 70 年代后中学职业生涯教育研究及启示 [D]. 长春：东北师范大学硕士论文，2008.

[110] 李秀天. 儿童职业启蒙教育探析——基于皮亚杰认知发展阶段论 [J]. 沈阳师范大学，2017 (4).

[111] 李亦桃. 美国职业生涯教育初探——对我国普通高中教育改革的启示 [D]，重庆：西南师范大学，2005.

[112] 李英. 日本职业生涯教育及其启示 [J]. 成人教育，2007 (12).

[113] 李玉椿. 语文教学应渗透职业意识的培养 [J]. 文学教育（中），2012 (11).

[114] 栗新. 美国小学职业生涯教育管窥 [J]. 教学与管理，2015 (7).

[115] 联合国教科文组织国际教育发展委员会. 学会生存——教育世界的今天和明天 [M]. 北京：教育科学出版社，1996.

[116] 梁爱如. 历史课堂教学目标设计初探 [J]. 中学历史教学参考，2008 (1).

[117] 梁志喜. 美国小学科学课程改革的历史回顾与启发 [J]. 中国科技信息, 2009 (20).

[118] 林崇德. 中国学生核心素养研究 [J]. 心理与行为研究, 2017, 15 (2).

[119] 刘恩山.《义务教育小学科学课程标准》的变化及其影响 [J]. 人民教育, 2017 (7).

[120] 刘芳. 生涯教育与高中英语教学的整合研究 [D]. 苏州: 苏州大学, 2011.

[121] 刘华, 马丽群. 中小学生职业启蒙与职业规划教育现状调研报告 [J]. 中国德育, 2012 (1).

[122] 刘辉. 中学生涯教育研究 [J]. 现代中小学教育, 2006 (3).

[123] 刘金财. 生涯教育与高中英语教学的结合策略探讨 [J]. 语数外学习 (英语教育), 2012 (9).

[124] 刘利民. 深化考试制度改革促进学生健康成长成才 [J]. 中小学管理, 2014 (10).

[125] 刘睿. 启蒙教育与人的全面发展 [J]. 学前教育研究, 2009 (7).

[126] 刘涛, 陈鹏. 中外职业启蒙教育的理论与实践述评 [J]. 职教论坛, 2015 (12).

[127] 刘涛. 澄明与超越: 小学数学课程教学渗透职业启蒙教育研究 [D]. 徐州: 江苏师范大学, 2015.

[128] 刘铁芳. 人文陶冶如何可能——当前小学语文教育问题的思考 [J]. 湖南师范大学 (教育科学学报), 2012 (4).

[129] 刘晓, 黄卓君. 青少年儿童职业启蒙教育: 内涵、内容与实施策略 [J]. 中国职业技术教育, 2016 (23).

[130] 刘秀艳, 白婕. 中国 3 - 6 岁儿童的职业启蒙教育研究 [J]. 天津职业院校联合学报, 2017 (5).

[131] 刘秀英. 网络视阈下"思想道德修养与法律基础"课渗透式教学模式探究 [J]. 教育与职业, 2012 (21).

[132] 刘艳霞, 孔征宇. 从大学生就业谈早期职业意识教育 [J]. 淮阴师范学院学报 (自然科学版), 2011 (2).

[133] 刘元. 美国 K - 12 生涯教育实践模式研究 [D]. 上海: 华东师范大学硕士学位论文, 2008.

[134] 柳建营, 许德宽, 郭宝亮. 职业生涯规划与指导 [M]. 北京: 北京工业大学出

版社，2004.
[135] 娄雨．从 παιδεια 到 education：西方“教育”概念的词源学分析 [J]．教育学报，2017，13 (3)．
[136] 芦丹．社会职业启蒙教育内容体系探析——以赣州市为例 [J]．河南科技，2014 (11)．
[137] 鲁彬之．职业启蒙教育任重道远 [N]．中国教育报，2016－08－30.
[138] 陆浩．职业规划应从孩子抓起——由儿童职业体验馆亮相世博会所想 [J]．中国大学生就业，2010 (9)．
[139] 陆素菊．职业人的培育：日本中小学生涯教育的发展与特色 [J]．外国中小学教育，2007 (1)．
[140] [美] 罗伯特·里尔登，等．职业生涯发展与规划 [M]．侯志瑾，等，译．北京：北京人民大学出版社，2016.
[141] 吕显然．日本职业生涯教育研究及启示 [D]．青岛：青岛大学，2014.
[142] 马群红．对当前小学语文教育的反思 [J]．课程·教材·教法，2002 (1)．
[143] 马云鹏．小学数学教学论 [M]．北京：人民教育出版社，2012.
[144] 马治国，周常稳，孙长梅．中小学实施职业启蒙教育的迫切性与可行性探析 [J]．教育探索，2016 (1)．
[145] 麦可思研究院．2014 年中国大学生就业蓝皮书 [M]．北京：社会科学文献出版社，2014.
[146] 孟四清．美英生涯教育特点及其启示 [J]．社会心理科学，2010 (5)．
[147] 孟旭，杜智萍．美国的生计教育运动 [J]．中国职业技术教育，2004 (3)．
[148] 裴新宁，王美．为了儿童学习的课程——中国情境教育学派李吉林情境课程的建构 [J]．教育研究，2011，32 (11)．
[149] 彭勃．高中生涯教育实践模式新探索——一个中心，三个基本点 [J]．中小学心理健康教育，2010.
[150] 彭薇．“星光计划”步入十年 [N]．解放日报，2013－04－13.
[151] 彭晓玲．学生职业心理问题现状与对策研究 [J]．湖南经济管理干部学院学报，2006 (6)．
[152] 齐健．走进高中历史教学现场 [M]．北京：首都师范大学出版社，2008.
[153] 瞿勇．儿童职业生涯启蒙教育探讨 [J]．中国校外教育，2016 (17)．
[154] 任卓．初中生职业生涯规划课程设计研究 [D]．洛阳：河南科技大学，2012.

[155] 上官子木. 从职业规划教育的缺失看我国基础教育的缺陷 [J]. 教育科学研究, 2009 (6).

[156] 上海市曹杨职业技术学校课题组, 张凤芳. 区域中小学生职业启蒙教育活动模式的实践研究 [J]. 思想理论教育, 2013 (10).

[157] 沈之菲. 生涯心理辅导 [M]. 上海: 上海教育出版社, 2000.

[158] 施良方. 课程理论——课程的基础、原理与问题 [M]. 北京: 教育科学出版社, 1996.

[159] 石伟平. 比较职业技术教育 [M]. 上海: 华东师范大学出版社, 2001.

[160] 石伟平. 时代特征与职业教育创新 [M]. 上海: 上海教育出版社, 2006.

[161] 史丹. 德国人家训 [M]. 北京: 中国工人出版社, 2011.

[162] 宋广文, 康红芹. 教师布置作业的形式与学生学习关系的反思 [J]. 课程·教材·教法, 2009 (12).

[163] 宋剑华, 张翼. "启蒙主义" 与中国现代文学 [J]. 贵州社会科学, 2007 (1).

[164] 孙宏艳, 赵霞. 中美日韩高中生毕业去向与职业生涯教育研究报告 [R]. 中国青少年研究中心, 2013-3-31.

[165] 孙淑敏. 小学生生涯发展理论研究与教育实践新进展 [D]. 长春: 东北师范大学, 2013.

[166] 塔娜. 美国中小学职业生涯辅导研究 [D]. 长春: 东北师范大学硕士学位论文, 2008.

[167] 唐林伟. 职业启蒙教育应从娃娃抓起 [J]. 职教通讯, 2015 (19).

[168] 唐植君. 日本小学职业生涯教育的本土化及启示 [J]. 教学与管理, 2015 (9).

[169] 陶行知. 陶行知全集 [M]. 成都: 四川教育出版社, 1991 (4).

[170] 陶建英. 在高中生物学教学中渗透职业教育 [J]. 生物学教学 2011, 36 (2).

[171] 田爱玲, 张爱琴, 美国职业生涯教育的发展特点及启示 [J]. 中国民族教育, 2013 (9).

[172] 田潇. 日本职业生涯教育研究 [D]. 天津: 天津大学, 2012.

[173] 涂桂庆. 小学科学课程教育学的实践研究 [M]. 北京: 首都师范大学出版社, 2011.

[174] 万玉凤. 职业启蒙助高中生感知真实世界 [N]. 中国教育报, 2013-11-11.

[175] 汪霞. 国外中小学课程演进 [M]. 济南: 山东教育出版社, 2000.

[176] 王策三．教学论稿［M］．北京：人民教育出版社，1985.
[177] 王超．小学科学实验教学中的问题及对策思考［J］．中国教育技术装备，2014 (15).
[178] 王建磐．中国数学教育：传统与现实［M］．南京：江苏教育出版社，2009.
[179] 王金华．小学作文教学中语言表达能力培养［J］．软件：教学，2015 (8).
[180] 王锦荔．大学生职业生涯探微［D］．上海：华东师范大学，2012.
[181] 王进，施霞．大学生职业意识现状调查及培养对策［J］．职业教育研究，2009 (9).
[182] 王黎明．美国的职业生涯规划［J］．教学与管理，2004 (4).
[183] 王莉．论初中职业生涯教育［D］．济南：山东师范大学，2009.
[184] 王平．小学职业启蒙教育活动课程的设计与开发［J］．中国德育，2012 (1).
[185] 王琴．以思想政治课程为载体的高中生职业生涯教育研究［D］．苏州：苏州大学，2011.
[186] 王升．研究性学习的理论与实践［M］．教育科学出版社，2002.
[187] 王声平，杨晓萍．儿童：职业意识教育的起点［J］．天津市教科院学报，2010 (4).
[188] 王世伟．美国高中阶段生涯教育课程评析［J］．比较教育研究，2013 (9).
[189] 王献玲．"蝴蝶效应"与小学生职业生涯发展教育［J］．天津师范大学学报，2018 (1).
[190] 王雁玲．试论教育的政治价值［J］．四川师范学院学报（哲学社会科学版），1991 (6).
[191] 王英杰．谈语文教学中的职业意识培养［G］//中国职业技术教育学会德育工作委员会．全国德育教学研究会2011年年会论文集．中国职业技术教育学会德育工作委员会，2011.
[192] 王元，陈德泉．华罗庚科普著作选集［M］．上海：上海教育出版社，1984.
[193] 王元．阅读教学中渗透生涯教育的思考［J］．语文教学研究，2014 (1).
[194] 王智新，潘立．日本基础教育［M］．广州：广东教育出版社，2004.
[195] 魏漭，李广才．大学生职业生涯指导——规划·发展·未来［M］．北京：科学出版社，2010.
[196] 魏文艳．课程改革的特征与变化［J］．才智，2011 (27).
[197] 吴文侃，杨汉清．比较教育学［M］．北京：人民教育出版社，1999.

[198] 吴新颖，卢莉娅．应重视幼儿非智力因素的培养［J］．学前教育研究，2008（7）．
[199] 肖川．义务教育数学课程标准（2011 年版）解读［M］．武汉：湖北教育出版社，2012.
[200] 肖群忠，刘永春．工匠精神及其当代价值［J］．湖南社会科学，2015（6）．
[201] 肖珊珊，焦亮玉．中外职业启蒙教育对比［J］．社会科学（学园），2013（31）．
[202] 徐爱新，安月辉，于伟娜．解析日本的职业生涯教育［J］．教育与职业，2011（18）3.
[203] 徐国庆．杜威职业教育思想论介［J］．河南职技师院学报（职业教育版），2003（2）．
[204] 徐国庆．中等职业教育还有必要存在吗［J］．职教论坛，2016（3）．
[205] 徐涵．德国职业教育与普通教育的渗透模式及启示［J］．教育与职业，2005（32）．
[206] 徐敬标．小学科学教学技能［M］．上海：华东师范大学出版社，2010.
[207] 徐婷婷．浅谈小学“科学课”教学中存在的问题［J］．岱宗学刊，2012（16）．
[208] 徐梓，王雪梅．蒙学须知［M］．太原：山西教育出版社，1991.
[209] 许惠英．人格教育论——青少年的人格培养［M］．北京：学苑出版社，2000.
[210] 许瑞．初中语文教材匠人形象教学研究［D］．北京：中央民族大学，2017.
[211] 许瑞泉．黄炎培职业教育思想的现代价值探究［D］．上海：华东师范大学，2007.
[212] 许慎．说文解字［Z］．李翰文，译注．九州教育出版社，2006.
[213] 杨翠红．作为素质教育的职业启蒙教育：传承与构想［D］．长沙：湖南农业大学，2015.
[214] 杨建华．现代教育学［M］．北京：中国社会科学出版社，2003.
[215] 杨靖．从美国生涯教育的经验看我国普通高中生涯教育及其课程设置［D］．天津：天津师范大学，2007.
[216] 杨黎明．中职教育与基础教育、职业培训、高职教育相衔接的课程体系理论框架模型研究——关于构建我国学分银行系列研究之一［J］．职教论坛，2004（4）．
[217] 杨丽娟．创设情境在小学语文教学中的作用［J］．学生之友：小学版，2012

(1).
[218] 杨师缘．中美职业启蒙教育比较——基于政策内容分析的视角 [J]．现代职业教育，2015 (25).
[219] 杨曦．对中学生涯教育的再认识．中国教育学刊 [J]．2007 (9).
[220] 杨燕燕．加拿大安大略省中学《职业生涯教育与指导》课程述评 [J]．比较教育研究，2005 (12).
[221] 姚裕群．职业生涯规划与发展 [M] 北京：首都经济贸易大学出版社，2007.
[222] 叶宝生．小学科学教育的理论和方法 [M]．北京：首都师范大学出版社，2012.
[223] 叶亚玲．职业教育应从儿童起步——由“失业群体”现象引发的思考 [J]．教育与职业，2006 (15).
[224] 叶之红，曹丞．基础教育中的职业生涯教育特点 [N]．中国教育报，2006-04-12.
[225] 尤敬党，吴大同．生涯教育论 [J]．江苏教育学院学报：社会科学版，2003 (1).
[226] 于友西．历史教学与培养和发展学生的能力初探 [J]．历史教学问题，1995.
[227] 于友西．历史学科教育学 [M]．首都师范大学出版社，2000.
[228] 于珍．中小学职业生涯教育：来自美国的经验和启示 [J]．外国中小学教育，2008 (3).
[229] 余伟民．历史教育展望 [M]．华东师范大学出版社，2002 (1).
[230] 余子侠．中国近代思想家文库：黄炎培卷 [M]．北京：中国人民大学出版社，2015.
[231] 詹国梁．论数学精神及其教育价值 [J]．教育发展研究，2001 (11).
[232] 张超．小学科学课程新标准视域下的科学教学实践策略 [J]．教育论坛，2017 (33).
[233] 张凤芳．区域中小学生职业启蒙教育活动模式是实践研究 [J]．思想理论教育，2013 (5).
[234] 张红霞．小学科学课程与教学（第 2 版）[M]．北京：高等教育出版社，2010.
[235] 张建国．当前职业学校的职业生涯教育的现状、问题及对策 [J]．思想理论教育，2007 (7-8).
[236] 张健．浅谈高中生职业生涯规划在地理教学中的渗透 [D]．大连：辽宁师范大学，2011.

[237] 张力．改革开放40年的中国基础教育：成就卓著再创辉煌［J］．中国教育学刊，2018（11）．

[238] 张路．在高中生物教学中渗透职业生涯规划教育的研究［D］．河南大学，2015．

[239] 张媚．探究小学科学教材与教学现状及对策［J］．中国校外教育，2017（3）．

[240] 张睿．论职业启蒙教育的意义及实践［J］．新疆职业教育研究，2016（4）．

[241] 张书文．小学《科学》课程标准辨析［J］．中小学教师培训，2007（8）．

[242] 张熙．在语文等主要学科中渗透普通中学职业生涯教育［J］．出国与就业（就业版），2010（24）．

[243] 张小红．我国职业生涯教育：现状及归因［J］．景德镇高专学报，2011，25（1）．

[244] 张扬．初中历史探究性学习研究［J］．历史教学，2002（6）．

[245] 郑玥．日本中小学职业生涯教育及其启示［J］．河南科技学院学报，2010（10）．

[246] 中共中央马克思，恩格斯，列宁，斯大林著作编译局．马克思恩格斯全集（第40卷）［M］．北京：人民出版社，1979．

[247] 中国教育报．中国学生发展核心素养基本要点［N］．中国教育报，2016－09－14．

[248] 中国社会科学院语言研究所编辑室．现代汉语词典（第5版）［Z］．北京：商务印书馆，2005．

[249] 中国社会科学院语言研究所词典编辑室．现代汉语词典（第6版）［Z］．北京：商务印书馆，2012．

[250] 中国社会科学院语言研究所词典编辑室．现代汉语词典（第7版）［Z］．北京：商务印书馆，2016．

[251] 中华人民共和国教育部．基础教育课程改革纲要（试行）［EB/OL］．（2001－06－08）［2017－10－02］．http：//www.moe.gov.cn/srcsite/A26/jcj_kcjcgh/200106/t20010608_167343.html．

[252] 中华人民共和国教育部．九年义务教育全日制初级中学语文教学大纲（试用修订版）［S］．北京：人民教育出版社，2000．

[253] 中华人民共和国教育部．全日制义务教育数学课程标准［S］．北京：北京师范大学出版社，2011．

[254] 中华人民共和国教育部．小学品德课程标准［S］．北京：北京师范大学出版

社，2011.

[255] 中华人民共和国教育部．义务教育小学科学课程标准［S］．北京：北京师范大学出版社，2017.

[256] 中华人民共和国教育部．义务教育英语课程标准（2011 年版）［S］．北京：北京师范大学出版社，2012.

[257] 中华人民共和国教育部．义务教育语文课程标准（2011 版）［S］．北京：北京师范大学出版社，2011.

[258] 中华职业教育社．黄炎培教育文选［M］．上海：上海教育出版社，1985.

[259] 钟媚，高凌飚．西方小学科学课程发展的历史回顾与展望［J］．比较教育研究，2017（6）．

[260] 钟启泉，张华．为了中华民族的复兴，为了每一位学生的发展：基础教育课程改革纲要（试行）解读［M］．上海：华东师范大学出版社，2001.

[261] 钟启泉．现代课程论［M］．上海：上海教育出版社，1989.

[262] 钟启泉，等．基础教育课程改革纲要（试行）解读［M］．上海：华东师范大学出版社，2001.

[263] 周建平．小学课堂教学设计［M］．北京：高等教育出版社，2012.

[264] 周莉．职业生涯规划［M］．北京：中国人民大学出版社，2014.

[265] 周丽虹．学业规划之棋局：学文？学理？如何选专业？如何选大学？［M］．北京：北京大学出版社，2013.

[266] 周丽虹．职业是什么［M］．北京：北京大学出版社，2013.

[267] 周丽虹．资深职业经理人带你入行：10 大行业入门必知［M］．北京：北京大学出版社，2013.

[268] 周青，赵永春．美国高中化学教材中的职业生涯教育［J］．外国中小学教育，2007（4）．

[269] 周维浩．中国工匠从没落到再兴盛的必然转向［J］．太原城市职业技术学院学报，2017（6）．

[270] 周羽全，钟文芳．我国台湾地区中小学生涯教育及其启示［J］．内蒙古师范大学学报（教育科学版），2010（12）．

[271] 周羽全．我国台湾地区中小学生涯教育研究［D］．上海：上海师范大学硕士学位论文，2011.

[272] 周赞梅，余炜炜．直击新课程学科教学疑难［M］．北京：教育科学出版

社，2014.

[273] 朱广兵，孙莹．论基础教育与职业教育的有效衔接［J］．南方职业教育学刊，2013（1）．

[274] 朱汉国．浅议普通高中历史课程体系的新变化［J］．历史教学，2003（10）．

[275] 朱永新．中国教育建议（卷十六）［M］．北京：中国人民大学出版社，2011.

[276] 朱涌．玩出来的成长奇迹［M］．桂林：漓江出版社，2016.

[277] 庄缇缇．黄炎培职业教育思想研究［D］．南京师范大学，2006.

[278] 卓念．中美两国普通中学职业生涯教育比较研究［D］．北京师范大学硕士论文，2009.

[279] 邹宏秋．论高职人才培养中的学生自我认知教育［J］．教育探索，2005（12）．

[280] Albert Bandura. Self – efficacy：Toward a Unifying Theory of Behavioral Change［J］. Psychological Review，1977（84）：191 –215.

[281] Borg，T.，Bright，J. & Pryor，R.. The Butterfly Model of Careers：Illustrating how planning and chance can be integrated in the careers of secondary school students［J］. Australian Journal of Career Development，2006，15（3）：54 –59.

[282] Career Clusters［EB/OL］．［2017 –6 –20］．https：//cte. careertech. org/sites/default/files/CareerClustersPathways. pdf.

[283] Career Education［EB/OL］．［2017 –5 –28］．http：//career. iresearchnet. com/career – development/career – education/.

[284] Dewey，J. Democracy and education：An introduction to the philosophy of education［M］．New York，NY：The Macmillan Company，1916.

[285] Donald E. Super. Career Education and the Meanings of Work［R］．Washington，U. S.：U. S. Government Printing Office，1976.

[286] Donald. E. Super. A Theory of Vocational Development［J］．The American Psychologist，1953，8（5）．

[287] Gregory A. Shipp. Key Thoughts for Career and Technical Education［J］．Techniques，2016（1）．

[288] Jasmine L. Knight. Preparing Elementary School Counselors to Promote Career Development：Recommendations for School Counselor Education Programs［J］．Journal of Career Development，2015（42）．

[289] Jim. A. Patterson. Career Development Begins in Elementary and Middle School［J］．

Counseling Today, 2005 (9).

[290] Jimmy Carter. Career Education Incentive Act Statement on Signing H. R. 7 Into Law [EB/OL]. (1977 - 11 - 13) [2017 - 06 - 02]. http: //www. presidency. ucsb. edu/ws/index. php? pid = 7011.

[291] Li - Jun, Pre - vocational Education in Germany and PRC - A Comparison of Curricula and Its Implications [D]. Universitaet zuKoeln, 2011.

[292] NOICC. National Career Development Guidelines. Career Development Standards. [EB/OL]. [2017 - 06 - 18]. www. iptv. org/pub/STCpdfs/ncdgstan. pdf.

[293] Tapson Frank Games in the Learning of Mathematics [J]. Mathematics in school. 1997 (1).

[294] Taveira, Maria Do Ceu, Moreno, M. Luisa Rodríguez. Guidance Theory and Practice: The Status of Career Exploration [J]. British Journal of Guidance and Counselling, 2003 (2).

[295] Thomas D. Yawkey, Eugene L. Aronin. Fostering Relevance With Career Education In The Elementary School [J]. Education, 1974 (95).

[296] U. S. Department of Education. Carl D. Perkins Career and Technical Education Act of 2006 [EB/OL]. (2006 - 08 - 12) [2017 - 06 - 23]. https: //www. govinfo. gov/content/pkg/BILLS - 109s250enr/pdf/BILLS - 109s250enr. pdf.

[297] U. S. Department of Education. Investing in American's Future: A Blueprint for Transformation Career and Technical Education [EB/OL]. (2012 - 04) [2017 - 06 - 24]. http: //files. eric. ed. gov/fulltext/ED532493. pdf.

[298] U. S. Department of Education. Office of Early Learning [EB/OL]. (2017 - 03 - 24) [2017 - 6 - 17]. https: //www2. ed. gov/about/offices/list/oese/oel/index. html.

[299] U. S. Department of Education. School - to - Work Opportunities Act [EB/OL]. (1994 - 05 - 04) [2017 - 06 - 15]. https: //www2. ed. gov/pubs/Biennial/95 - 96/eval/410 - 97. pdf.

[300] UNESCO. Revised Recommendation Concerning Technical and Vocational Education (2001) [EB/OL]. (1974 - 11 - 19) [2014 - 04 - 25]. http: //www. unesco. org/education/information/nfsunesco/pdf/TECHNICA. PDF.

[301] Wom. P Gothard. Careers Education in a Primary School [J]. Pastoral Care in Education, 1998 (16).

后　记

毕业于职业技术教育学专业，就职于普通高等师范院校，如何找到两者的契合点，成为我入职时一度考虑的问题。尽管所在单位有职业技术教育学硕士二级学科，但学校更多的还是为普通中小学培养人才，因此平时工作的主要领域还是与基础教育有关，诸如负责小学教育本科、专业硕士学位点建设，指导小学教育专业本科生、硕士生学位论文，指导教育管理在职硕士学位论文。这些学生无论是未来的工作领域，抑或是现在的工作单位都属于基础教育领域，尤其是小学者居多。这就使得我的研究领域不可避免地为工作而变、为学生而变。这一转变固然是建立在原有研究基础上的变化，即在职业教育研究的基础上，寻求它与基础教育的某些契合点。

在逐步探索的过程中我欣喜地发现，“职业启蒙教育”是职业教育与普通基础教育最好的交叉点。职业启蒙教育，与其说是对原有研究方向之职业教育的转变，不如说是对其的进一步拓展。从大职教观的视野，职业教育不仅包括职业准备教育、职业继续教育，还应该包括最初的职业启蒙教育。可以想象，没有得到良好职业启蒙教育的个体如何在职业准备教育中乐于自己所学的专业，如何在以后的工作岗位上乐于自己所从事的职业？然而，无论是现有的政策文本，还是理论成果，都不足以支撑职业启蒙教育的实践推进。还记得我满怀信心地将一篇有关职业启蒙教育的文章投到某一省级期刊时，得到的答复竟然是“选题不符合时代发展需要”。

这更加激起我研究职业启蒙教育的冲动。作为一个“不为人知”的新的研究方向，我有责任让“她”变得更加强大起来。

感谢有一帮学生在陪伴着我的成长，使我感受到“教学相长”的真正内涵。从我指导的第一届学生起，我就有意识地将他们的研究领域往职业启蒙教育方向靠拢，从学科教材渗透职业启蒙教育要素研究，到学科教学渗透职业启蒙教育研究，再从小学阶段上升到高中阶段，逐渐拓展和深化对职业启蒙教育的研究。感谢小学教育专业本科生 2012 级吴伊萍、2014 级曹佳俊同学，他们将小学语文、品德学科渗透职业启蒙教育作为研究领域，并最终获得校级优秀学位论文的荣誉；感谢 2013 级小学教育专业硕士刘涛同学，她将小学数学教学渗透职业启蒙教育作为研究选题，最终获得第五届全国教育硕士优秀学位论文殊荣；感谢 2015 级教育学专业硕士李蕾同学从宏观视角研究职业启蒙教育，其学位论文获得外审优秀的成绩；感谢教育管理专业在职硕士 2014 级朱明、2015 级杨绪芹、2016 级徐芳三位中小学老师，他们将职业启蒙教育与自己学科教学和教育管理经验相联系，并顺利完成学位论文；感谢曲阜师范大学 2015 级教育学专业硕士王天天同学对职业启蒙教育研究的兴趣，并将英语学科教学渗透职业启蒙教育作为选题完成学位论文的写作。

在指导学生的过程中，自己对职业启蒙教育的理解也从开始的较为肤浅到后期的逐步深刻，并有成果在相关媒体上发表。感谢《中国教育报》职教版翟帆主编、《河北师范大学学报（教育科学版）》宗建梅编辑、《中国职业技术教育》刘红副主编、《教育发展研究》林岚主任、《教育与职业》刘杰副主编等几位女士的大力支持，使我的阶段性研究成果能够先后如期发表，也激励我对职业启蒙教育的认识逐步深刻。此专著正是对本人及所在的团队过去几年研究成果的整理、提炼与充实，既有较为深度的理论解读，又有较为鲜活的案例剖析；既有宏观框架研究，又有微观学科研究，使得最终成果自成体系，体现出研究团队对职业启蒙教育研究的孜孜追求。

最后，感谢江苏省教育厅在项目经费上给予的支持，使研究团队申请的“小学职业启蒙教育的逻辑与路径研究”获得省高校哲学社会科学研究重点项目的立项资助（2017ZDIXM051），从而使研究的各项工作能够顺利开展。还要感谢江苏理工学院崔景贵教授，崔教授组建的“江苏职业教育现代化研究”团队是江苏省高校哲学社会科学优秀创新团队（2017ZSTD020），此研究成果的完成和出版也得益于崔教授的大力指导和帮助。特别需要感谢的是，江苏师范大学承担的江苏省高校优势学科建设工程三期项目“教育学”（苏政办发〔2018〕87号）学科经费的支持，使本书能够如期出版。

陈　鹏

2019年8月2日

天津大学北洋园校区克拉公寓